W0012348

Ich

sage es

hier

auf

Tonband,

Nadine Kegele • Lieben muss man unfrisiert

Nadine Kegele

Lieben muss man unfrisiert

Protokolle nach Tonband

kremayr
scheriau

Inhalt

Eine kurze Notiz zu vielleicht und hoffentlich verstörenden Schreibweisen: Dieses Buch orientiert sich an antidiskriminierendem Sprachhandeln. »Nach ein bisschen Üben ist man's gewöhnt.« (Frana)

Nadine Kegele
Liebe Maxie

Darf ich du sagen?

Du lachst, kramst in deinem Wienerisch, fragst: Magst an Kaffee?

Ich frage mich, wo wir sitzen werden. In der Dachkammer in Paris? Im Garten in Kleinmachnow? Auf einer Pawlatsche in Wien?

Wir sitzen in deinem Garten. Nadine, 36. Maxie, 84. Zwischen uns ein auf den Kopf gestellter Karton, der als Tisch für mein Aufnahmegerät dient. Nicht mal g'scheit einrichten auf deiner Gartenliege kannst du dich, als bereits eine Katze um die Ecke galoppiert und ihren Hals an deine Beine schmiert. Du bist ihr Revier.

Du sagst: Dieses Vieh ist eine Erbauung und etwas Höheres und ein Teil des Lebens, auch wenn es stinkt.

Ich weiß genau, was Sie meinen, sage ich, Erbauung, Höheres, stinkt, und wäre Ingrid hier, sie würde diese Katze begeistert beklatschen.

Wir sind per du, sagst du.

Das sind wir, erinnere ich mich.

Ich falte die Miniaturteleskopstange auseinander. Ich schraube das Aufnahmegerät an. Ich kippe es in deine Richtung.

Von so etwas habe ich geträumt damals, sagst du, handlich, und ohne dass ein Magnettonband Schaden nehmen könnte.

Vierzig Jahre sind vierzig Jahre, sage ich. Was red' ich da, das weiß sie selbst …

Wie geht's in Wien, fragst du.

Du hast einmal gesagt, sage ich: Der Faschismus in

Österreich wurde nie wirklich ausgeräumt. So verhält es sich heute noch.

Ja, sagst du, die Nazis sind wieder da, haben ihre Vereine, ihre Versammlungen, ihre Sprecher und Zeitungen und hetzen in aller Öffentlichkeit.

Du stotterst gar nicht. Ich bringe dich nicht zum Stottern mit meiner Anwesenheit. Mir wäre zum Stottern zumute. Es heißt nämlich alles mögliche Gute von dir. Eine Erscheinung seist du, die sofort einen Raum voll Leben um sich herum schaffe. Eine große Begabung für Freundschaft habest du und überhaupt: den Schlüssel zu den Menschen. Weshalb ich von mir selbst kleingeschnürt neben dir sitze und deine Siebentagefibel memoriere, in die du schriebst: *Was macht mich so klein? Und was macht mich größer? Wenn mich jemand anschreit, macht mich das klein*. Du schreist mich aber nicht an. Du schreist mich alles andere als an. Und wenn mich jemand anschreit, schreie ich für gewöhnlich zurück. Ich falte mich auseinander. Mh, mh, mh – mh, mh, mh. Das ist ein Trick. Der bringt eine aufgeregte Stimme in eine Wohlfühlresonanz, würde Frana sagen.

Du warst also auch Sekretärin, fragst du mich.

Ich denke an den Tapezierer von vor ein paar Jahren: Und, was machst du so? Ich wollte nicht sagen: Studieren und schreiben. Seit ich schreibe und studiere, ist mir das aus Gründen manchmal unangenehm. Also sagte ich: Sekretärin. Was stimmte, aber nicht alles war. Er sagte, mit dieser Stimme: Eine Tippse ... Ja, du Trottel, schrie ich ihn an, eine Tippse, weil mir gerade nach Anschreien war.

Sekretärin, sage ich jetzt, und Schriftstellerin wie Sie.

Ich hätte nie geglaubt, eine Schriftstellerin zu werden, ich habe ja nicht einmal das Abitur gemacht.

Ich auch nicht, ich auch nicht, sage ich, wenn das nicht noch außergewöhnlicher ist, meinen Sie nicht?

Wir sind per du, sagst du.

Das sind wir, erinnere ich mich. Ich erinnere mich weiters an eine Angelegenheit ein paar Monate vor meiner Lektüre deines Buchs: Ein Mann begleitete mich zu einem Zimmer, in dem ich zusammen mit einem anderen Mann auf den Anfang einer seriösen Angelegenheit warten sollte. Der eine Mann klopfte an die verschlossene Tür, der andere Mann öffnete. Der eine Mann sagte: Hier bringe ich meine Autorin. Der andere Mann fragte: Und Sie trauen sich, sie bei mir zu lassen? Der andere Mann war ehemaliger Fernsehintendant, die Frage war *herr*schende Vergewaltigungskultur.

Schaust ins Narrenkastl, fragst du.

Ich nicke. Ich sehe das Hinterteil der Katze unter deiner Hand in die Höhe wachsen. Wir sollten uns alle größer machen, denke ich, wir sollten uns alle gleich groß machen, korrigiere ich mich.

Kriegst du das Hinterteil ins Gesicht, sagst du am Hinterteil deiner Katze vorbei, heißt das, sie freut sich.

Mit einem Zisch geht ein Rasensprenkler an.

Der Katze ihre Freude ist noch größer, wenn sie einen Vogel fangen kann, sagst du.

Erst da sehe ich, wie von allen Seiten Amseln angeflogen kommen. Sie tummeln sich unter dem glitzernden Sprühregen. *Das* wäre ein Schauspiel für Fannys Fernglas auf dem Fensterbrett, denke ich. Sie spreizen vergnügt die Flügel, sie flattern, piepsen, nehmen ihr Morgenbad, sie hüpfen, auf die Würmer wartend, die bald aus dem Boden kriechen werden, aufgeregt hin und her. Hin und her am trockenen Rand des nun zweigeteilten Rasens kriecht wasserscheu die Katze.

Wir wollen lieber fliegen als kriechen, zitiere ich eine Frauenrechtlerin, hoffe ich, würdevoll.

Fliegen wir los, schlägst du nonchalant vor.

Die Katze sitzt vor den duschenden Amseln, schnattert lautlos, nur ihre scharfen Zähne klappern mit Ton.

Record.

Band läuft, sage ich.

Wie früher, sagst du, bei mir.

Apropos früher …

Pause.

… in den *Erinnerungen* deines Mannes las ich, die Idee zu deinem Buch stamme von ihm und er habe sie, wie im Staffellauf, an dich übergeben.

Und, fragst du.

I-ich frage bloß, stottere ich, i-ich habe die Idee ja auch von jemandem.

Von wem?

Na, dir!

Na eben, sagst du.

Kirsch, Runge, von der Grün, stolpert eilig hinterher aus meinem Mund, habe ich auch gelesen dafür, vor allen Dingen aber dich. Du nickst vielleicht. Die Teleskopstange tanzt auf dem Karton. Vielleicht ist es auch die Katze, die dich soeben schuckt. Wenn ich schucken denke und nicht schubsen, muss ich Minzile denken und nicht Katze, denke ich, und schade, dass dem Medium der Befragung in der Verschriftlichung Grenzen gesetzt sind.

Record.

Die Grenze zwischen Ost und West verlief hier durch den Garten, frage ich.

Die Grenze verlief genau hier, sagst du, deinen Zeigefinger aus dem Fell der Katze wühlend.

Kaum zu glauben, sage ich, ein Schnurren, eine Morgensonne, ein Allesgrün im Blick, so idyllisch, wie es hier ist.

Aber früher, sagst du, hörten wir nachts Schüsse und die Schreie der von den Wachposten gefassten Flüchtlinge.

Pause.

Würdest du dir heute immer noch ein Vorwort wünschen, das sich von diesem Feministinnenrummel absetzt, mh, mh, frage ich. Ich meine nu-nur, dass du auch einmal gesagt hast: Liebe einen Mann, mach ein Kind, und du sitzt in der Falle. Was übrigens auch Reem gesagt haben könnte, sage ich. Oder: Es wäre alles sehr einfach, wenn ich mich nicht immer dagegen auflehnte, weniger Freiheiten als ein Mann zu haben. Wie geht das zusammen, frage ich.

Du blickst in die Baumkrone, blickst den Amseln hinterher, die sich auf einen Ast drängeln, nebeneinander auffädeln und ihre Bäuche zum Trocknen in den Wind hängen. Du denkst nach, denke ich. Es ist offensichtlich das Denkeringesicht. Dann sehe ich, wie du langsam zu Ende denkst, dann, wie du zu Ende gedacht hast.

Mein Buch, sagst du, ist mir sowieso zuwider, ich weiß nicht genau, warum.

Es provoziert mich zu der Vermutung, dass es wegen dem Be-benutzen und Mi-mi-mi-mischen und Gnädig-stimmenwo-wollen ist, sage ich.

Du kennst den Brief an Erika, fragst du, greifst über die Katze hinweg, die ein paar aufs Ohrwaschel kriegt dabei, zu deiner Kaffeetasse.

Mh, mh, sage ich.

Und du, fragst du.

Alles *safe*, sage ich, winke ab, und verheimliche, dass ich sehr wohl mit dem Gedanken spielte, es mir einfach zu machen – schwer mir schlussendlich aber die einzig richtige Gangart schien.

Gute Entscheidung, sagst du.

Es provoziert mich zu der Vermutung, dass dir für schwer gar nicht genug Zeit geblieben wäre.

Mh, mh, sagst nun du, und die Deutsche Post war weit entfernt von Glasfaserinternet.

Weißt du, sage ich, um meine vielleicht vorwurfsvolle Frage abzumildern, dass viele Menschen nach deinem Buch anfingen, ihr Leben zu verändern?

Das ist gut, sagst du, denn ich finde nichts so schäbig, als wenn Menschen dasitzen und warten, bis etwas geschieht.

Du hast einmal gesagt, sage ich: Man muss die Dinge selber in die Hand nehmen.

Die Katze nickt. Du greifst erneut über sie hinweg zu deiner Kaffeetasse.

Du hast einmal gesagt, sage ich: Man kann an die Gleichberechtigung glauben und für sie eintreten.

Die Katze befeuchtet ihre Pfote wie einen Waschlappen und kreist über ihre Nase.

Ich habe, sage ich, vielleicht nicht deinen Schlüssel zu den Menschen. Also habe ich halt, sage ich, angeklopft.

Und?

Greta würde sagen, sage ich: Niemand hat mir die Tür vor der Nase zugeschlagen.

Du sagst: Ich auch nicht.

Du auch nicht, sage ich.

Die Katze dreht ihren Hals und putzt sich am Rücken.

Du hast einmal gesagt, sage ich: Wenn der Einzelne mit der Gesellschaft in Konflikt gerät, ist meistens auch die mangelnde Reife der Gesellschaft mit schuld.

Das habe ich, sagst du.

Die Katze öffnet ihre Pfote zu einer Gabel und knabbert in die Zehenzwischenräume.

Du hast einmal gesagt, sage ich: Trotz Gleichheit vor dem Recht sind die Frauen in diesem Land immer noch beschissen dran.

Plus jeder Mensch, müsste ich vierzig Jahre später hinzufügen, der ausschert, sagst du und streichelst die Katze gegen den Strich. Ihr Hinterteil wächst. Das mögen sie, sagst du.

Ich weiß, ich weiß, sage ich, ich weiß, ich weiß.

Was ist, sagst du, fliegen wir jetzt los?

Record.

Ihr zwei beiden nickt.

Dieses fiktive Zwiegespräch zwischen Nadine Kegele und Maxie Wander im Garten ihres ehemaligen Hauses in Kleinmachnow (ehemalige DDR) wurde montiert aus expliziten und impliziten Zitaten aus:

Maxie Wander: Guten Morgen, du Schöne. Protokolle nach Tonband. Suhrkamp, 2013.
Maxie Wander: Leben wär' eine prima Alternative. Tagebücher und Briefe. Suhrkamp, 2009.
Maxie Wander: Ein Leben ist nicht genug. Tagebuchaufzeichnungen und Briefe. Suhrkamp, 2007.
Fred Wander: Das gute Leben oder Von der Fröhlichkeit im Schrecken. Erinnerungen. Dtv, 2009.

Marlene Streeruwitz

Vorwort

Macht begründet sich aus einer Geschichtsschreibung, die alle Ereignisse als logische Folge aus einem einzigen Ursprung aneinanderfügt. Der Ursprung dient zur Begründung der Zeitrechnung. Ja. Die Zeit selbst wird auf diese Weise von der Geschichtsschreibung in Besitz genommen. Und. Es wird nur sichtbar, was jene Macht sehen lassen will, die sich die Geschichtsschreibung gewaltsam erobert oder erschlichen hat. Was wir also gemeinhin als Geschichte oder Geschichtliches vorgelegt bekommen, ist nichts anderes als die Beschreibung der Macht in den jeweiligen Zeitläufen.

So ist es dem Patriarchat gelungen, in der Beschreibung des Vorrangs des weißen, heterosexuellen Manns die Geschichte aller anderen und vor allem aller anderen Geschlechter unsichtbar zu machen.

Wie der kanonischen Selbstverständlichkeit eines solchen Geschichtsbegriffs entgangen werden kann, das führt Nadine Kegele mit den *Protokollen nach Tonband* in *Lieben muss man unfrisiert* vor. So, wie Maxie Wander das mit den Interviews in *Guten Morgen, du Schöne* 1977 schon versuchte. In beiden Projekten werden die persönlichen Texte der Personen quer zur allgemeinen Geschichte gelegt und je einen Text lang wird die Geschichtsschreibung an die jeweils sprechende Person übergeben.

In beiden Projekten zeigt sich nun auf erstaunliche Weise, wie staatsgemacht Geschlecht gelebt wird. Oder werden muss. Oder gelebt werden musste.

Aber. Das ist nicht verwunderlich. Alle Politik begründet sich auf der Geschlechterfrage. In jeder Politik geht es um die Regelung, was Geschlecht bedeutet. Nicht ohne Grund hat das Patriarchat die Geschichtserzählung so sorgfältig auf die Geschichte des weißen, heterosexuellen Manns begrenzt. Aus der Bestimmtheit dieser einen Norm können alle anderen Regelungen je nach Bedarf und Vorstellung abgeleitet werden. Und. Das werden sie. Und. Das ist in den *Protokollen nach Tonband* auch nachzulesen.

Alle Texte erzählen von der Auseinandersetzung mit diesem Abgeleitet Sein. Je weiter eine Person sich von der Grundnorm weißer, heterosexueller Mann entfernt befindet, umso wichtiger wird diese Norm. Was sich beim Lesen nun erhellend klärt, das ist die Tatsache, dass diese Norm kulturell vermittelt bleibt, während die staatlichen Vorgaben ja nicht mehr normativ verfasst sind. In Deutschland wie in Österreich fällt Geschlecht in die Autonomie der Person.

Es zeigt sich, dass der Staat mehr Freiheit vorsieht, als die gelebte Wirklichkeit in der Gesellschaft erlaubt. Fast in jedem Interview ist von Schutzmaßnahmen für sich selbst die Rede. Sei es, dass Transgenderpersonen sich gegen tägliche, tätliche Angriffe auf der Straße gefasst machen. Oder. Sei es, dass die Heterofrau sich gegen den täglichen, tätlichen Übergriff in der U-Bahn wappnet. Aber. Diese Gewalt wird als selbstverständlicher Bestandteil des Lebens im gewählten Geschlecht gesehen. Das klingt einerseits nach Selbstermächtigung. Andererseits. Keine der interviewten Personen verlangt in demokratischer Selbstfürsorge die Gewährleistung der gegebenen Freiheiten vom Staat. Die Genderfreiheiten werden wohl mehr als Geschenke angesehen und nicht als Rechte. Das ist kein Wunder. Denn. Kulturell hat sich ja keine Geschichtsschreibung herstellen lassen, die alle Geschlechter unabgeleitet, also autonom, zur Erscheinung brächte.

So wird in vielen Texten vom Körpergewicht als Maß für die Eigenakzeptanz berichtet. Hier beschreibt sich eine Unzufriedenheit mit dem eigenen Körpergewicht als Metapher für die gesamte Haltung sich selbst gegenüber. Das Gewicht ist dann nicht leicht genug, die Schwere der Norm zu erfüllen. Und. Was so unverändert die Veränderungen beschwerlich macht. Die Zuschreibung des ersten Geschlechts einer Person ist weiterhin wie immer schon Sohn oder Tochter. Wie eh und je müssen die Personen sich aus dem Baukasten Sohn oder Tochter mit einem Geschlecht ausstatten.

Viele Interviews berichten davon, wie diese erste Geschlechterzuschreibung ein lebenslängliches Urteil bedeutete. Wir lesen, welche Mühe aufgewendet werden muss, sich aus diesem Urteil herauszuarbeiten. Ja. Dieses Urteil in seiner gesamten Schwere überhaupt erst zu begreifen. Wie es ganz grundsätzlich darum geht, Identität zu konstruieren und diese dann in der äußeren Welt zu präsentieren.

Was sich lesen lässt. Diese erste und rein binäre Geschlechtszuweisung von Sohn und Tochter kommt aus einem Zusammentreffen der Elternvorstellungen und allgemeinen, kulturell vermittelten Entwürfen zustande. Das Kind wird so in eine Dreierbeziehung von Elternhaus und Öffentlichkeit genommen, die wie früher in der Triangulierung zur Kirche dem Kind keine Sprache lässt. Das Kind wird in diesem ersten Geschlecht gesprochen. Das Kind selbst spricht nicht. Es wird aber auch nicht zu dem Kind gesprochen. Das Wissen, was das nun war, dieses erste Geschlecht, das muss dann später mit der Sprache der Therapie gehoben werden.

Wie sich die Sprache der Therapie überhaupt als das Instrument zeigt, das Geschlecht sprechbar macht. Das müsste nicht so sein. Es könnten Gedichte das eigene

Geschlecht preisen. Philosophische Einlassungen. Naturwissenschaftliche Abhandlungen könnten die Berichterstattung übernehmen. Aber nein. Das Geschlecht wird aus dem Wust der Erinnerungen therapeutisch herausgeschält. Verdachtsthesen zu sich selbst werden aufgestellt und sollen sich in der Lebenspraxis bewähren.

Es handelt sich so gesehen um ein Heilverfahren, wenn die Konstruktion des eigenen Geschlechts erkundet wird. In der Logik der Unsichtbarkeit aller Geschlechter außer dem patriarchalen Normgeschlecht ist das offenkundig der einzige Weg in die Sichtbarkeit. Zumindest vor sich selbst. In der Heilung in das eigene Geschlecht ist die Sichtbarkeit in der Welt enthalten. Das ist ein subversiver Vorgang, der sich auch gegen die eigene Vergangenheit richtet.

In der Kindheit. Es scheint an den Müttern zu liegen, wenn es dieser therapeutischen Entfernung von der kindlichen Vergangenheit bedarf. Oft wird eine Verweigerung der Mütter beschrieben, ihren Töchtern ein Geschlecht zuzusprechen. Kälte und Entferntheit verschieben die Selbstwahrnehmung der Töchter in wiederum eigene Kälte und Entferntheit. Die Tragödie des Frauseins tritt auf. Denn. In der Erzählung über die Mütter schimmert wiederum deren Staatsgemachtheit durch. Die Mütter, die unzufriedene Hausfrauen waren, aber dachten, wiederum einer Norm verpflichtet zu sein. Die strukturelle Nichtanerkennung der Pflichterfüllung. Die Unsprechbarkeit dieser Lebenskonstruktionen. Die Enttäuschung, alles richtig gemacht zu haben und trotzdem im Falschen zu landen. Das lag auch an den Rahmenbedingungen. Und der Verführung in die Anpassung. Aber. Keine politische Analyse der Situation taucht auf. Keine Frage nach dem Zusammenhang der Dinge in der äußeren Welt wird gestellt. Alles wird im Auftrag zu weiblicher Selbstbezogenheit nach innen gewandt. Und. Das alles entfernt die Muttergeneration wieder und einmal mehr von den Töchtern. Nie wird aber diese allgemeine Lage gesehen. Die gesellschaftlichen Bedingungen werden privat ausgelegt. Im Privaten müssen sie schön geredet oder schön gedacht werden. Das Leben wäre sonst endgültig unerträglich. Und. So quält sich eine Frauengeneration mit dem Leben ab und versenkt die Qual in die Biografie ihrer Kinder. Die Töchter. Sie können immerhin einen Blick auf sich werfen. Mittlerweile. Aber. Ihre Mütter werden wieder vergeschichtlicht. Und das mit Hilfe der hegemonialen Geschichtsschreibung. Die Mütter werden so, nun wiederum von den Töchtern, unsichtbar gemacht.

Aufbruch wird in *Lieben muss man unfrisiert* in der dritten Generation lesbar. Die Töchter erfinden sich neu. Ihre Kinder sollen sprechen lernen und nicht gesprochen werden. Das ist schön zu lesen. Wie insgesamt die Bilanz dieser Texte einen großen Wunsch auf die Stärkung der Kinderrechte ergibt. Es ginge darum, das Recht auf die Wahl des eigenen Geschlechts für das Kind so lange wie nur möglich offen zu halten. Wie das gehen könnte, das ist den einzelnen Texten zu entnehmen. Ja. Es müsste die Vorstellung reichen, wie ein solcher Text vom Gelingen erzählen könnte. Und wie in diesem Band müsste Protokoll an Protokoll gereiht werden, um einer Vielfalt gerecht zu werden, die dann auch als Vielfalt sichtbar würde. Der Einspruch gegen die Norm der Geschichtsschreibung müsste ja in jedem Leben einzeln erhoben werden, um die Vielfältigkeit zur Existenz zu bringen. Die Geschichtsschreibung selbst müsste so aussehen, wie das in den *Protokollen nach Tonband* der Fall ist. Jede kommt zu Wort. Und. Im vernommenen Sprechen kann ein genuines Selbst zum Vorschein kommen.

Kein Mensch kann einem andern was verbieten

Michaela, 48, Reinigungsfachkraft

Soll ich schon anfangen? Nein, schreib ruhig achtundvierzig, im November werde ich achtundvierzig, genau. Groß geworden bin ich in einer Bauernfamilie. Ich hatte Oma, Opa, Mama, Papa und den Bruder. Meine Familie hat die Bauernhofarbeit geliebt, du bist es ja von klein auf gewohnt. Sogar wir Kinder haben mit Freude gearbeitet, denn danach gab es Fußballspiel in dem einen oder anderen Hof. Weil es zu wenige Buben gab, mussten wir Mädchen einspringen, und die haben geschimpft: Ihr könnt nicht spielen! Aber beim Volleyball waren wir besser. Ich hatte eine sehr, sehr schöne Kindheit, nie würde ich tauschen! Und ich würde wieder auf einem Bauernhof – geboren werden möchten? Die viele Arbeit ist eine gute Basis für das spätere Leben, das auch nicht immer leicht ist. Meine Oma hat mich sehr geliebt und ich sie auch, sie war eine super tolle Frau. Weil ich eine gute Schülerin war und hilfsbereit, war ich bevorzugt bei ihr. Ich habe ihr in der Küche geholfen, beim Kochen und Holz-zum-Herd-Bringen. Wenn du groß bist, wird die Zeit gekommen sein, aber jetzt sollst du das Leben genießen, hat sie immer gesagt.

Meine Mama war strenger. Sie hat es nicht schlecht gemeint, sie wollte mir eben zeigen, wie es im Leben geht. Kochen, Wäsche waschen, das Haus sauber machen, sich um den Mann kümmern – eine Frau muss alles können. Weil von ihr hängt alles ab: Sie muss die Familie auf den richtigen Weg führen. Trotzdem das so war, hat meine Mama auf eine gute Ausbildung bestanden. Sie hat immer gesagt: Ich habe das ganze Leben lang Erde umgegraben und kein Geld gefunden. Und: Lernen, lernen, lernen! Für die Buben ist es nämlich leichter, die erben den Hof, aber wenn ein Mädchen einen blöden Mann heiratet und sich scheiden lässt, muss es auf den eigenen Beinen stehen können. Die Tochter heiratet und zieht aus, der Sohn erbt das Haus und bleibt. Der Sohn meines Bruders erbt das von seinem Papa, mein Bruder hat das von meinem Papa geerbt, mein Papa hat es von seinem Papa geerbt – das war immer so. Es gibt keinen Fall im Dorf, wo der Bursche ausgezogen ist. Aber wenn es nur Mädchen sind, bleibt das jüngere.

Ich bin die große Schwester, mein Bruder ist jünger. Jeden Freitag habe ich seine Schulhefte im Kasten geschlichtet, weil ich Unordnung hasse, schon seit der Kindheit, und wenn er eine schlechte Note bekam, habe ich geschimpft. Du brauchst gar nicht schimpfen, hat meine Oma dann gesagt, erinnerst du dich, als dein Papa dir geholfen hat? Oft habe ich sogar die Hausaufgaben von meinem Bruder gemacht. Dann hat mein Opa gesagt, dass er morgen in die Schule gehe, um es der Lehrerin zu sagen. In die Schule gegangen bin ich gern, ich liebe Schule! Vielleicht ist das Ehrgeiz – ich wollte immer alles wissen.

Als ich dreizehn war, hat die Lehrerin alle Mädchen in die Klasse geholt und gefragt: Hat jemand von uns schon die Regel? Wir alle waren ganz rot im Gesicht, wir alle haben ganz schnell Nein gesagt. Ich dachte: Blut? Die Lehrerin sagte: Wie wenn man sich schneidet. Bestimmt haben wir uns das ganz anders vorgestellt, als es dann später gekommen ist, nur eine hat sich ein bisschen besser ausgekannt, die Tochter von einem Arzt. Als ich es meiner Mama erzählt habe, hat sie gefragt: Eure Lehrerin hat nichts anderes zu tun, als darüber zu reden? Und dass Frauen das jeden Monat haben, bis fünfzig oder fünfundfünfzig, hat sie gesagt. Scheiße, was für eine Strafe, hab ich gesagt, und die Mama: Die Buben müssen dafür zum Bundesheer und in den Krieg.

Meine Mama hat mit sechzehn geheiratet und mich bekommen, einen Beruf gelernt hat sie nicht. Damals war das so. Die Frauen haben jung geheiratet und sich um Haus und Familie gekümmert. Mein Papa hat nach der Hauptschule drei Jahre Fleischhauer gelernt. Aber weil er Landwirt geworden ist, hat er den Beruf nie ausgeübt, nur manchmal hat er im Dorf Schweine schlachten geholfen, das gab ein bisschen Geld. Ein regelmäßiges Einkommen hat es bei uns nicht gegeben. Manchmal hat er auch für jemanden mit dem Traktor gearbeitet. Und wir haben Trauben verkauft, nach Slowenien und Kroatien, und Tomaten, Paprika, Zuckerrüben, Schweine, alles. Große Lastwagen sind ins Dorf gekommen, Konzerne, ganze Ladungen voll haben die gekauft. Von dem Geld gab es Schuhe und Mäntel, da waren wir glücklich.

Im alten Jugoslawien ist es uns gut gegangen. Wir haben in einem Land gelebt, wo alles funktioniert hat, wo alle genug zum Leben hatten. Nach dem Zerfall ist eine große Armut eingetroffen. Vorher gab es so viele Arbeitsplätze, jeder hatte eine Arbeit, jetzt sind alle Fabriken hin. Viele Menschen sind ausgewandert. Geblieben sind nur alte Menschen, oder die, die keine Möglichkeit gehabt haben, ins Ausland zu gehen. Ich will nicht sagen, dass die zurückgeblieben sind, aber du kannst dich nicht weiterentwickeln, wenn du keine Ausbildung bekommst, wenn du nicht mit Menschen zusammenkommst, die eine größere Ausbildung haben. Du kannst dich nicht weiter ausbilden, wenn so viele Arbeitslose sind. Es hängt ja alles zusammen mit dem Geld. Aber so viele Ausbildungsmöglichkeiten wie hier bei uns gibt es nirgendwo, und die Stadt unterstützt sogar, das gibt es in Serbien nicht.

Ich bin Putzfrau, und ich denke, dass Frauen diesen Job besser ausüben können, weil sie sauberer sind. Sie schauen auf ihr Aussehen, sie wollen hübsch sein – den Männern ist das Aussehen nicht so wichtig, vielleicht manchen, aber nur zwanzig Prozent. Außerdem ist Putzfrau traditionell ein Frauenberuf, Frauen haben sich immer um das Haus gekümmert, um Sauberkeit, das Essen, das Gewand. Ich hatte auch nie einen Kollegen, ich hatte immer nur Frauen – wobei es Kolleginnen gegeben hat, die nicht so super geputzt haben. Es gibt sicher auch gute Männerputzer, also gute Putzmänner, aber generell sind Frauen besser. Vielleicht, weil sie mehr putzen als Männer. Okay, Frauen sind in allem besser, weil sie so komplexe Menschen sind, vielseitig, meine ich. Ein Mann kann entweder gut im Beruf sein oder ein guter Vater. Zwar gibt es schon auch Männer, die auf vielen Seiten gut sind, aber die Mehrzahl der Frauen macht die meisten Sachen besser als die Männer. Keine Ahnung, bin ich halt altmodisch, aber was will ein Mann putzen? Das sieht doch komisch aus! Ein Mann soll etwas Schweres arbeiten. Klar muss ich auch schwere Sachen schleppen, ja, jeden Tag. Ach, ich bin unentschlossen …

Mein Wunschberuf war Kindergärtnerin, aber die Schule dafür war in Belgrad, und der Papa und die Mama hatten Angst, ein Mädchen vom Land in die Stadt zu schicken. Erstens hat vor allem die Mama Angst gehabt, dass mir was passiert. Zweitens war es finanziell unmöglich. Also haben wir einen Kompromiss getan: Ich habe einen Beruf in der Nähe ausgesucht. So habe ich Technikerin für analytische Chemie gelernt. Wenn wir hier sitzen und reden, passieren tausende chemische Reaktionen, Chemie ist eine tolle Sache! Aber die Chance für die Berufsausübung war niedrig. Im Labor arbeiten zwei oder drei Menschen. Erst wenn die in Pension gehen, kriegst du den Platz. Dann bist du aber selber alt. Eine Möglichkeit gab es: In einem Bergwerk hätte man Arbeitsplätze bekommen, aber Wirtschaftschemie hat mich nicht gereizt. Zuerst wollte ich weiterstudieren, aber dazu ist es nicht gekommen. Erstens aus finanziellen Gründen. Zweitens bin ich schwanger geworden. Ich wollte es nicht, aber es ist passiert. Miroslav war meine erste große Liebe, später auch mein Mann. Er war fünfundzwanzig, ich war achtzehn. Er hat sich gedacht, dass es mit fünfundzwanzig eh an der Zeit ist, dass man ein Kind hat. Als ich neunzehn war, ist Danijel gekommen. Es war die richtige Entscheidung.

Im Nachhinein bin ich glücklich. Der Sohn ist aus dem Haus – er ist jetzt selber verheiratet –, und ich bin auch noch nicht so alt. Kurz vor Danijel habe ich noch einen zweiten Beruf gelernt, weil als Chemikerin keine Arbeit in Sicht war, Verkäuferin. Alles Berufe für Frauen, ja, aber damit habe ich einen Job gefunden, und Danijel war bei der Schwiegermutti. Trotzdem dass heute viele Frauen emanzipiert sind: Alle Arbeiten, die Männer machen können, kann man als Frau ja doch nicht machen, körperlich. Ich bin auch emanzipiert, aber es gibt Berufe, die ich nie in meinem Leben machen würde, Kfz-Techniker zum Beispiel. Ich mag keine Arbeit, bei der ich mich schmutzig mache. Außerdem bist du nur unter den Männern, das ist auch fad. Mit Verkäuferin war ich zufrieden. Ich rede gern mit Menschen.

Ob ich hier mit Chemie etwas machen könnte, weiß ich nicht. Ich habe gehört, dass auch hier nur drei, vier Menschen im Labor sind, also habe ich mich in einem

Krankenhaus beworben. Ab da war meine Arbeitsbewilligung für Hausarbeiterin bestimmt, für persönliche Dienste, Bedienerin, diese Gruppe von Berufen. Wir waren glücklich, dass man einen Job hat. Außerdem musst du immer dran denken, dass du die Arbeitsbewilligung in einem Jahr verlängern musst. Das ist riskant. Wenn du dann in einer anderen Branche bist, weiß ich nicht, ob du die Bewilligung bekommst – wenn nicht, verlierst du dein Visum. Und so viel Deutsch, dass ich was anderes ausprobiere, konnte ich auch nicht.

Ja, jetzt spreche ich super Deutsch. Ich habe es alleine gelernt, am Abend, nachdem dass mein Mann schlafen gegangen ist. Er hat mir ein Buch von einer Baustelle in einer Kirche gebracht: *Deutsch ohne Mühe*. Bis zwei Uhr habe ich gelernt. Das würde heute in keinem Buch mehr stehen. Postkarten von Urlaubern. Der erste Urlauber schreibt: *Ich war da mit meiner Frau und es war schön.* Der nächste Urlauber schreibt: *Ich war da ohne meine Frau und es war noch schöner.* Der erste Satz, den ich gelernt habe, war: *Der Tee ist gut.* Das weiß ich hundertprozentig: *Der Tee ist gut. Der Kaffee ist schwach.* Aber dann wurde es schlimmer, ich meine, schwieriger. Manchmal wachte mein Mann auf und sagte: Du bist nicht normal! Andere Leute haben es auch gelernt, du musst nicht bis Mitternacht lernen! Aber ich muss doch mit den Menschen reden! Es geht nicht, wenn ich mich nicht ausdrücken kann. Mit Händen und Füßen kann ich nichts erzählen. Und nachdem dass ich Perfektionist bin und ehrgeizig, musste ich es schaffen.

Ich denke, in erster Linie muss man die eigene Muttersprache gut können, Grammatik und alles, dann kann man auch eine fremde Sprache super sprechen. Serbokroatisch und Deutsch haben viele Verbundenheiten, es ist fast gleich. Was ich noch lerne, sind diese Der-diedas-Artikel. Manche Dinge haben in meiner Sprache einen anderen Artikel. *Der* Rock ist es im Deutschen, bei uns ist es *die* Rock. Alles, was Frauen tragen, ist *die*. *Die* Kette ist *die* Kette. Na gut, vielleicht nicht ganz: *Der* Lippenstift ist *der* Lippenstift. Aber *die* Bluse ist *die* Bluse, im Deutschen auch. *Die* Sonne? *To sunce.* Also *das* Sonne bei uns. Ein Jahr habe ich sicher gelernt mit dem Buch, jede Nacht, gelesen und geübt. Dann noch durch den Fernseher und durch das Reden. Wenn ich heute ein neues Wort höre – obwohl ich schon sehr viele kann –, nehme ich das Wörterbuch und schaue nach. Weil manchmal denke ich mir bei einem Film: Ich verstehe, was er meint, aber ich möchte noch einen Beweis, der schwarz auf weiß ist.

Manche denken, wenn man Putzfrau ist und Ausländer, ist man nichts wert. Aber Ausländerfeindlichkeit hat nicht nur mit Putzfrau sein zu tun. Obwohl viele Inländer denken, alle Putzfrauen sind Tschuschen. Auf der Straße kann man das auch spüren, überall kann man das spüren. Wenn du in der U-Bahn telefonierst oder ein bisschen lauter in einer fremden Sprache redest, werden sie sofort verrückt. Damit kann ich nicht umgehen, ich könnte sofort explodieren. Ab und zu explodiere ich auch, aber nur für mich. Können die Menschen nicht begreifen, dass viele in einer Zwei-Millionen-Stadt auch andere Sprachen können? Man soll nicht so egoistisch sein. Es ist doch schön, dass so viele Menschen da sind. Aber die Menschen hier denken, dass sie von der Ober-schicht sind, Menschen erster Klasse. Alle anderen sind in zweiter, dritter Reihe hinter denen. Sie denken: Oh, wir Inländer! Dabei sind sie in der Monarchie aus Aus-ländern Inländer geworden. Kann man das begreifen? Nein, das kann man nicht. Aber ich streite mich nicht, das ist nicht meine Art.

Die Menschen sind nicht so normal, dass du mit ihnen reden kannst. Und ich will nicht auf dieses Niveau runtersteigen. Ich drehe mich einfach um und schimpfe, was mir einfällt, in beiden Sprachen – dann geht es mir besser. Dadurch, dass ich hier lebe, habe ich nicht so viele Freunde, also Freundinnen, aber die, die ich habe, bedeuten mir viel. Du bist nicht allein. Wenn es dir schlecht geht, aber auch wenn es dir gut geht, kannst du das teilen. Manche Freundinnen schicken mir eine Karte, wenn sie auf Urlaub sind. Sie sind so weit weg, ich bin nicht in ihrem Leben, aber sie denken an mich – ich schätze das sehr. Auch dass mich hier ein paar Menschen aufgenommen men und in ihr Herz eingeschlossen haben, wie wenn ich eine Einheimische bin, macht mich glücklich. Das ist nicht selbstverständlich. Vor allem jetzt, in der Zeit, wo alle böse aufeinander sind, obwohl es ihnen eh gut geht.

Als wir 1990 hergekommen sind, haben wir Danijel bei der Oma gelassen, er war vier. Wir haben ja nicht gewusst, ob wir bleiben können, ob wir eine Arbeitsbewilligung bekommen. Viele Monate haben wir in *einem* Zimmer gewohnt, beim Cousin, alle zusammen. Um meinen Sohn musste ich mich nicht sorgen, nein. Die NATO hat zwar Belgrad bombardiert, weil angeblich die daran schuld waren, dass das im Kosovo so war, wie es war, aber ich vertraue niemandem. Auf manche Autobahnstrecken sind Granaten gefallen, man konnte nicht überallhin fahren, aber bei uns im Dorf war kein Krieg, es gab keine anderen Nationalitäten. Zu Hause hat Danijel eine schöne Kindheit gehabt. Besser als dass wir ihn da- und dorthin schleppen. Mit Sorgen ist man nicht ruhig. Wir waren sieben Jahre von Danijel getrennt. Mein Mann ist einmal im Monat nach Serbien gefahren, ich alle zwei, weil ich im Spital auch Samstags- und Sonntagsdienst hatte. Elf Stunden Busfahrt, Freitagabend nach Haus, Samstag in der Früh unten, Sonntag zu Mittag wieder zurück – also eineinhalb Tage von drei.

Wir haben oft telefoniert. Das Telefonnetz war einen Kilometer von unserem Haus in Serbien weg. Es hätte weiter ausgebaut werden sollen, aber dann ist der Krieg gekommen, und die ganze Armut. Also haben wir ausgemacht, wir rufen zu einer Zeit bei einem Nachbarn an. Mein Sohn ist mit der Schwiegermutti gesessen und hat gewartet. Aber in unserer Telefonzelle hat oft jemand telefoniert, oder sie war kaputt, dann musstest du eine andere suchen, weil das arme Kind hat gewartet, war müde und ungeduldig. Du musstest alle Telefonzellen in der Umgebung kennen. Je größer mein Sohn geworden ist, desto mehr wollte er bei uns leben. Schon nachmittags hat er zur Oma gesagt, er wird jetzt schlafen gehen, weil in der Nacht kommen die Mama und der Papa im Traum. Für ihn war immer klar, wir sind Mama und Papa. Als wir alles unter Dach und Fach gehabt haben, wollten wir ihn holen, aber es wurden Quoten für die Zusammenführung für Ausländer eingeführt, Familienzusammenführung, genau. Mein Sohn ist zwei Jahre lang abgelehnt worden. Tausend Menschen wurden zugelassen, aber er war nicht darunter, also mussten wir auf das nächste Kontingent warten. Es bringt ja nichts, dass du ihn holst, er die Schule verlässt, wenn du nicht sicher bist, ob er bleiben kann oder abgeschoben wird. Ich kenne Fälle von ehemaligen Arbeitskollegen, wo die Kinder zurück mussten und bei der Botschaft in Belgrad einen neuen Antrag stellen.

Das Wort Rabenmutter gibt es auf Serbokroatisch auch, ja, aber ich habe nie das Gefühl gehabt, dass ich eine bin. Mit unserem Arbeiten konnten wir ihm ein besseres Leben ermöglichen. Er hat neue Schuhe gehabt, eine neue Hose, Buntstifte und Hefte. Aus ökonomischer

Sicht hat er eine schöne Kindheit gehabt, wir haben alles
für ihn gegeben. Als er klein war, konnte man ihm noch
Schuhe kaufen, die keine Marke waren, später wollte
er nur noch Marke. Er hat einen Englischkurs besucht,
einen Deutschkurs später auch, wir haben alles bezahlt.
Er ist auch immer zu Schulausflügen gefahren. Und wir
haben Kleinigkeiten geschickt, per Nachbar, es gibt ja
viele Menschen, die hier arbeiten und über das Wochenende nach Hause fahren. Manchmal waren es nicht so
viele Süßigkeiten, weil etwas anderes gerade wichtiger
war oder es einfach nicht ging, dann hat er gesagt: Was,
nur das? Aber er wusste, beim nächsten Mal bekommt er
wieder mehr.

In der Sexualität hat sich mein Mann besser ausgekannt als ich, er war ja schon älter. Am Anfang ist eh
alles schön und interessant. Später, als ich schon länger
verheiratet war, habe ich Sexualität so erlebt, dass das
etwas ist, was wir tun müssen, um Ruhe in der Ehe zu
haben. Manchmal hatte ich schon Lust, aber manchmal
dachte ich: Sonst wird er böse, und es dauert eh nicht
hundert Stunden. Mein Mann war mein erster und einziger. Bevor man heiratet, darf man nämlich keinen Sex
haben. Bei Töchtern aus guter Familie war klar, dass die
das nicht machen. Du konntest dir nicht erlauben, deinen Eltern anzutun, dass du mit jemandem schläfst. Es
war irgendeine moralische Verpflichtung für dich selber: Das gehört sich nicht, das macht man nicht! Nur
schlechte Mädchen schlafen mit jedem, bevor sie heiraten, hat es immer geheißen. Über die Buben hat keiner
geredet. Wichtig war, dass eine Frau einen guten Charakter hat und eine gute Moral. Von der Frau hing der
Ruf der Familie ab, deshalb waren Mädchen wichtiger
als Buben. Buben sollten nicht so viel trinken, aber die
Moral war die Aufgabe von Mädchen, Frauen steuern die

Männer. Ich weiß nicht, ob ich das für eine Tochter auch so sehen würde. Schwierige Frage. Die Zeit hat sich verändert. Aber ich würde ihr trotzdem sagen: Schlaf nicht mit ihm, bevor du ihn heiratest! Sie kann natürlich tun, was sie will, aber die Männer kriegen eh schon alles, und wieso sollen die Männer alles kriegen?

Dass ich meinen Sohn auf die Welt gebracht habe und dass ich die Mutter bin, das kann man nur als Frau. Es ist zwar nicht immer einfach, Mutter zu sein, auch eine Frau zu sein, ist nicht einfach, andererseits ist es sehr schön. Nicht immer einfach ist es, weil in dieser Welt die Männer regieren, die haben mehr Wichtigkeit, mehr Macht, auch in den Familien, überall. Als Frau musst du die Männer auf andere Art entmachten: Du kannst Geld verlangen von deinem Ehemann. Du kannst, wenn du selber Geld verdienst, nicht immer machen, was er sagt. Du musst den Mann, mit dem du lebst, gut kennen, um mit ihm umzugehen, ihn, sozusagen, zu koordinieren. Mein Mann war zum Beispiel eifersüchtig. Wo gehst du hin? Mit wem triffst du dich? Du bist ja dumm, habe ich ihm erklärt. Wenn ich möchte, dass ich mit einem andern was habe, dass ich fremdgehe, kann ich das immer tun. Du kannst nicht vierundzwanzig Stunden mit mir zusammen sein. Also vergiss deine blöde Idee, das ist ja primitiv und Balkan. Das hat er begriffen.

Kein Mensch kann einem andern was verbieten. Es beginnt alles im Kopf. Wenn du willst, kannst du es tun. Aber ich wollte nicht. Ich habe außerdem so große Ansprüche. Mein Traummann ist Zinédine Zidane, der beste Fußballer der Welt. Den hätte ich gerne als Gesellschaft. Ich weiß nicht, ob ich mit ihm Sex haben würde, aber ich will in seiner Nähe sein, weil er so sexy ist und sympathisch. Er ist unerreichbar für mich, aber er bleibt mein Traummann. Man kann auch zu sich sagen: Ich mache, was ich denke, mein Mann muss nicht alles wissen – dann ist Frieden in der Familie. Ich habe gewusst, wo die Grenzen sind, was ich nicht machen darf, weil ich nicht streiten will. Ich mag in Harmonie leben, ich mag nicht böse aufeinander sein, und ich hatte eine sehr schöne Beziehung mit meinem Mann. Früher habe ich alles getan, was mein Mann gesagt hat. Weißt du, das war eben so, in früherer Zeit. Die Männer haben Geld ins Haus gebracht. Die Frauen haben sich um die Kinder gekümmert. Die Männer haben gesagt: Holst du mir die Schuhe? Bügelst du mir ein Hemd? Die Frauen haben es gemacht. Mit der Zeit habe ich nicht mehr so viel gemacht. Das war auch okay. Ist er halt selbstständiger geworden. Ich bin mit der Zeit reifer geworden, zielbewusster, auch in meinem Eheleben bin ich – wie soll ich sagen? Ich will nicht sagen, ich bin Feministin geworden, aber ich habe für meine Rechte gekämpft. Ich bin von allen immer gut behandelt worden, habe ich das Gefühl, vielleicht weil ich mich immer durchsetze. Und ich lasse mich nicht unterkriegen.

Mein Lebensmotto ist: Man lebt nur einmal. Ich habe noch viele andere: Was du heute machen kannst, machst du nicht morgen. Tu nicht den anderen an, was du dir selber nicht antun möchtest. Hilf den anderen, der liebe Gott hilft dir auf seine Art. Und mein Opa hat immer gesagt: Ein Mensch zu sein, ist das Schwierigste im Leben. In jedem Mensch gibt es etwas Schönes, denke ich, jeder hat etwas, das gut in ihm ist. Bei manchen sind es viele Sachen, bei manchen muss man es suchen. Aber in neunzig Prozent der Menschen gibt es etwas Gutes, in achtzig Prozent sicher. Ich habe so viel Liebe in meinem Herzen, dass das ein Privileg ist. Dann beherrsche ich noch eine zweite Sprache. Dort, wo ich arbeite, kann ich putzen, solange ich möchte. Ich kann von meiner Arbeit leben. Ich wohne in einer schönen Stadt, in der die U-Bahn alle vier Minuten fährt und auch der Autobus kommt. Es ist ein Privileg, dass man hier so viele Bücher sehen kann, und dass man so viele Lebensmittel auf dem Markt sieht, wo man nicht einmal weiß, was das ist. Zum Beispiel Kaki – also ich habe nicht gewusst, was das ist. Andere Privilegien habe ich aber nicht, weil ich bin Ausländerin.

Ich fühle mich nicht als Ausländerin, ich lebe schon länger hier, als ich unten gelebt habe. Hier ist alles besser, als ich es gehabt habe. In dieser Stadt, in diesem Land ist alles ein Privileg für mich. In meinem Dorf kriegen die Menschen nicht am Ersten Gehalt, sondern irgendwann. Viele Menschen hier, die mehr Geld zur Verfügung haben, wissen nicht, wie es geht, wenn man überhaupt kein Geld hat. Die haben nie in armen Umständen gelebt. Ich weiß, wie es ist, ich war arm. Ich habe mit meinem Mann von allem nicht viel gehabt, aber man kann sich auch eine kleine Freude machen. Dann kaufe ich mir eben ein Häkelheft um vier Euro und bin glücklich, weil ich mir das in Serbien nie leisten könnte. Oder eine Pizza. Mein Mann und ich haben nie Pizza bestellt, fünfzehn Jahre lang – das war einfach so viel Geld! Als wir nicht mehr so arm waren, haben wir gesagt: Jetzt bestellen wir, und die kommt sogar nach Hause! Menschen mit Geld regen sich auf, weil der Pizzamann unpünktlich ist! Für uns war Pizzabestellen ein Erlebnis.

Das schönste Erlebnis war, meinen Sohn zu kriegen, und dass er eine Ausbildung gemacht hat und abgeschlossen mit Auszeichnung. Dass ich hier Staatsbürgerin geworden bin, ist auch ein schönster Moment. Ich hatte ein Papier, einen Wunschzettel, am Kühlschrank befestigt, darauf ist gestanden: *Wenn ich einmal Geld habe.* Darunter habe ich aufgelistet. Ein Wunsch war Gmundner Keramik. Das war so schön und unerreichbar für mich – irgendwann habe ich es gekauft, von meinem Weihnachtsgeld. Zuerst nur eine Tasse mit Untertasse, dann immer ein kleines Stück dazu. Es gibt noch viel, das fehlt, aber ich habe aufgehört, die Freude ist nicht so groß, wenn du es nicht teilen kannst. Früher habe ich gewartet, bis mein Mann nach Hause gekommen ist, dann habe ich es ausgepackt. Andere Frauen kaufen sich Gewand oder was Gescheites, du kaufst Geschirr, hat mein Mann gesagt, wo soll das hinkommen, wenn wir sterben?

Mein Mann fehlt mir. Jetzt ist es schon über drei Jahre, dass er nicht mehr da ist. Du hast keine Person, mit der du alles teilen kannst, Freude und Träne, alles. Seine Krankheit war das Schlimmste, was ich erlebt habe. Krebskranke Patienten sterben in sehr schlechtem Zustand. Mein Mann hat gelitten, seine Leiden kann ich im Leben nicht vergessen. Erst nach drei Jahren kann ich sagen, dass es mir ein bisschen besser geht, dass ich mich wieder über Kleinigkeiten freuen kann und ich zurück ins Leben gefunden habe.

Mein Leben war so, wie ich es mir vorgestellt habe – nicht immer leicht, aber ich habe es selber ausgewählt. Die einzige Veränderung vielleicht: Ich würde gerne etwas studieren, Ärztin oder Psychologin. Und vielleicht hätte ich auch eine Tochter. Wenn ich sehe, wie manche Mädchen frech sind, denke ich mir aber: Nein! Was ich mir vom Leben noch wünsche? Ich habe so viele Wünsche, ich muss hundert Jahre leben! Ich wünsche, dass ich arbeiten kann, solange ich lebe, weil Arbeit mich glücklich macht. Ich möchte keine alte Pensionistin sein. Ich möchte Französisch lernen. Wenn ich sterbe und Zizou im Himmel treffe, möchte ich mit ihm reden können. Ich möchte Englisch lernen, damit ich antworten kann, wenn mich Touristen auf der Straße etwas fragen, und ich nicht blöd dastehe und nur sage: *No, no.* Ich möchte in die Tanzschule gehen. Ich liebe Tanzen und Singen. Ich kann nur normale Tänze, nichts Besonderes, und die wunderschönen Kleider beim Tanzen! Ich möchte alt werden und als Ersatzoma einspringen für Familien, die eine Oma brauchen – das ist mein Traumberuf. Was möchte ich noch? Mir wird schon noch mehr einfallen. Mit dem habe ich eh viel zu tun. Gesund möchte ich noch sein, immer, Gesundheit ist ein großes Glück. Und genug Geld haben. Miete zahlen, alle Rechnungen zahlen können ist Glück. Telefonieren können mit den Menschen, die man gern hat. Mit den Kindern von meinem Bruder etwas unternehmen, selbst wenn es nur McDonald's ist. Mit meiner Freundin Kaffee trinken und plaudern. Sich hübsch machen und fortgehen. Das Leben ist ein Glück, das Leben ist schön, mit allem drum und dran. Auch wenn mein Leben mit meinem Mann dadurch, dass er arm war, nicht immer leicht war, ich habe ihn geliebt. Du musst das Positive sehen, das Negative kommt eh von selber.

Weil schau, Nadine, mein Mann ist fünfzig geworden, und auf einmal kommt die Krankheit. Okay, jetzt kannst du in die Donau springen, aber dann bist du der Verlierer. Das heißt also, du musst kämpfen, damit es dir wieder gut geht. Außerdem darf ich meinen Mann nicht enttäuschen, er hat mich immer bewundert. Ich hätte nie im Leben eine andere Frau geheiratet, hat er immer gesagt. Wenn er mich jetzt von oben sieht und ich mit Heulen nicht fertig werde, wird er sagen: Was macht da meine Michaela? Die ist ganz anders, als ich sie kenne. So ist er stolz auf mich und denkt: Die hat das geschafft! Ich bin schon auch stolz auf mich, ja. Es gab eine Zeit, wo ich gedacht habe: Wieso bin ich nicht mitgestorben? Wieso lebe ich jetzt ohne ihn? Wie soll ich alles schaffen und meistern? Aber irgendwie muss es gehen, und es geht immer nach vorne. Jetzt bin ich wieder vorne. Mein Mann fehlt mir, aber deshalb kann ich doch nicht in die Donau springen. Es wäre zu schade – da mache ich doch das Wasser schmutzig. Ich mag nicht, wenn Menschen ständig jammern, also kann ich die Menschen auch nicht mit meiner Trauer belästigen. Okay, am Anfang schon, aber irgendwann schaut man deppert aus.

Da wirst du gaga in der Birne

Maria, 30, Studentische Mitarbeiterin

Der Pauli meinen Namen? Geh nein! Hätte ich einen Namen wie Mayer oder Müller gehabt, hätte er überlegt. Für seinen hätte ich außerdem keinen so schönen Namen aufgegeben, aber dass sich meiner auf Muschi reimt, war einfach schiach. Dabei war Muschi ein normales Wort für uns Kinder, das hatte nichts Schlechtes. Meinen Namen annehmen, das hätte der Pauli nicht gewollt. Und Doppelnamen sind zwar cool, aber unsere Kombi? Viel zu lang! Bei Freunden war das eine lange Debatte, am Ende hat sie einen Doppelnamen genommen und er hat seinen behalten. Jetzt verarscht der Pauli seinen Freund manchmal damit, dass er's nicht geschafft habe, seine Frau dazu zu bringen, seinen Namen anzunehmen.

Neben der Geburt meiner Neffen und meinem ersten ganzen Marathon war unsere Hochzeit etwas vom Schönsten in meinem bisherigen Leben. Und der Heiratsantrag, der war saulustig! Am Flughafen legt der Pauli seine Jacke aufs Band – ich war wegen meinem Defi in einer anderen *line*. Der Typ beim Röntgen schaut auf den Bildschirm, klopft dem Pauli auf die Schulter, grinst. Danach habe ich den Pauli gefragt: Was hat er denn zu dir gesagt? Der Pauli: Ich hab's nicht verstanden. Und warum hast du dann gelacht? Weil er so gelacht hat. Den Antrag wollte Pauli mir unbedingt auf der Brooklyn Bridge machen, die war aber eine Baustelle. Wir hatschen also ur weit auf die Brücke rauf – ich noch keine Ahnung vom Antrag –, steht da plötzlich eine Gang kleiner Jungs mit ihren BMX-Rädern. Sie haben gerade geschlossen von der Brücke gebrunzt. Ein bissl hab ich mich unwohl gefühlt, der Pauli auch. In Wahrheit hat er sich unwohl gefühlt, weil er dachte: Oida, wenn die uns aussackeln, fladern die mir den Ring. Also kein Heiratsantrag auf der Brooklyn Bridge. Am nächsten Abend wollte er unbedingt aufs Empire State Building. Ich wollte aber das Geld nicht ausgeben, weil wir schon mal oben gewesen sind. Also essen gehen. Aber es gab keinen Tisch. Jedes Restaurant war voll mit komischen verkleideten Typen – später haben wir die Plakate gesehen: *Comic Convention*. Der einzige Tisch, den wir bekamen, befand sich unter einer Klimaanlage. Ständig hat es mir die Haare ins Gesicht geweht. Normalerweise bin ich ja nicht so bitchy, aber da habe ich um einen neuen Tisch gebeten. Irgendwie hat Pauli mich doch noch aufs Empire State Building gekriegt. Da war ich bereits ur gepisst. Der Pauli – hat er mir später gesagt – hat sich halt gedacht: Jetzt oder nie – ein drittes Mal krieg ich sie nicht mehr hier rauf! Als er so hinter mir steht, fängt er plötzlich an, mir ins Ohr zu säuseln. Eh ur nett, aber mir war es eben unangenehm, dass er so liebe Dinge zu mir sagt. Außerdem dachte ich: Bitte, Pauli, geh bloß nicht auf die Knie vor mir! Warum sollte sich jemand vor jemandem niederknien, mit dem er das Leben verbringen will? Das finde ich affig. Kurz: Er ist nicht auf die Knie gegangen. Hätte er allein schon wegen der Touris nicht gemacht. Er wollte ja nicht, dass dann alle klatschen und er im Mittelpunkt steht. Zum Glück ist Pauli aber sowieso nicht der Typ Mann, der sich auf die Knie werfen würde. Er hält mir auch nie die Tür auf, wobei er das, finde ich, schon manchmal tun könnte. Andererseits bin ich sehr froh, dass er mich so eben nicht behandelt.

Spätestens seit der Hochzeit denke ich, dass jetzt alle ein Kind von mir erwarten. Es wurde ja bereits, als ich mit der Pille aufgehört habe, getrascht: Aha, du nimmst die Pille nicht mehr? Dann: Wieso funktioniert das nicht bei den zweien? Kann die Maria etwa nicht schwanger werden? Echt jetzt, kümmert's euch um euren eigenen Scheiß! Ich möchte nicht schwanger werden, ich möchte einfach nicht mehr die Pille nehmen.

Mit siebzehn habe ich gesagt, dass ich die Pille will. Meine Mutter: Aha, okay, ja gut. Ich wusste, ich will jetzt Sex haben mit meinem Freund, aber ein ganz klein bisschen war's auch dieses: Die Pille nehmen ist cool. Seit ich sie nicht mehr nehme – und ich habe sie elf Jahre genommen –, würde ich mit meiner Tochter ausführlich besprechen, ob die Pille wirklich Sinn macht. Mein Patenkind nimmt die Pille, seit sie vierzehn ist. Fand ich damals schon früh. Mit der Erfahrung von heute finde ich es noch schlimmer. Ihr wird damit die Chance genommen, sich kennenzulernen. Als Mädchen wirst du da ja auch hineingedrängt: Pille, klar, alles andere wäre verantwortungslos, das ist das Sicherste. Oder: Wie kannst du als Mutter deiner Tochter nicht die Pille verschreiben lassen? Mein erster Frauenarzt hatte sofort Verständnis dafür, auch wegen meiner Akne. Das war ebenfalls eine Befürchtung von mir, dass ohne Pille die Haut wieder schlecht wird. Ist aber nicht eingetreten, jedenfalls nicht so, dass es das Gute aufwiegt. Als fast dreißigjährige Frau keine Ahnung haben, wie man ohne Pille ist? Absurd! Man weiß noch nicht einmal, wie lange man von selbst bluten würde. Übrigens blutet man auch anders, besser irgendwie. Noch nach zwei Jahren komme ich auf Neues drauf. Das ist ein Prozess, der andauert, und der mir Freude macht.

Ich habe mir zwar nie gedacht, dass es mir mit der Pille schlecht geht, aber es geht mir viel besser ohne. Manchmal bin ich launisch oder habe Schmerzen – mit der Pille hatte ich das nicht –, aber ich genieße es, dass ich das empfinden kann, ich habe jetzt viel mehr Bezug zu mir. Und ich habe mehr Libido, seitdem ich die Pille nicht mehr nehme. Damals ist mir das gar nicht so aufgefallen, aber sexuell ist es heute eindeutig besser. Nur muss ich manchmal mittendrin aufhören und Pauli erinnern: Wir haben noch was zu erledigen … Dann denke ich: Du Faulsack scherst dich einen Dreck, aber *mir* jahrelang Vorwürfe machen. Als ich noch allein für die Verhütung zuständig war, hatten wir manchmal Riesenstreit: Warum hast du die Pille vergessen? Ursprünglich wollte ich sie nach dem Aussetzen wieder nehmen, aber weil alles so viel besser war, sagte ich zu ihm: Ich habe mir das überlegt, ich möchte nicht mehr. Pauli: Verstehe ich. Ich: Ich möchte gar nicht mehr hormonell verhüten, auch nicht diese Dreimonatsspritze, wir müssen mit Kondom. Versteht er. Aber im Eifer des Gefechts ist das Verständnis oft nicht so da. Ja, denke ich dann, ihr Männer habt es ziemlich easy eigentlich. Weißt du, warum vor kurzem die Testphase für ein Verhütungsmittel für Männer abgebrochen wurde? Wegen der Nebenwirkungen. Dabei waren es dieselben wie bei der Pille für die Frau – Erhöhung des Thromboserisikos, des Herzinfarktrisikos und so weiter. Hauptsache, Frauen nehmen die Pille seit fünfzig Jahren …

Willst du meine Aufklärungsgeschichte hören? Die ist witzig … Keine Ahnung, wie alt ich war, Volksschule, es war bei *Wetten dass…!* Ein Wettkandidat hat mit seiner Nase Kondome aufgeblasen. Am nächsten Tag sage ich zu meiner Mutter: Du, Mama, was hat denn der gestern für komische Luftballons aufgeblasen? Und meine Mutter, eine Pädagogin – pfwumm, hochrot, völlig auf: was soll sie jetzt bloß sagen. Dann hat sie gesagt: Maria, du weißt, was ein Mann und eine Frau machen, wenn sie einander gern haben. Jetzt ich so: Pfwumm! Meine Mutter: Na ja, und will man kein Baby, verwendet man eben diesen Luftballon. Okay … zu viel Information. Dass man das Ding nicht mit der Nase aufbläst, hat sie mir, glaube ich, schon auch noch erklärt.

Dass ich ein Mädchen bin, ist mir als Kind nicht groß aufgefallen, ich war ein Bubenmädchen, habe mit Buben oder burschikosen Mädels gespielt, hatte immer kurze Haare und aufgeschlagene Knie. Meine beste Freundin, die lange Haare hatte, dachte, bis ich bei der Erstkommunion ein Kleid trug, ich sei ein Bub. Meine Mama war der Meinung, wenn man als Kind regelmäßig die Haare geschnitten bekommt, hat man als Erwachsener volles Haar. Habe ich volles Haar? Nein. Auf die Mädchen mit den langen Haaren war ich immer ein bisschen neidisch, dafür war ich die von der coolen Gang im Hof. Aber im Campingurlaub habe ich mit der Tochter von Freunden meiner Eltern stundenlang Ställe für die Plastikponys gebaut. Die war eine Leaderin, die hat geraucht und sich am Hinterkopf die Haare abrasiert. Barbie habe ich schon auch gespielt. Ich hatte nur hässliche, von meiner Schwester vererbte, mit einem Irokesen, weil sie ihnen immer die Haare geschnitten hatte. Aber Matador habe ich als einziges Mädchen gespielt.

In unserer Familie gab es nicht so eine Trennung, *das* sind die Mädchen, *das* ist der Bub. Vielleicht sieht meine Schwester das anders, ich war ja das Nesthäkchen, das zehn Jahre später gekommen ist. Aber ich habe tatsächlich das Gefühl, in unserer Familie wurde nie unterschieden. Der Pauli soll irgendwann das Haus weiterführen, seinem Vater wäre das wichtig. Mein Papa war zu meinem Bruder nie so auf Stammhalter. Aber der Mann meiner Cousine war fix und fertig, weil ihr erstes Kind ein Mädchen war. So ein Bauernschädel! Der ist sich betrinken gegangen. Meine Cousine hatte eine Wochenbettdepression, und dann das. Eine Freundin von mir, deren erstes Kind auch ein Mädchen war, hat gesagt: Was glaubst, was ich mir hab anhören können? Ihr Mann hat sich nämlich anhören können, dass er es nicht zusammengebracht habe, und das hat wiederum sie sich dann von ihm anhören können. Den Pauli würde das nicht stören, und wenn's ausschließlich Mädchen wären. Ich fände aber Bub und Mädchen schon cool. Buben wie die von meiner Schwester sind einfach sauwitzig. Wenn die so ein bisschen wild werden. Aber das kann ein Mädchen ja auch.

Wenn ich an eigene Kinder denke, glaube ich, dass eine Frau zu sein schon eine ganz eigene Bindung zum Kind herstellt. Nur die Geburt ist, glaube ich, nicht gerade schön. Wenn ich mir den Pauli anschaue, muss ich aber schon sagen, ich bin die zachere Haut, ich halte körperlich mehr aus als er. Frauen können mehr ertragen. In Karenz gehen würde der Pauli gern, den Papamonat will er fix, aber noch lieber würde er länger. Er hat natürlich Angst, weil er nicht weiß, wie er danach in den Job zurückkommen kann. Und wie schlau das finanziell ist, wenn er zu Hause bleiben würde, ist außerdem die Frage. Er wird immer besser verdienen als ich. Das Karenzgeld und mein Gehalt wären dürftig.

Paulis Mama war ab seiner Geburt zu Hause, sie ist nie mehr arbeiten gegangen danach. Meine Mama ging bereits arbeiten, als ich noch klein war. Ich war ein Schlüsselkind. Schon mit sechs war ich verantwortlich fürs Zusperren der Wohnung. Nach der Schule habe ich mir was in die Mikro gestellt. Als die Mama kam, hatte ich bereits gegessen und Hausübung gemacht. Mich hat das nie gestört, ich war eben selbstständig. Der Pauli ist nach Hause gekommen und das Essen stand auf dem Tisch.

Er konnte seine Sachen fallen lassen, wo er wollte, die Mama hatte ja eh Zeit. Und heute? Ist er gewohnt, dass er alles nachgetragen bekommt. Im unteren Stock zieht er sich Hose und Pullover aus, dann kommt er nach oben, setzt sich auf die Couch und zieht seine dreckigen Socken aus – die liegen dann hier. Aber kochen tut er, dass muss ich gestehen. Beim Wohnungsputz lässt er mich auch nicht hängen. Auch seine Hemden bügelt er selbst, oder er zieht sie ungebügelt an, weil: Sicher nicht!

Ich bin nicht so jemand, der sagt – und erschreckenderweise kenne ich genug Mädels, die so ticken –: Ich möchte bei den Kindern bleiben. Natürlich will ich nicht Kinder kriegen, um sie nie zu sehen, aber mich so sehr aufzugeben, dass ich ausschließlich Mutter bin, kann ich mir nicht vorstellen. Da wirst du gaga in der Birne, da verkümmerst. Aber sobald eine Mutter den Wunsch hat, weiterhin arbeiten zu gehen, heißt es: Oh Gott, die findet nicht in die Mutterrolle! Ich kann mir das gut vorstellen: Mama, Schwiegermutter, viel Spaß! Oder eben Papa, Schwiegervater, das ist mir ja wurscht. Ich werde jedenfalls den Drang haben, das, worauf ich so lange hingearbeitet habe, endlich anzuwenden, zu zeigen, dass ich das kann. Aber erstmal werde ich wohl Klinken putzen. Ich glaube, das ist, was mich so blockiert, mit dem Studium fertig zu werden. Ich werde massive Probleme haben auf dem Arbeitsmarkt. Erstens: ewig studiert. Zweitens: verheiratete Frau ohne Kind, die wird jetzt einen Job haben wollen, um schnell schwanger zu werden. Ein Mann hätte das nicht. Ich werde beruflich benachteiligt sein, definitiv. Ich bin keine Superfeministin, ich brauche nicht alles gegendert, aber wenn es diese Leute nicht gäbe, gäbe es noch viel mehr Nachteile für Frauen. Zum Beispiel hätten wir wahrscheinlich kein Wahlrecht. In Wahrheit ist man Nutznießer, und man tut den Hardcorefeministinnen Unrecht. Wenn niemand dafür kämpft, würden wir dastehen. Der Genderkampf ist schon gut. Nur manchmal ist er mir zu viel. Ich bin ja auch eine Frau, aber an den fehlenden Töchtern in der Bundeshymne stoße ich mich nicht. Ich stoße mich daran, wenn das dieser depperte Gabalier sagt, *der* hat gar kein Recht darauf.

Derzeit arbeite ich als studentische Mitarbeiterin – quasi als Trottel für alles. Aber dieser Job war ein Jackpot. Davor war ich in einem Inkassobüro. Du musstest zu irgendwelchen Adressen gehen, klingeln, schauen, ob die Leute noch dort wohnen – gar nicht ungefährlich. Bei einem Anwalt habe ich auch einmal gearbeitet. Der wollte sich mit mir das Sekretariat ersparen, ich bekam vier Euro die Stunde. Ein Satz von ihm war: Maria, wenn Sie das nicht ordentlich machen, muss ich mit meiner Familie unter der Brücke schlafen. Prinzipiell arbeite ich gern, aber ich will nicht, dass der Großteil meines Tages aus Tätigkeiten besteht, die ich abgrundtief hasse. Und ich will nicht mein Leben lang finanziell vom Pauli abhängig sein. Ich weiß Geld zu schätzen, ich weiß, was es heißt, wenn man es sich erarbeitet. Gut, ich bin ein bisschen schnorrig, aber nur, weil ich nicht so viel ausgeben kann. Mittlerweile denke ich mir öfter: Scheiß drauf, ich gebe das Geld aus, obwohl ich's nicht habe. Früher dachte ich, wir hätten alle Zeit der Welt, aber seitdem mir das passiert ist – das – der Herzstillstand halt, seitdem weiß ich, dass das nicht stimmt. Dasselbe studiert hätte ich schon, ja, nur würde ich gern die Zeit zurückdrehen können, ein bisschen mutiger werden, mich nicht hindern lassen von Versagensängsten. Der Vorteil an einer langen Studienzeit ist, dass man währenddessen viel anderes lernt: Ich habe mich schon ein bisschen gefunden, mehr als jemand, der zwar in Mindeststudienzeit fertig studiert hat, aber in Sachen Lebenserfahrung ein totales

Nackerpatzl ist. Vor kurzem hat ein Richter zu mir gesagt, er habe auch ewig studiert, er habe nebenher viel anderes gemacht – an dieser Stelle hat er eine kurze Pause eingelegt, und dann: vor allem viel Blödsinn. So gut! Vor allem viel Blödsinn … Da dachte ich: Schau an, und der ist jetzt auch da, wo er ist. Wäre ich ein Arbeitgeber, ich würde mich einstellen. Gleichzeitig denke ich: Ich darf nicht stolz auf mich sein. Oder: Mein Papa darf nicht stolz auf mich sein. Zum Beispiel wenn ich mich beim Verein engagiere.

Als ich diesen Verein gefunden habe, fand ich das richtig, richtig gut. Eine Schulkollegin von mir bekam mit neunzehn Leukämie, damals wurde sie total aufgefangen von der Krebshilfe. Als das mit mir war, bin ich ihr das im Nachhinein direkt ein bisschen neidig gewesen. Heute mache ich für meinen Verein Fundraising bei Marathonveranstaltungen. Außerdem kommuniziere ich mit Betroffenen und halte Vorträge – das kann ich richtig gut. Stehe ich dann vor den Leuten, schaue ich mir von außen selbst dabei zu, wie ich von der ganzen Sache erzähle, und denke: Wow … eigentlich arg! Wenn bei den Kontrollen im Krankenhaus etwas nicht passt, spielt sich auch heute noch ein Minidrama in meinem Kopf ab. Irgendwie geht's dann aber doch, dass ich mir denke: Okay, schlimm, aber ich komm da wieder raus! Klingt das esoterisch? Ich habe eben gelernt, was ich durch diese Sache geschenkt bekommen habe, was ich dadurch erleben darf. Damit ich ein frustriertes Pinkerl werde, das gar nicht mehr kann, müsste viel passieren.

Was ich aber noch ändern will: mehr Quality Time mit ein paar Menschen verbringen, die mir wichtig sind, zum Beispiel mit meinen Eltern. Die sind zwar jung geblieben, trotzdem bin ich eine Nachzüglerin und sie sind etwas älter. Und so, wie es anfängt, dass alle im Freundeskreis Kinder kriegen, sterben plötzlich auch Eltern. Dann denke ich mir: Warum kepple ich sie so an, wenn ich genervt bin? Sie waren bestimmt auch oft genervt von mir, als ich ein Kind war. Mit ein bisschen mehr Geduld könnte ich ihnen meine Dankbarkeit zeigen. Auch meine Freunde und Freundinnen sind sehr wichtig für mich, die würde ich sogar mit Geschwistern vergleichen. Keine Ahnung, ob ich eine gute Freundin bin, ich bin viel mit mir selbst beschäftigt. Aber wenn's richtig arsch hergeht, bin ich immer da.

Manchmal, wenn Pauli etwas ärgert, nerve ich ihn mit meinem: Das und das ist zwar scheiße, aber dafür ist dieses und jenes gut. Dann sagt er: Das ist das Mindeste, dass zumindest das funktioniert! Für ihn sind die banalsten Dinge richtig schlimm. Vielleicht habe ich Erfahrungen machen dürfen, die der Pauli nicht kennt, vielleicht hat er deswegen eine andere Lebenseinstellung, ich weiß es nicht. Ich bin jedenfalls sein Gegenpol. Je negativer eine Situation wird, desto positiver werde ich. So bin ich aber auch bei anderen. Als mein Neffe auf die Welt gekommen ist, sagte meine beste Freundin: Das mag euch jetzt schlimm vorkommen, aber du wirst sehen, das kann sich super entwickeln. Ich dachte: Sie hat recht, mein Gott, Downsyndrom, wir kennen ihn doch noch gar nicht! Bei der Taufe sagte eine Freundin meiner Schwester zu mir, sie habe gehört, wie toll ich mich verhalten würde. Offensichtlich hat mein Verhalten meiner Schwester Kraft gegeben. Und sagen wir mal, heute käme ein Wunderdoktor und würde vorschlagen: Wir nehmen ihm das Extrachromosom! Niemand aus der Familie würde antworten: Bitte machen Sie das.

Nachdem ich beim Frauenlauf umgekippt bin, habe ich zwar langsam, aber intensiver als davor wieder zu laufen begonnen. Am Anfang ist der Pauli mit, als mein Bewacher, obwohl Laufen gar nicht so seines ist. Ich, frisch aus dem Krankenhaus, würdest meinen, geschwächt – aber der Pauli: Du willst mich umbringen! Ich: Du bist ur langsam, Pauli! Aber als das mit meinem Herzstillstand war, hat der Pauli eins a funktioniert, wie ein Roboter – was ich natürlich erst nach dem Koma erfahren habe. Er hat organisiert, Leute informiert, geschaut, dass nicht zu viel und nicht zu wenig Besuch kommt, er hat mit den Ärzten geredet und: Am Abend hat er sich hingesetzt und alles, was passiert ist, minutiös aufgeschrieben. Diese Notizen sind ein kleiner Schatz für mich. Nach dem Aufwachen habe ich mir ja alles Mögliche zusammengereimt. Ich hab dem Pauli ur die Geschichten gedrückt, wie mir das passiert sein könnte. Die zwei Wochen davor fehlen mir fast komplett. Irgendwann hatte ich einen Trigger. Plötzlich fiel mir ein, wie ich zum Frauenlauf hingefahren bin, wie ich eingeparkt habe, wie ich eine Banane gegessen habe, wie ich das Handy in die Hose gesteckt habe.

Beim Frauenlauf ein Jahr später war ich wieder dabei – und der war erhebend! Mir zu zeigen, ich muss mich nicht unter einen Glassturz stellen lassen, ich kann das, ich laufe diesmal über die Ziellinie … Und ein paar Jahre später natürlich der Zieleinlauf bei meinem ersten ganzen Marathon, eigentlich die gesamten 42 Kilometer, das alles fühlte sich für mich an wie: *In your face!* Wie lange ich gebraucht habe? Ich hatte eine Gesamtzeit von 4 Stunden 24. Ich wäre gerne unter 4:15 geblieben, aber für den ersten Marathon war das sowieso zu hoch gesteckt. Als ich eingebrochen bin bei Kilometer 33, dachte ich nur noch: Lass mich wenigstens unter 4:30 sein! Die wahren Helden sind, wenn du mich fragst, ohnehin die, die sechs Stunden und länger unterwegs sind. So ewig kann ich mich nämlich nicht bewegen.

Eigentlich war ich lange Zeit vollkommen unsportlich.

Freiwillig hätte ich keinen Schritt vor die Tür gemacht. Dann bin ich ein bissl laufen gegangen, damit ich beim Lernen rauskomme. Und beim Frauenlauf gab's halt ein gratis Leiberl zur Anmeldung dazu. Beim Frauenlauf gibt es eine arge Hintergrundgeschichte, kennst du die? Frauen war es verboten, Marathon zu laufen – das schädige die Geburtsorgane, hieß es. Dann gab's in den USA diese Kathrine Switzer, die ist den Boston-Marathon, also *den* Marathon, gelaufen. Warte, das lese ich schnell im Internet nach … also: Bis 1967 waren Frauen nur zu Wettläufen bis 800 Meter zugelassen. Switzer hat sich beim Marathon aber mit ihren Initialen angemeldet. Als die Rennleiter draufgekommen sind, dass eine Frau mitläuft, sind die zu Switzer hin, mitten auf die Strecke, und haben versucht, ihr die Startnummer runterzureißen. Irgendwie ist sie trotzdem ins Ziel gekommen. Und: 1972 waren erstmals Frauen zugelassen. *Sie* hat das erkämpft! Verrückt, oder? Schau, dieses Bild ist total bekannt, ein arges Foto, ein richtiges Handgemenge. Leider habe ich Switzer noch nie persönlich getroffen. Aber eben: Für mich ist der Frauenlauf ein Pflichttermin. Ich finde, wenn du eine Frau bist, die läuft, *musst* du beim Frauenlauf Stimme zeigen. Wobei er mittlerweile ein bisschen mühsam geworden ist, so riesig. Beim Marathon und Halbmarathon sieht es wieder anders aus. Als ich jetzt beim Halbmarathon auf Mallorca war, sagen die glatt durch, sie hätten eine Frauenquote von 40 %, was einzigartig sei für eine Marathonveranstaltung in Europa. 40 %, *what the fuck*, dachte ich. Ich sehe großteils Frauen, wenn ich laufen gehe. Warum machen *die* nicht mit? Wenn ich mir anschaue, wie viele den Marathon finishen und wie viele davon Frauen sind, wird mir schlecht. Und schon bist du beim Thema: Wann hab ich denn mit Kindern Zeit, drei Stunden am Tag zu trainieren? Ich glaube, gerade beim

Marathon denken sich viele Frauen: Das schaff ich nicht! Das kann ich nicht! Ein Mann denkt sich: Pf! Das mach ich untrainiert! Es gibt eben diese Vorstellung, Männer seien leistungsfähiger, sportlicher, seien die Gewinner.

Nur dass Frauen beim Laufen so unweiblich werden, das finde ich schade. Im Profibereich fehlt denen der komplette Busen. Dabei ertappe ich mich oft, wie ich denke: Ich wäre schneller, wenn ich ein paar Kilo weniger hätte, wenn der Busen oder der Hintern kleiner wäre, bla, bla, bla. Aber eigentlich bin ich zufrieden mit meinem Körper. Halt das Gewichtshadern, das jeder hat. Man denkt doch immer, man sei zu fett, das denke ich seit der Unterstufe. Was als Frau beim Laufen aber richtig schlimm ist: Ständig wirst du belästigt. Das ist zum Kotzen! Männer werden nicht deppert angeredet, ich schon, dieses Hinterhergepfeife, diese Sprüche, die echt entbehrlich sind: Is' dir ned koit? Einem Typen, der in einer kurzen Hose laufen geht, ruft keine Frau hinterher, ob ihm nicht kalt sei. Oder wenn ich beim U-Bahnsteig steh und ich hab halt einen Rock an – muss ich mich deswegen angaffen lassen? Das interessiert nicht, ehrlich! Deswegen finde ich, dass ich nicht gleichberechtigt bin. Kein Typ wird so angagfft, mit diesem Blick: Die Schnalle g'hört auch mal wieder g'scheit rangenommen. Weil genau das sagt dieser Blick. Du weißt, welchen Blick ich meine, oder? Dieser Blick reicht oft schon aus. Kennst du dieses Video auf YouTube, wo zur Abwechslung mal eine Frau solche Sachen macht bei Männern? Das ist super! Das zeigt erst, wie absurd es ist, dass Männer so etwas machen. Es wirkt nur nicht absurd, weil es allen so normal vorkommt.

Meine Laufstrecke ist ja auch Freakhausen, da könnte gut einer aus'm Gebüsch gesprungen kommen. Selbst wenn ein anderer Läufer da ist – wer sagt mir denn, dass der mich nicht ins Gebüsch zerrt, vergewaltigt und abschlachtet? Ich habe immer Angst. Das gebe ich vor dem Pauli aber nicht zu. Ihm ist meine Laufstrecke sowieso ein großer Dorn im Auge. Aber es ist so schön dort, so ruhig. Im Dunkeln gehe ich kaum laufen. Wenn, dann laufe ich durchs Wohngebiet – damit mich jemand hört, wenn ich schreie. Ich will mich nicht einschränken lassen, aber ich bin's: Ich bin eingeschränkt in der Ausübung meines Hobbys. Der Pauli hat mir zwei so Alarmdinger gekauft, einen Pfefferspray und eins, das dir voll das Trommelfell zerreißt, ein gellender Frauenschrei – wir haben das unterm Polster ausprobiert –, Katastrophe! Und hoffentlich effektiv. Pauli will, dass ich das Zeug beim Laufen mitnehme, weil er sich Sorgen macht, schlimm genug. Aber ich habe noch den Typen von der Cobra im Ohr: Jede Waffe, die du hast, kann gegen dich gerichtet werden.

Vor einer Reise nach Südamerika habe ich nämlich einen Selbstverteidigungskurs gemacht. Wir waren zwar eine gemischte Reisegruppe, aber den Kurs haben nur wir Mädels gemacht. Nach dem Kurs war ein Open-Air-Festival und ein Mädel aus unserer Gruppe geht in ein Gebüsch, um zu pinkeln – ich meine, das mach ich halt auch nicht. War bereits einer hinter ihr und hat sie gepackt! Sie hat genau das gemacht, was wir gelernt haben. Allein wenn du anfängst dich zu wehren, hat der Polizeityp gesagt, bringt das den Angreifer so aus dem Konzept, dass du erstmal Zeit gewinnst, in der du überlegen kannst, was du als nächstes tust. Genau das ist passiert: Der hat sich so geschreckt, dass sie sich wehrt, dass er sie losgelassen hat – und sie ist aus dem Gebüsch raus und davongelaufen. Ich habe schon oft gehört: Bevor ich mich vergewaltigen lasse, wehre ich mich so lange, dass das gar nicht geht. Aber ich glaube, das stimmt nicht. In so einer Situation wäre ich in Schockstarre, ich würde mir nur noch denken: Bitte, tu's einfach, dann ist's schneller vorbei! Der Großteil der Leute wäre, glaube ich, so.

Einmal hat mich, eigentlich absurd, ein Zeitungsausträger hat mir – also kommt mir entgegen und fasst mir mit der Hand zwischen meine Beine und geht weiter. Ich war perplex! Ich habe gar nicht gemerkt, was gerade passiert, das ging alles so schnell … Daheim hab ich's niemandem erzählt. Weiß nicht, ich glaube, ich hätte mich geschämt. Eine Freundin ist sogar schon mal auf dem Boden gelegen, bei einer Bushaltestelle, er auf ihr. Weggelaufen ist er bloß, weil der Freund, von dem sich meine Freundin kurz zuvor verabschiedet hatte, sie schreien gehört hat. So was ist mir Gott sei Dank noch nie passiert.

Ich war lange ein Schisser. Ich habe es lange vermieden, alleine nach Hause zu gehen. Mein Elternhaus steht in einer Kleingartensiedlung, sehr spooky, du musst zu Fuß durch die dunkle Anlage gehen. Da fällt mir noch was ein. Widerlich! Mit einem Taxler. Ich verabschiede mich von einem Freund, mit dem ich unterwegs war. Er sagt noch: Rufst mich an, wenn du zu Hause bist? Ich ins Taxi rein, beginnt der Taxler schon so seltsam zu fahren. Du kannst nämlich durch die Stadt fahren oder durch den Wald, und der fährt durch den Wald – und fragt mich, was ich im Sternzeichen sei. Ich: Schütze. Er: Schützen sind Schmusekatzen … Sofort hab ich dem Freund ein SMS geschickt, er soll mich bitte anrufen. Ich so vor dem Taxler ins Telefon: Jaja, lass ruhig das Licht brennen, ich bin gleich da. Wenn jemand so was zu dir sagt, in der Nacht, im Taxi, im Wald … Im Endeffekt war eh nix, aber vielleicht genau deswegen. Jedenfalls wollte ich danach lange nicht mal mehr alleine Taxi fahren. Kann ich's mir aussuchen, steige ich bei einer Taxlerin ein. Richtig hoch ist die Frauenquote bei Fahrerinnen, dann noch in der Nacht, natürlich nicht. Aber: Warum muss mir das überhaupt so ein Gefühl geben? Warum muss ich mich überhaupt fürchten? Kein Mann hat sich jemals gefürchtet!

Was meine Privilegien sind … was sind meine Privilegien? Meinst du als Frau oder als Mensch? Zuerst einmal: Ja, ich fühle mich privilegiert. Mein Papa hat eine HTL abgeschlossen, danach hat er sich, was damals noch ging, hochgearbeitet, bis zum Geschäftsführer. Meine Geschwister und ich haben zwar auch nicht alles hinten reingeschoben bekommen, aber ich weiß, dass es in meinem Freundeskreis nicht allen so gut ging wie uns. Und ich weiß, dass ich mir durch das, was sich meine Eltern an Besitz geschaffen haben, keine Sorgen machen muss, ob ich mir in der Pension ein Butterbrot leisten können werde. Und das möchte ich auch meinen Kindern hinterlassen. Genau, damit meine ich ein Erbe. Wobei ich kein Feind von Steuern bin, ein Robin-Hood-Gedanke ist schon in meinem Kopf: Ich muss was einzahlen in die Gesellschaft, von der ich profitiere, damit das auch für andere verwendet werden kann, denen es nicht so gut geht wie mir. Aber der Pauli hat ebenso recht, wenn er jetzt, bei der Flüchtlingsdiskussion, sagt: Ich zahle Steuern, also hat der Staat zu funktionieren. Er sieht nicht ein, warum er noch seine eigene Kraft aufwenden und, wenn er es nicht tut, sich schlecht fühlen soll. Unser Geld soll nicht nur für diese Hypo-Scheiße verwendet werden! Überleg dir nur mal, wie viele Menschen in ein Fußballstadion passen und wie viele nach Österreich gekommen sind. Lächerlich! Lächerlich ist auch, dass wir nicht mal das auf die Reihe kriegen, dass das jetzt überhaupt so eine Krise ist. Schreckliches Wort: Flüchtlingskrise! Die Flüchtlinge *sind* nicht die Krise, sie *machen* die Krise auch nicht – die Krise macht die EU, macht jeder Staat, der nicht hilft. Was ich nicht okay finde, sind die blöden Kommentare von manchen Leuten: Wenn ihr Flüchtlinge wollt, nehmt sie euch mit heim! Mir gefällt, was Armin Wolf gesagt hat: Ich mag Sicherheit, aber bin kein Polizist. Ich finde Bildung wichtig, aber bin kein Lehrer. Und Karim El-Gawhary hat gesagt: Denken Sie über die Gnade Ihres Geburtsorts nach. In der jetzigen Zeit hier, in der EU, auf die Welt zu kommen, ist ein Lottosechser. Alle, die hetzen, haben sich das nicht bewusst gemacht. Es ist kein Krieg hier. Wir werden nicht verfolgt. Es fallen keine Bomben. Wir können doch nicht alle nehmen? Oh doch, wir können! Wir haben die Verpflichtung!

Als das alles anfing, bin ich mit einer Bekannten ins Erstaufnahmezentrum gefahren – allein hätte ich mich nicht getraut, was im Nachhinein gesehen dumm war. Schrecklich waren jene Leute, die mit dem Auto vorgefahren sind, ihren Kofferraumdeckel aufgerissen und einfach alles über'n Zaun geworfen haben – der Stärkere gewinnt. Meine Bekannte und ich haben mit den Flüchtlingen besprochen, was sie brauchen und ob wir das für sie hätten. Dann haben wir einen Treffpunkt vereinbart, sind zum Auto, haben das geholt und sind zu ihnen zurück. Bei uns lief alles so besonnen ab, dass zum Beispiel einer gesagt hat: Danke, Handtücher hab ich. Aber wenn jemand gefragt hat, ob er eine Zigarette haben darf, standen plötzlich hundert Leute da – und wir haben uns erst wieder schlecht gefühlt. Man kommt sich vor, als würde man Gott spielen. Binnen Minuten waren meine Bekannte und ich unsere Sachen los, aber angefühlt hat es sich, als würde uns jemand auf der Brust sitzen.

Aus dieser Hilflosigkeit heraus sind wir ein paar Tage darauf wieder hingefahren. Wir sind ins Zelt rein und haben gefragt, ob wir helfen können. Ruft uns eine zu: Ja, bei der Kleidung. Sie selbst hat sich ganz tricky zu den Hygieneartikeln geschlichen. Später wurde uns klar, wieso: Bei der Kleidung war es grindig! Wenn *ich*

Kleider spende, sind die nicht abgeranzt, außerdem sind sie gewaschen. Nicht tragbar und sofort zum Aussortieren waren Paillettentops, Röcke wie bessere Gürtelchen und viel zu große Sachen. Leute, die auf der Flucht sind, haben selten ein Kampfgewicht von 100 Kilogramm. Oder High Heels und Eislaufschuhe in einem Karton aufs Gelände stellen – ist das euer Ernst? Fickt's euch! Dreißig Leute prügeln sich dann um einen Karton, in dem nichts Brauchbares drin ist, und danach liegt der ganze Müll herum. Müll aufgesammelt haben wir übrigens auch. Mit dem Zeigefinger habe ich ein paar Burschen gedeutet: Kommt's her, Jungs! Denen war eh stinkfad. Sie haben gesagt, dass es auf ihrer Seite vom Aufnahmezentrum gar keine Müllsäcke gibt – und tatsächlich: Auf der anderen Seite war es sauber, die andere Seite hatte welche. Wie die Jungs dann den Müll mit uns eingesammelt und gekudert und Schmäh g'führt haben, das war herzerwärmend.

Nachdem ich im Aufnahmezentrum gewesen war, dachte ich: Das hat gar nichts gebracht. Aber dann habe ich zu mir gesagt: Ein paar Familien können heute Nacht dank übriger Planen vom Pauli im Trockenen schlafen – du kannst eben nur ein kleines Teilchen im großen Werk sein. Meine Angst im Vorhinein war ja, dass es so ausschaut, als würde ich nur Flüchtlinge schauen gehen. Dann bist du vor Ort, siehst die Zustände und denkst: Scheiße … schlimmer als im Fernsehen! Ich in meinem privilegierten Leben, in meinem privilegierten Land.

Mich hat nichts so richtig umgehaut

Fanny, 92, Kontoristin

Vor kurzem sieht mein Enkel das Fernglas auf meinem Fensterbrett, sagt er: Mein Gott, Oma, bist eine Spannerin? Sie müssen wissen, ich hab im Hof ein paar Vögel. Ich hab ein Meisenpärchen, ein Amselpärchen und zwei Tauben. Die Meisen und Amseln fliegen gern durch diesen Schlitz dort zwischen den Häusern, sehen Sie. Aber die Tauben passen da nicht durch. Seit ich vor ein paar Jahren neue Fenster bekommen hab, sitz ich auch im Winter hier. Die Fenster waren das Beste, was mir je passiert ist! Und jetzt die Zentralheizung. Da haben sie Asbest in der Wand gefunden. Die Arbeiter mussten mit Mundschutz arbeiten. Wissen Sie, ich bin die Längstwohnende in diesem Haus, seit 37. Zuerst haben wir im vierten Stock gewohnt. Die Wohnung ist ausgebombt worden. Also sind wir runter, Tante und Onkel im Wohnzimmer, Mann, Kind und ich im Kabinett. Was wir in der Nacht den Floh gesucht haben! In jedem Kino hab ich einen mitgenommen, immer nur ich, mein Mann nie. Flöhe, Läuse, Wanzen, das ganze Viehzeug hat's gegeben, aber ab Anfang Vierziger dann DDT. Sagt Ihnen nichts? Das war ein Pulver dagegen. Von diesem Fenster aus hab ich einst rübergesehen bis zur Reichsbrücke, das müssen Sie sich mal vorstellen! Diese ganzen Hochhäuser waren damals nicht da. An dem Morgen, als die Brücke eingestürzt ist, bin ich angerufen worden: Fanny, Fanny, die Reichsbrücke steht nicht mehr! Ja bestimmt, hab ich mir gedacht, was für ein Blödsinn. Schau ich raus: ist sie weg.

Geboren bin ich aber nicht in Wien, geboren bin ich auf einem Bauernhof am Land. Meine Großmutter war der Chef bis Freitag, sie hat alles fest im Griff gehabt. Aber Samstag, Sonntag war der Großvater der Chef. Weil er da immer im Weingarten war und mit einem Mordstrumm Rausch heimgekommen ist, richtig narrisch war er. Wir haben uns dann eingesperrt. Die Großmutter war eine große, starke Frau. Zwölf Kinder, aber nur fünf sind alt geworden. Sie war gut, aber streng – ich hab trotzdem alles von ihr haben dürfen. Und niemand hat mich angreifen dürfen, nicht einmal der Großvater, sie hat immer gesagt: Das Kind hau nur ich! In unserer Speis war ein Hacktisch, wir haben selbst abgestochen, und wenn Kirtag war, hat die Großmutter den ganzen Tisch mit Torten gefüllt. Zur Weinlese sind die Bauernburschen vom Waldviertel aushelfen gekommen. Die waren hundsarm da oben gegen uns. Und zur Lesezeit war's oft saukalt. Dann hat die Großmutter eingeheizt und drei, vier Bauernburschen haben am Ofen oben geschlafen.

Ich war ein lediges Kind. Meine Großeltern haben was Besseres gewollt für meine Mutter als einen Bauernburschen, und so ist meine Mutter allein geblieben. Irgendwann ist doch noch jemand gekommen, mein Stiefvater, der hat sich aber nicht mit dem Großvater vertragen. Meine Mutter hat den Hof übernommen und meine Großeltern sind rüber ins Ausgedinge. An meine Mutter erinnere ich mich wenig. Sie ist mit dreißig lungenkrank geworden und gestorben, ich war neun. Jetzt hat meine Großmutter gesagt: Deine Mutter ist tot, ich bin alt, ich kann dich nicht behalten. Hat sich mein leiblicher Vater gerührt. Wie ich weggekommen bin von meiner Großmutter, das war das Schlimmste, das war arg. Die Mutter tot, ich weg, das hat mich schon irgendwie –, das schon. Also ganz jung war ich glücklich, aber dann die Jahre beim Vater …

Als ich zu ihm gekommen bin, waren da schon zwei Kinder. Hat er aber nie gesagt gehabt. Meine Halbgeschwister leben nicht mehr, aber die hab ich eh nicht mögen. Wegen ihnen hab ich viel zu Hause bleiben müssen, Kinder hutschen, darum. Die Lehrer haben das gewusst, aber gesagt haben sie nichts. Natürlich war da auch eine Ehefrau. Aber die hat mir nichts getan, die war nicht bös, *er* war nicht so gut zu mir. Wenn ich was angestellt hab, hat er mich nachts im Geschäft auf einem Holzscheitl knien lassen. Sobald er beim Wirt war, ist seine Frau, meine Stiefmutter halt, gekommen und hat gesagt: Steig herunter und geh schlafen. Was ich angestellt hab? Zum Beispiel hab ich den Kinderwagen im Park die Wiese runterfahren lassen. Ich hab eben einen Zorn gehabt, weil's denen so gut gegangen ist. Schlecht ist es mir auch nicht gegangen, aber die haben zum Beispiel das gute Obst gekriegt, ich das angedepschte. Mein Vater hat ein kleines Lebensmittelgeschäft gehabt. Meine Aufgabe war der Salat. Sogar im Winter bin ich beim Brunnen gestanden und hab ihn ins kalte Wasser stellen müssen, damit er frisch bleibt. Die Leute vom Haus haben mich gut leiden können, weil ich ihnen geholfen hab, wenn was war, und genau die haben dann meiner Tante geholfen, der jüngeren Schwester meiner Mutter. Ich hab mich nämlich beklagt, wenn sie sich gerührt hat: Ich will nicht bleiben, ich will nicht! Hat sie die Leute im Haus befragt und bei der Fürsorge beantragt, dass sie mein Vormund wird. So bin ich nach Wien gekommen, 37 war das, mit vierzehn.

In Wien hab ich die Hauptschule fertig gemacht, und das, obwohl ich wegen dem Kinderhutschen sehr wenig in der Schule war – dumm war ich scheint's nicht. Bis zum Umbruch, also bis der Nationalsozialismus gekommen ist, war ich bereits ziemlich selbstständig. Die Tante und der Onkel waren kinderlos, deshalb haben sie kein richtiges Kinderverständnis. Ich hab halt gemacht, was ich wollte. Da war ja niemand, auf den ich hätt hören können. Aber bevor man schlechte Berater hat, ist es besser, gar keine zu haben. Vis-à-vis hat eine Schulfreundin gewohnt, Fritzi. Wenn wir ausgehen wollten, hat Fritzis Mutter zu meiner Tante gesagt – weil die waren gut, die haben miteinander Karten gespielt: Die Fritzi muss noch zu meiner Schwester fahren, die beiden kommen erst spät heim. Na, weil wir auf Lepschi waren, nicht?

Für einen Traumberuf hab ich keine Zeit gehabt, also hab ich Kontoristin gelernt, obwohl Büro auch nicht zu mir gepasst hat. Ich hab einen guten Platz bekommen, dabei war ich weder beim BDM noch bei der Partei – ich bin kein Herdentier. In der Berufsschule war ich sehr gut, nur in Stenografie und Maschinschreiben eine Nachprüfung. Weil wie ich beim Vater war, hab ich mit zwei Fingern getippt. Das mit zehn Fingern ist mir in der Schule gar nicht eingegangen. Wir waren übrigens eine gemischte Klasse, das war schön! Aber die Lehrer waren alle Männer, ich könnt mich an keine Frau erinnern. Bei der Musterung, mit achtzehn, war ich untauglich. Ich hab nämlich einen Chef gehabt, ein großer Nazi, der hat alles regeln können. Auch das hat es damals schon gegeben, nicht nur heute. Aber weil er als Handelsvertreter nicht mehr herumreisen konnte im Krieg, hat er mich nicht länger brauchen können. Trotzdem hat er mich gehalten, weil ich seine Angestellte war. So bin ich zu seiner Frau gekommen, die hat ein Schirmgeschäft gehabt im Haus von der NSDAP. In diesem Haus hat der Vater von einer Halbjüdin gearbeitet. Der war bei den Nationalsozialisten, weil seine Frau Jüdin war. So hat er sie schützen wollen. Nach dem Krieg sind die ausgewandert, nach Kanada.

Jetzt bin ich also im Schirmgeschäft gesessen – aber wer kauft einen Schirm im Krieg? Hab ich halt meine Großmutter besucht – und bei dem Besuch meinen Mann kennengelernt. Ich vierzehn, er vier Jahre älter. Er hat es sehr ernst gemeint, ich nicht so, aber als ich zurück in der Stadt war, ist er mir mit dem Rad nach, achtzig Kilometer. Mein Onkel und meine Tante haben gemeint: *Das* ist ein Mann für dich. Dann heiratet ihr ihn, hab ich gesagt. Aber er hat nicht locker lassen – das hat viel ausgemacht, nicht? Ich bin ja immer von einer Familie zur nächsten gewandert. Jetzt hab ich mir gedacht: Eltern hast keine, und der ist so anhänglich. So bin ich eben weich geworden, und schwanger, wie er auf Fronturlaub war. Ich hab ihm geschrieben. Bei Briefen an ihn hab ich schreiben müssen: *Für SS*. Er war bloß bei der Polizei, aber die hat eben zur SS gehört, weil der Himmler der Ding war für SS und Polizei. Und hab ich Post bekommen, kam die von der *SS-Feldpost* – zum Beispiel diese Karte hier, sehen Sie, da hat er seinen Kopf aus einem Foto ausgeschnitten und auf die Christbaumkugel geklebt. Geantwortet hat er mir: *Machen wir eine Ferntrauung.* Das hat es gegeben, wenn einer eingerückt war, wissen Sie, aber ich hab geschrieben: *Das will ich nicht, ich kann warten, wir heiraten, wenn du wiederkommst.* Dann war er vermisst. Na, jetzt bin ich dagestanden! Er ist in Griechenland in Partisanengefangenschaft gekommen, und die haben mir geschrieben – das Schreiben hab ich jetzt noch –, man soll sich keine Hoffnungen machen, dass er noch lebt, die Partisanen machen keine Gefangenen.

Dann ist das 44er Jahr gekommen, das Kind, die Bomben und die Amerikaner von Italien rauf. Sobald überm Plattensee die Bomber waren, gab es Vorwarnung in

Wien. So hat man sich bereit machen können für den Luftschutzkeller, nicht? Aber bereits beim zweiten Überflug ist vorm Haus eine Bombe rein. Jetzt hab ich bei jedem Fliegeralarm das Kind gepackt und bin den Berg rauf, in den Bahntunnel unterm Türkenschanzpark. Irgendwann war's mir zu blöd. Ich hab gesagt: Ich halt das nicht mehr aus, ich fahr aufs Land. Ab da war ich mit dem Kind beim Großvater.

45 sind die Russen gekommen. Auf der anderen Seite der Donau waren sie bereits. Aber unsere Seite, die bei den Weingärten, war ein bisschen später dran, da war noch die Luftwaffe, Flak hat das geheißen. Die haben Granaten rübergeschossen, die Russen her – und wo rein? Ins Ausgedinge. Direkt in die Küche. Es war Mai, aber noch kalt, deswegen hat der Großvater beim Kind und mir im Bett geschlafen. Das war ja nicht so heikel damals. Zum Glück! Sonst hätt's ihn erwischt. Überall Rauch und Staub, alle Leute sind gekommen. Fannerl, rühr di – da am Land haben sie Fannerl zu mir gesagt –, Fannerl, rühr di! Dann haben sie uns solche Steher aufgestellt, damit das restliche Dach nicht einstürzt. Die Häuser haben wir mit Leintüchern aus dem Dachboden raus weiß beflaggt, als es geheißen hat, die Russen kommen. Ich hab gar nicht gewusst, was ich tun soll, mit dem kleinen Kind, ein Jahr. Am nächsten Tag ist ein Russe durch, auf dem Radl, ein Vorbote. Na, jetzt tu dem was! Hätt ihm eh keiner was getan, waren ja kaum Männer da. In der Ortschaft gab's einen Kommunist, der hat immer gepredigt: Macht alles, was ich euch sage. Ja, wir tun eh alles. Und geht ja nicht hinaus, wenn es dunkel ist. Ja, wir gehen eh nicht raus. Ich mein, ich wäre sowieso nicht. Am nächsten Tag haben wir von weitem die Panzer gehört. Die Leut haben vielleicht gezittert! Neben uns haben zwei Frauen gewohnt, die früher auf unserem Hof gearbeitet haben.

Beide einen Franzosen als Freund, aus dem Gefangenen-lager. Die haben tagsüber bei unseren Bauern gearbeitet, am Abend sind sie abgeholt worden, ins Lager zurück. Jetzt stehen wir drei ganz hinten, die Tür zu, aber gehört haben wir sie, vis-à-vis, im Haupthaus, wo noch der Stiefvater und seine neue Frau waren. Auf einmal reißt's die Tür auf, draußen sehen wir die Russen auf den Autos sitzen, mit Gewehren, Kampftruppe, und einer stürzt herein und nimmt mir meinen Buben. Ich hab geglaubt, ich sch… mich an! Ich hab nicht gewusst, was ich tun soll – was soll man tun? Ich gleich hinten nach. Mir ist alles wurscht gewesen. Aber der ist zum Autospiegel gegangen und hat den Kleinen hineinschauen lassen. Die sind ja nicht böse gewesen. Die wären selber froh gewesen, wenn sie nach Hause können hätten. Ein Teil von den Russen ist dann dageblieben, der Rest ist weiter. Die Weinkeller waren überfüllt. Haben alle einen Rausch gehabt. Und ich will das noch einmal betonen, ich kann das beschwören beim Leben meiner Kinder: Die Russen sind durch, und es war nichts. Die Ekelhaften waren die, die Zeit gehabt haben, die keinen Kampf mehr gehabt haben. Ist ja klar: Such was, find was! Aber mir hat ein Russe nie was gemacht. Wäre ich in der Wiener Wohnung geblieben, wäre es mir passiert. Drei Frauen waren im Haus, und unten, das muss ich dazusagen, war ein Obernazi. Um seine eigene Frau zu schützen, hat er mit den Russen gebandelt. Die Weiber da oben brauchen einen Mann, hat er gesagt. Sind alle drei drangekommen, alle drei haben *das* mitgemacht. Hat *die* keinen gebraucht, *die* nicht und *die* nicht!

Als ich 46 zurück nach Wien bin, war die Bahn beschädigt, man hat übers Wasser müssen, mit einer Zille. Sie wissen, was eine Zille ist? Ein größeres Boot ohne Motor. Ich also mit dem Kind zur Donau, hat mich der nicht mitnehmen wollen, nicht mit dem Kinderwagen. Aber wie soll ich denn sonst mit dem Kind, hab ich gefragt und geheult wie ein Schlosshund. Ein Kind, ein Koffer, mehr eh nicht. Hat er mich doch mit. Das Boot war voll. Da denke ich heute an die Flüchtlinge im Meer. Aber der Ungarnaufstand fällt mir da auch gleich ein, und wie wir die Flüchtlinge damals freiwillig geholt haben. Das Wasser im Boot ist bis zum Rand gestanden und ich hab nicht schwimmen können. Ich wäre untergegangen, wenn das Boot gekippt wäre. Ist es aber nicht – sonst würd ich heut nicht hier sitzen, nicht? An Land hat man noch zu Fuß gehen müssen bis zur nächsten Bahn. Macht's plötzlich einen Krach, verlier ich ein Radl beim Kinderwagen. Ich sag es Ihnen! *So* hab ich den Kinderwagen gehalten und *so* bin ich gefahren. Ein älteres Ehepaar hat mir geholfen, Gott sei Dank!

Die Frau von meinem Chef hat das Schirmgeschäft immer noch gehabt. Bin ich mit dem Kinderwagen rein, hat der Chef mich zurückgenommen. Alle haben geglaubt, ich und er – ich mein, *ich* war zwanzig, *der* war ein alter Mann! Irgendwann, stellen Sie sich vor, krieg ich Nachricht, von meinem Mann! In englischer Gefangenschaft sei er, er hoffe, er könne bald nach Hause. Das war nämlich so: Die Partisanen haben ihn gefangen genommen, aber wie sie in Griechenland über den Thermopylenpass sind, waren die Engländer da, und die haben den Griechen die Gefangenen abgenommen. Jetzt wird's kompliziert. Er ist zu den Engländern in der Steiermark und von denen ist er ins Lager nach Italien geschickt worden. Weil die genau gewusst haben, dass er bei den Russen daheim ist. Hat sich die Partei für uns eingemischt. Vielleicht ist das unwichtig, aber ich war bei der Sozialistischen Partei, das waren die Sozialdemokraten und Revolutionären Sozialisten. Ich hab halt die Arbeit hochgehalten, ich hab ja schon sehr früh gearbeitet, das ist ja keine Schande, nicht? Jeder wie er glaubt, und wenn er glaubt, dass er was Besseres ist, soll er. Nur radikale Menschen mag ich nicht, die mit Gewalt etwas durchsetzen wollen. Mit denen will ich nichts zu tun haben, die werden immer Gewalt haben. Jedenfalls, die Sozialdemokraten hatten einen Fahrverkehr, und einer hat mich mit dem Auto mitgenommen, so bin ich meinen Mann holen gefahren.

Der hat ja nicht gewusst, ob ich gewartet hab. Viele Frauen waren, als die Männer zurückgekommen sind, bereits anderweitig verheiratet. Ich nicht. Ich hab mir gesagt: Ich warte, und wenn es noch so lange dauert, einfach, damit ich Gewissheit habe. Wenn ich den zum Mann hab, hab ich einen guten Mann, hab ich gewusst, und einen guten hab ich haben wollen. Ich hab eh schon keine Familie gehabt, darum bin ich so an ihm gehängt. Und dem hätt ich ja tun können, was ich wollen hätt. Ich weiß nicht, was der an mir g'fressen hat. Aber ich hab's nicht notwendig gehabt wie manch andere Frauen. Damals schon hab ich gewusst, was ich an ihm hab, bittschön, das weiß ich heute noch! Damals schon war ich geprägt auf ein gutes Leben. 46, als der Karli zwei war, ist mein Mann endlich zurückgekommen. Jetzt hab ich kurz nachdenken müssen, aber ja, in diesem Raum hier, wo wir sitzen, haben wir Hochzeit gefeiert. Vom Land sind Verwandte gekommen, haben Wein mitgebracht und Faschiertes. Da ist es uns gut gegangen! In Wien hat man ja nichts gekriegt, nur Marken. Schauen Sie, das ist unser Hochzeitsbild, da haben wir noch ein bisserl anders ausgeschaut. Ja, wir waren ein fesches Paar. Das Kleid hat mir eine Freundin gemacht. Sie hat den Kragen bunt eingefasst und gesagt: Weißt was, dann kannst es nachher auch noch anziehen. Mein Onkel hat meinen Mann gedrängt: Geh weg von der Polizei! Was willst denn in Wien mit den Russen? Willst dich anlegen? Sei froh, dass du heimgekommen bist! Geh zur Straßenbahn! Der Onkel war nämlich bei der Straßenbahn. Die war früher besser gestellt als die Polizei, und die Wohnungen hier im Haus waren für deren Bedienstete.

Aber dass ich es nicht vergesse, das Hauptding war ja, dass ich schwer krank geworden bin, Tbc, 47, ganz bedient war ich. Ich bin ins Spital gekommen und das Kind wurde von der Fürsorge auf die Baumgartner Höhe gebracht. Es musste untersucht werden, mein Mann auch, Tuberkulose ist ansteckend. Du hast diese Löcher, die Kavernen, in der Lunge – keine Ahnung, ob man das heute noch so sagt. Eh witzig! Heute hört sich vieles komisch an. Manchmal fragt mich sogar der Doktor, wie dieses und jenes früher war. Jedenfalls, die Kavernen haben Flüssigkeit ausgestoßen, das war das Gefährliche, wenn du beim Husten gespuckt hast. Ich hab aber gar nicht gehustet, und wenn, dann nicht feucht, sondern hart. Und so vorsichtig waren wir! Das darfst nicht, das darfst nicht, die Kinder küssen darfst eigentlich auch nicht. Wissen Sie, dass ich heute noch die Gewohnheit hab, den Rand vom Glas abzuwischen? Letztens erst hab ich's mir gedacht. Sitzen wir beim Wirt, wisch ich den Rand vom Glas ab, denke: Wenn mir jetzt jemand zuschaut, der denkt sich: Was wischt's denn den Rand ab? Schon interessant ... nach so einer langen Zeit. Angesteckt hatte ich den Buben aber eh nicht, nach vier Wochen ist er nach Hause, und ich sag ja: eine Seele von einem Mann! Ist in die Arbeit gegangen, hat das Kind von der Tante geholt, hat gewaschen, geputzt, alles. Und ich hab mich erholen können, weil ich gewusst hab, daheim ist alles in Ordnung. Aber die anderen Frauen haben so gelitten, ich sag Ihnen! Die sind gar nicht gesund geworden, weil die solchen Zores gehabt haben daheim. Mit Familie ist das nicht so einfach. In den Monaten, wo ich im Spital war, dreißig Personen im Saal, einmal ist die gestorben, einmal die – schiach! Früher hat man ja keinen Krebs gekannt. Die hat es bei der Lunge, hat es geheißen. Darunter ist verstanden worden, dass die Lunge nach und nach ausgespuckt wird. Heute wäre das Lungenkrebs.

Schreckliche Sachen hat es da gegeben, Miliar-Tbc, Hals-Tbc, oder eine Frau, der aus dem Bauch ein Knochen gestanden ist. Die war arm, die hab ich oft besucht. Neben mir ist eine ganz Junge gelegen, zwanzig, so alt wie ich, Miliar. Sie war verheiratet, immerzu ist ihr Mann gekommen. Sie war eine Jüdin, eine Halbjüdin, weil die Mutter war keine. Der Vater hatte Beziehungen in die Schweiz. Damals – das hab ich auch noch erzählen wollen – hat es noch keine Medikamente gegeben, du konntest bloß operiert werden. Zum Beispiel wurden dir die Rippen gestutzt, aber das hab ich zum Glück nicht gehabt. Viel später ist Streptomycin gekommen, ein Antibiotikum, aber da hab ich es schon nicht mehr gebraucht. Der Vater von der jungen Frau hat also die Medikamente gebracht, aber es hat nichts mehr genützt, sie war halt schon, sie hat das halt schon –, was weiß ich, vielleicht hatte ich einen robusten Bauernkörper. Das, was ich gehabt habe, hat Pneumothorax geheißen. Die Lunge hängt, wie soll man sagen, wie so Flachsen an einem Stück Fleisch, und das ist mir mit Strom abgetrennt worden, damit sie zusammenfällt. Hier, seitlich, wird dir dann reingestochen, bei so einem Apparat geht Luft durchs Wasser und die Luft wird dir durchs Loch reingepumpt. Fünf Jahre lang, einmal im Monat! Heute bin ich pumperlg'sund. Geraucht hab ich nie, nein, unterm Krieg mit Soldaten hab ich's zwar schon versucht, aber ich hab keine Freude dran gehabt, sonst wär's ja was anderes – aber war ich froh! Rauchen wär nicht so ratsam bei Tbc.

Zwischendurch bin ich wieder schwanger geworden. Ich hab gesagt: Weg damit, weg! Da wollt ich nicht mehr. Doch der Arzt hat gesagt: Ist doch kein Grund, im Gegenteil, das Kind wird auf die Lunge drücken während der Schwangerschaft, und das ist gut. Mir ist alles recht, hab ich gesagt. So hab ich den Hardy gekriegt. Aber jetzt, hab ich gesagt, ist Ruhe! Dann hat man halt so seine Probleme mit den Kindern, nicht? Der Jüngere hat sich in der Schule schwer getan, der Ältere hat gut gelernt – das hat er scheint's von mir gehabt –, nur: Wollen hat er nicht. Ich will arbeiten, hat er gesagt. Bub, du bist blöd, hab ich geantwortet, geh länger in die Schule! Nein, ich will was arbeiten. Er war groß und stark, er ist ein Meter neunzig geworden, nicht? Jedenfalls schade. So gut gelernt. Hat das im Vorbeigehen mitgenommen.

Ich kann mich nicht beklagen, in der Familie sind alle gut zu mir. Ich hab fünf Enkerl, Kontakt gibt es zu zweien, der eine vierzig, der andere siebenunddreißig, und ich weiß nicht, will der keine Frau oder kriegt der keine? Aber lieb sind die. Brauchst was, Oma? Ich brauch nichts. Was soll ich schon brauchen? Solange ich tun kann, tu ich eh, gell? Ja, und das war's eigentlich. Ich weiß nicht, ob die ganze Geschichte verwertbar ist. Da fällt einem ja so Verschiedenes ein.

Wie die Geburten waren? Wie die Geburten waren … Der erste, der Karli, war eine schwere Geburt. Es hat geheißen, es kommt am ersten Mai. Ich hab gesagt: Ausgerechnet am ersten Mai wird's kommen! Also sind die Tante und der Onkel mit dem Motorradl fortgefahren – und es ist gekommen. Die ganze Nacht ein Ding! 4,5 Kilo, 54 Zentimeter lang. Ich sag ja: eins neunzig. Ich bin so stark aufgerissen worden, dass der Militärarzt kommen musste. Der hat vielleicht mit den Hebammen geschimpft: Das versteh ich nicht! Warum haben Sie mich nicht gerufen? Ein kleiner Schnitt, und das Ganze wäre erledigt gewesen! Ein halbes Jahr hab ich nicht Rad fahren können. Von meinem Onkel eine Schwester hat dann mein Kind haben wollen. Schau, bei mir hat es das Kind gut. Du bist doch allein, hast keinen Mann. Gib's doch mir, das Kind. Ich hab gesagt: Warum soll ich ihn hergeben? Weil ich weniger hab als du? Mich haben sie damals auch nicht hergegeben. Beim Hardy ist es mir bereits besser gegangen, die eigene Wohnung, die Schwiegermutter war zum Helfen da – die hat in der Tabakregie gearbeitet, eine nette Frau, mein Gott, war die gut! Ich will halt auch keine schlechte Schwiegermutter sein. Jedenfalls, beim Hardy nachmittags die Wehen, wieder rein ins Spital. Diesmal nix mit die ganze Nacht. Zwei Stunden später war das Kind da, auch ein Bub, und vorher haben noch alle gesagt: Jetzt kriegst ein Madl, weil'st nicht so dick bist. Beim Karli hatte ich nämlich so einen Bauch. Wo's mir die Haut zerrissen hat, siehst heute noch die Streifen. Ich hab einen Blödsinn gesagt: Der Hardy hatte 4 Kilo, der Karli 3,5, der eine 52, der andere 54 groß, ja, solche Sachen merk ich mir …

Als der Hardy sechs war, hab ich bei einem Fabrikanten zu arbeiten begonnen, privat, für die Familie, die war sehr nett, aber eben alles, ohne angemeldet zu sein, das war mein Fehler. Eigentlich war's der Fehler von meinem Mann – ich hab mich halt überreden lassen, also doch mein Fehler. Zweimal die Woche bin ich hin, einige Jahre. Hab gekocht für sie, hab mit dem Hardy in den großen Garten raus dürfen, und wenn sie eine Woche in ihr Kitzbüheler Haus sind, hat die Frau gefragt, ob ich nicht mitfahren kann. Bin ich mit und hab mit ihnen gelebt, als würde ich zur Familie gehören. Eigentlich schön, so als Nebenbeschäftigung, aber diese vielen guten Pensionsjahre! Jetzt kann ich dem auch nicht mehr nachweinen, oder? Wenn man jung ist, denkt man zu wenig an später, immer jetzt und jetzt und das ist schön und dieses – aber so ist es nicht, nicht für immer.

Jetzt hätt ich fast mein Pulver vergessen. Ich hab neun verschiedene Pulver, schauen Sie, aber manchmal nehm ich nur sechse, weil ich mich selber therapier. Ich weiß, wann ich was aussetzen kann. Jetzt muss ich husten, seltsam, ich muss selten husten. Nachdem ich jetzt gehört habe, Bier ist gesund, trink ich auch mal ein Bier. Komm ich letztens ins Lokal, stellt mir die Kellnerin bereits ein Pfiff hin, das ist gerade das Maß, das ich trinke. Kommt sie also mit dem, sag ich: Ich hab doch gar nichts wollen heut, einen Saft hätt ich wollen. Sagt sie: Gehen'S, tun'S die Tradition nicht unterbrechen! Sag ich: Eh nicht, lassen'S das Pfiff da. Dort geh ich schon seit Jahren freitags Fisch essen. Wissen Sie, dass wir ein Verein sind? Hier hab ich eine Broschüre, damit Sie sehen, dass ich Sie nicht anlüge – ich hab ja gar keine Veranlassung, aber hier steht's: *Fhr. Fanny.* Das bin ich, das ist kurz für Vereinsführerin. Aber vorigen Sonntag war ich ganz allein. Es ist allen zu weit gewesen. Da hab ich schon gesagt: Ihr seid's mir schöne Leut! Wir sind ja nur mehr ein paar alte Weiber, es ist wie ausgestorben, der Verein löst sich langsam auf. Zwei sind schon gestorben, die eine achtzig, die andere neunundachtzig, zwei sind im Spital. Was will man, wenn die Leut so alt werden! Hätt ich einen Wunsch frei, würd ich mir wünschen, dass ich gut zu Fuß bleibe. Ich bin ja die Älteste, jetzt muss halt ich marschieren, dabei hab ich das gehasst früher.

Mein Mann war ganz narrisch aufs Wandern. Hab ich vielleicht einen Zorn gehabt, wenn er morgens gesagt hat: Um zwei komm ich heim, dass ich dann gleich essen kann, und wenn wir fertig sind, gehen wir. Den ganzen Vormittag hab ich in den Himmel geschaut und gebetet, dass ein Wetter kommt. Aber wenn *ich* mal was machen wollt, hat er's auch gemacht. Im Frühling musste ich in die Berge, was weiß ich, bis wo hinauf. Und im Herbst musste er ans Meer, dort hab ich meine Ruhe gehabt. Als mein Mann gestorben ist, das war schwer, das war sehr bös für mich momentan. Ich muss kurz rechnen, 46, 78, also zweiunddreißig – zweiunddreißig Jahre waren wir verheiratet, und jetzt bin ich seit über dreißig Jahren allein. Wir waren im Garten meiner Cousine, mein Mann am Baum oben, schneidet einen Ast, steigt herunter, sagt: Mir ist nicht gut. Sag ich: Geh rein und leg dich nieder. Ja. Jetzt hab ich erst nachdenken müssen: Wieso sagt der Ja? Der hat sich noch nie niedergelegt, immer hat er gesagt: Weißt, was man da versäumt? Wir haben einen Arzt geholt, der hat ihm eine Injektion gegeben, dann sind wir mit der Rettung in die Stadt. Nichts mehr zu machen, Herzinfarkt – aber ich glaub, es war Nierenversagen.

Wie mein Mann tot war, hab ich zu reisen begonnen. Im nächsten Jahr saß ich schon im Flugzeug. Eine Bekannte – mittlerweile auch gestorben – hat gesagt: Ich fahr mit dir fort, damit du auf andere Gedanken kommst. Später hab ich mit ihrem Mann Reisen gemacht, mit dem Rotel, kennen Sie das? Sie kennen das nicht? *Rotel Tours – Das rollende Hotel*, die Broschüre krieg ich immer noch, obwohl ich nicht mehr fahre. Ich hab mir im Bus immer gleich das Bett ganz oben ausgesucht, ist ja am angenehmsten, kriecht niemand an mir vorbei. Die Busse bleiben natürlich nur an Campingplätzen stehen, wegen der Duschen, und das Frühstück macht der Chauffeur, die Küche hängt in einem Anhänger hinten dran. Zu Mittag fragt der Chauffeur: Fahren wir ans Meer oder fahren wir essen? Ans Meer! Ist ihm auch wurscht. Nach Marokko fährt der Bus von München weg, von der Pinakothek. Fährt durch Deutschland, dann nach – wie heißt gleich der Hund? Spaniel! –, dann nach Spanien, in Algeciras schifft er über nach Marokko. Ein schönes Land – so schön! Ich hätt noch die Seidenstraße fahren wollen, aber da geht nix mehr, das ist ja Afghanistan. Ich war auch in Amerika, in Florida, mit den Jungen. Wie heißt das gleich, wo sie die Ding abschießen? Cape Canaveral! Da fährst du eineinhalb Stunden in die Wüste. Wir haben gesehen, wie sie die Raketenkörper abschießen, und das Spaceshuttle, das auf dem Mond war, haben wir uns auch angeschaut. Während die Schwiegertochter und ich in Cape Canaveral waren, war mein Sohn mit den Buben in – da muss ich immer kurz nachdenken: Disneywelt ist in Florida, Disneyland in Kalifornien. Bis Südamerika bin ich leider nicht gekommen, und wo ich immer noch hinwill – nach London. In Paris war ich mehrmals, auch in Rom, da kennt man sich gleich aus, also sag *ich*, aber bitte …

Ein Geheimnis hab ich nicht, nein, Traubenzucker tut gut, wenn einem unwohl ist, und man kann alles essen. Ich hab nie gesagt: Das darf ich nicht. Halt alles mit Maß und Ziel. Der Arzt sagt: Nehmen'S das Magenpulver. Ich hab's in der Küche liegen. Aber wenn ich denke, das war jetzt ein schweres Essen, bestell ich lieber ein Stamperl. Wissen Sie, dass das Zwicken dann weg ist? Oder wenn der Verein wandern geht, mit Endstation Heurigen, kaufen die andern sich einen Tee. Sag ich: Geh bitte, trinkt's was! Sagen sie: Wir können nicht, wir nehmen ein Pulver. Ich mein, ich kann nicht als Säufer ein Pulver, aber ein Achtel Wein spürt das Pulver doch nicht! Wie ich jünger war, hab ich zwei Viertel getrunken wie nix. Das tu ich natürlich nimmermehr, bin ja kein Säufer.

Nur G'spritzten mag ich nicht. Ich kauf mir doch nicht Wasser, und wenn, dann sag ich: Ein Achtel und ein Glas Wasser, bitte! Und wissen Sie, ich bin immer positiv, mich hat nichts so richtig umgehaut. Und ich tu niemandem was. Meine Schwiegertochter zum Beispiel ist eine sehr dominierende Frau. Man kann alles von ihr haben, sie ist eine gute Frau, aber einen Willen hat sie, da fährt der Zug drüber. Also lass ich's. Ich tu schon gern zurückreden, das tu ich eh ganz gern, wo ich kann – wo ich nicht kann: bin ich ruhig. Fahrt man gut damit! Die andere, vom Hardy die Gewesene, hat mich letztens eingeladen – nach neunzehn Jahren sind die auseinander, jetzt sind sie gut miteinander, bittschön, ich hab nichts dagegen, wenn's so ist, warum nicht? Jedenfalls, wir waren Schnitzel essen, und das ist ja auch ein Witz: Kriegst ein Riesenschnitzel, aber Fleisch ist keins drin! Ich muss doch ein Fleisch g'spüren, nicht? Hauptsache, die Fremden freuen sich, dass sie so ein dünn ausgeklopftes Schnitzel kriegen. Mein Wirt wiederum, freitags der, bringt mir ein Backhendl, dass ich das halbe erst wieder heimtragen muss.

Ich muss eh gleich los zu ihm. Macht es Ihnen was aus, wenn ich mich schnell umzieh? Sie sind ja auch eine Frau. Aber fragen'S ruhig weiter, wenn Sie was wissen wollen, ich schlüpf nur hier raus und hier rein. Ja, verändert hab ich mich schon, ein bissl ruhiger bin ich geworden, oder sagen wir so: Als Kind hab ich mich vier Jahre bücken müssen, dann hab ich mich wieder rausgemacht und dann hab ich gemacht, was ich für richtig gehalten habe. Jetzt, im Alter, gebe ich manchmal auch anderen recht. Nein, spezielle Erfahrungen als Frau hab ich nicht machen müssen. Dadurch dass ich eh alles machen musste, nicht? Ich bin weder unterdrückt worden noch hab ich wollen. Manchmal hab ich schon meinen Schädel durchgesetzt und mein Mann hat mich angeschaut. Ja, hab ich mir dann gedacht, stimmt eh, und war wieder still. Er hat mich nur anschauen brauchen, hab ich schon gewusst: Jetzt hab ich wieder über die Stränge geschlagen. Als Frau muss man das sehen: Wenn der dich groß anschaut, dann stimmt was nicht.

Kleines sexuelles Universum

Ona, 37, Filmemacherin

Ich weiß nicht, wie es ist, Filme zu machen als Mann, ich weiß nur, wie ich es mache und ich bin erstmal an allem interessiert, was einen Menschen bewegt, und nicht so sehr am Geschlecht meiner Figuren. Jetzt, auf den Bohrinseln, suche ich explizit nach einer Protagonistin, weil ich es wichtig finde, Frauen in Berufen zu zeigen, die lange Männermilieu waren. Bei der Seefahrt ist das auch extrem. Es gab schon vor Jahrhunderten Frauen, die sich verkleidet haben, um auf ein Schiff zu kommen, selbst 2016 ist das noch schwierig. Wenn ich Männer *vor* der Kamera habe, macht ein Mann *hinter* der Kamera Sinn. Ich muss ja versuchen, das Gegenüber zu öffnen, so wie du. Du schaust ja auch, wie du quasi deine Kamera aufstellst und aus welchem Blickwinkel du mich filmst, man könnte fast sagen: Dieses Buch ist dein erster Dokumentarfilm.

Wie ich zum ersten Mal auf der Bohrinsel gedreht habe, war ich zeitweise allein unter lauter Männern. Da habe ich gemerkt, wie unernst man genommen wird: Jaja, die Kleine versucht einen Film zu machen. Also habe ich mir gesagt, dass ich den Vorteil darin sehen muss: Indem sie mich belächeln, sind sie vor der Kamera offener. Mir ist bewusst, dass man als Filmemacherin in Europa eine bessere Ausgangslage hat als anderswo, in Ecuador oder Bangladesch können sie von Förderungen nur träumen. Das heißt aber nicht, dass alles in Ordnung ist. Zähl durch! Wie viele Filmemacherinnen haben in Venedig oder Cannes ihre Premieren? Wenn, dann sind Frauen als Produzentin, Scriptgirl, beim Kostüm, vielleicht noch als Drehbuchautorin vertreten, aber bei Regie, wo du alle Fäden in der Hand hast, sind wir weit entfernt von 50:50. Auch bei der Kamera, da heißt es dann: Zu schwer für eine Frau. Letztens hat eine Journalistin ihre Top-Ten-Filme aufgelistet: zehn Filme von Männern. Ich war schockiert! Man kann doch als Frau nicht behaupten, dass es keine guten Filme von Frauen gebe!

Ich arbeite wahnsinnig gern mit Frauen, es geht weniger hierarchisch zu. Klar, es gibt auch welche, wo du dir denkst: Nein, danke! Aber meist ist mehr Dialog möglich, Frauen involvieren sich öfter, da flüstert dir schon mal eine ins Ohr: Mir kommt vor, das wirkt gespielt, mach die Szene lieber noch mal. Männer würden sich vielleicht denken: Du bist die Regie, du wirst schon selbst sehen, dass das gespielt war. Natürlich gibt es auch sensible Männer, und dafür muss man nicht schwul sein, aber die meisten halten ihre Positionen abgesteckter, vielleicht weil das Konkurrenzdenken stärker ist.

Bei einem Pitching hat einer, der einen Film über eine Ländergrenze macht, ständig gesagt, er wolle auf beiden Seiten einen Arzt, einen Arbeiter, einen Lehrer – da denke ich, auf beiden Seiten leben doch bestimmt auch Frauen, oder nicht? Kennst du den Bechdel-Test? Schwedische Kinos haben vor ein paar Jahren begonnen, Filme zu kennzeichnen, die den bestehen. Der geht auf eine US-Comiczeichnerin zurück: Spielen Frauen mit? Haben sie Namen? Reden sie über was anderes als Männer? Seit der Kennzeichnung bestehen den Test übrigens vier Mal so viele schwedische Filme. Da hat sich tatsächlich was verbessert. Bei einer Produktionsfirma waren wir ausschließlich weibliche Assistentinnen und männliche Leiter. Beim nächsten Leitungswechsel sagt der Chef tatsächlich zu uns Assistentinnen: Ihr könnt das nicht, ihr seid Frauen! Bei dem habe ich mal einen extrem schwierigen Dreh gemacht, nach vielen Pannen habe ich den auch gerockt, und zwar ohne Zusatzkosten und im Zeitplan – was jene Parameter sind, die zählen sollten, aber was habe ich zu hören bekommen? Das hat die Ona gar nicht gut gemacht, das macht sie nie wieder. Ohne diesen Typen wäre ich sicher länger geblieben, hätte mehr gelernt, hätte vielleicht sogar Leitung machen können, aber ein Gedanke wurde immer größer: In so einem Umfeld will ich nicht arbeiten. Innerlich habe ich den Fuck-you-Finger hingehalten: Jetzt erst recht! So etwas gibt mir eigentlich auch Kraft, und Stolz, doch es gibt Phasen, in denen ich zu dünnhäutig dafür bin.

Ich weiß, es ist ihr rausgerutscht, weil sie ihre Kinder glücklich sehen will, aber als ich nach Berlin bin, um Film zu studieren, hat die Mama gesagt: Bist du dir sicher? Als Frau Regie? Das ist schon ein hartes Pflaster. Ich antwortete: Dass mir das meine Mutter sagt! Ein wenig verletzt hat mich das schon. In meinen Augen ist sie eine unbewusste Feministin, sie hat sich immer durchschlagen müssen. Wenn ich Lust habe, das zu machen, darf ich mich doch nicht hindern lassen, schon gar nicht von einem altmodischen Gesellschaftskonstrukt! Wobei das mit dem Pflaster schon stimmt: Bei einem Drehbuchworkshop hat der Leiter ständig sexistische Bemerkungen abgelassen, eines Tages ist die Oberfeministin unserer Klasse aufgestanden und hat einen Protestbrief an die Uni geschrieben. Fast die ganze Klasse hat sich zusammengetan und beim nächsten Mal saßen gerade mal zwei Leute drin.

Lange dachte ich, meine Filme seien ganz nett, aber noch keine große Kunst, und dann dieses Erlebnis beim ersten Festival: Die Leute bleiben nach dem Film sitzen, die hören sich tatsächlich an, was ich und meine Crew zu erzählen haben, sie schütteln uns die Hand, weil wir sie bewegt haben. Da dachte ich: Wow! Ich habe doch was richtig gemacht! Wenn andere dich ernst nehmen, nimmst du dich gleich selber ernster. Auch mein Vater hat nach einem Film gesagt: Wieso denkst du dir so viele andere Möglichkeiten aus, mit denen du Geld verdienen kannst, wenn du *das* machen kannst? Da wusste ich, wenn meine Eltern jetzt auch auf meiner Seite sind, kann ich beruhigt sein. Ursprünglich wollte ich Philosophie studieren, aber sie waren für was Praktisches, also habe ich etwas mit Lehramt gemacht. In Polen war mein Vater Ingenieur, heute arbeitet er als Maler und Anstreicher. Meine Mutter war Immobilienmaklerin und arbeitet heute als Putzfrau, also Reinigungskraft. Es hat lange gedauert, bis mein Vater akzeptiert hat, dass auch er einen Teil des Haushalts machen muss. Meine Mutter hat sich mit »So sind die Männer halt« eben nie zufriedengegeben.

Ich selbst bin Single. Oder ewiger Single, Langzeitsingle? Und ich bin hetero, jedenfalls mehrheitlich, ich war einmal in eine Frau verliebt, aber Männer interessieren mich stärker. Ich kenne viele, die mit Männern als auch Frauen Partnerschaften haben. Menschen haben das Potenzial, sich in beide Geschlechter verlieben zu können, glaube ich, nur werden's einige aus konservativen Werten heraus verdrängt haben. Ich glaube, wir haben so viel erlernt, was vielleicht gar nicht wir sind, Stereotype von Geschlecht, von sozialen Schichten, von vielem. Ich bin ein Produkt meiner Gesellschaft, ich bin zu einer Frau gemacht, aber: Ich bin einfach Ona! Die spanische Ona ist ein Spaßvogel und Draufgänger und braucht immer mal wieder Ruhe von sich, die bekommt sie dann in der introvertierteren Salzburger Ona.

In Madrid lebt man viel auf der Straße, das Zuhause meiner spanischen Freundinnen und Freunde kenne ich kaum. Als ich beim Vater meines Exfreundes zum Essen eingeladen war, bin ich richtig erschrocken: Er hat sich von seiner neuen Freundin bedienen lassen. Ich dachte: Mit so einem Vater ist mein Freund aufgewachsen? Aber wenn ich denke, wie viele Mütter außer Haus gearbeitet haben, als ich in der Schule war – die meisten waren Frau Doktor und Frau Ingenieur und haben sich um die Kids gekümmert. Meine Mutter hat immer gearbeitet, sie war Küchenhilfe, Zimmermädchen und Putzfrau. Sie hat sich auch ständig irgendwelche Businessmöglichkeiten ausgedacht, hat Rucksäcke für Schulkinder genäht und verkauft oder hat Lebensmittel eingelegt und getauscht.

Meine Mama hat sich gerne zurechtgemacht. Am österreichischen Land hat sie ihre Klamotten aus der polnischen Stadt getragen. Mir was das mega peinlich. Warum musst du dich so stark schminken? Du fällst so auf! Aber schon meine Großmütter sind nie ohne Lippenstift aus dem Haus. Die Frau macht sich eben schick. Minirock, gefärbte Haare, komischer Lidschatten, ein bisschen nuttig, das ist das Stereotyp einer Osteuropäerin, oder? Klar sieht man in Warschau und Prag auch Punks, aber hängen bleibt das Bild, das man sowieso schon hat, sogar bei mir, die in beiden Welten aufgewachsen ist. Mittlerweile denke ich, dieser Style ist eigentlich mutig, das ist Trash. Ob sie das so meinen, weiß ich nicht, aber sie sind selbstbewusst, sie wissen genau: Meine Oberschenkel sind schön und ich zeige sie her! Ich habe eine spanische Freundin, wenn die zur Tür reinkommt, denkst du: Was für ein Vamp! Dann lernst du sie kennen, und sie ist mega 'ne Emanze. Ich selbst schminke mich nicht, trage Sneakers, lasse mich einmal pro Jahr tätowieren und meine Haare sind seit einer Punkphase rasiert, aber das ist da, wo wir wohnen, nichts Ungewöhnliches. Ob das anders wäre, würde ich noch in Polen wohnen, weiß ich nicht. Meine Oma hätte vielleicht gesagt, ich sei unweiblich.

Als wir 1989 geflohen sind, konnten wir nicht einfach wo anklopfen und sagen: Hier sind wir, wir möchten Asyl beantragen. Das könnten meine Eltern genauer erzählen, meine Kindheitserinnerungen sind teilweise verwischt, oder ich erinnere mich an etwas, wo meine Mutter sagt: Das hast du dir zusammengereimt. Ich erinnere mich jedenfalls so: Zuerst musst du nach Traiskirchen, ins Aufnahmezentrum, du legst die Papiere hin und es werden Bilder von dir angefertigt. Viele wollten weiter, eine Zeit lang hat Kanada für Osteuropäer die Türen aufgemacht. Für Deutschland musstest du beweisen, dass mindestens ein Vorfahre deutsch war. Deutschland hatte ein besseres Flüchtlingssystem als Österreich, du durftest sofort Sprachkurse besuchen und konntest recht schnell Arbeit finden, verglichen dazu war Österreich Hinterland. Du brauchtest einen Bürgen, damit du wieder auf freien Fuß gesetzt wurdest. Für uns hat eine Familie gebürgt, in deren Sägewerk mein Vater mehrmals für ein paar Monate mitgearbeitet hat, schwarz natürlich – wenn er nach Polen zurückkam, hatte er so viel Geld, dass er mir einen Geburtstag mit ganz vielen Ballons schenken konnte. Wir haben bei dieser Familie im Kellergeschoss gewohnt, mega kalt. Mein Vater arbeitete bereits für einen lächerlichen Lohn, aber die wollten immer noch mehr Geld, irgendwann wurden wir rausgeschmissen. Wir haben unseren Maluch 4 gepackt, das weiß ich noch, und wollten in derselben Nacht zurück nach Polen. Meine Mutter arbeitete bereits als Küchenhilfe in einem Gasthaus. Die Chefin quartierte uns in den leeren Zimmern im Haus ihrer Mutter ein – eine ganz wunderbare

Frau, die meine österreichische Oma geworden ist. Sie hat uns unseren ersten Adventkalender geschenkt, und Schi und Ausrüstung, secondhand, aber plötzlich konnte ich auf Schitag mitfahren.

Erst im Nachhinein merke ich, wie stark meine Eltern waren. Sie konnten kaum Deutsch, fanden eine komplette Erniedrigung ihrer Arbeitsverhältnisse vor – meine Mutter hat in stinkenden Gasthäusern geputzt, wo ihr viel Ausländerfeindlichkeit begegnet ist. Sie hat sogar das Lokal geputzt, in das ich mit meinen Freundinnen fortging. Dort gab es Ratten. Meine Mutter hat panische Angst vor Ratten. Trotzdem hat sie das jahrelang gemacht. Mit der ersten Festanstellung meines Vaters sind wir in eine eigene Mietwohnung gezogen, das war mein letzter Umzug als Kind. Weil wir so viel herumgezogen sind, waren meine ersten Schuljahre ziemlich anstrengend. Ich weiß noch, wie ich in die Klasse rein bin, es gab nur einen Ausländer, Josef, sein Vater ist Marokkaner. An dem Tag musste er alleine sitzen, weshalb ich neben ihm gelandet bin. Er erzählt heute noch, aber eh lachend, wie sehr er sich geschämt hat, weil ich ein Mädchen war. So werden wir erzogen: Hier die Jungen, dort die Mädchen. Warum findet die Vermischung erst in der Pubertät statt? Warum findet überhaupt eine Aufteilung statt?

Ich hätte gerne Kinder, ich wäre 'ne coole Mutter, glaube ich, aber ich möchte nicht frustriert sein, wenn sich das nicht erfüllt. Es gibt tausend andere Sachen, die man machen kann. An Adoption habe ich schon mal gedacht, aber ich hätte voll das Interesse, 'ne Schwangerschaft zu erleben, diese körperliche Erfahrung: aus mir raus. Männer können selbst mit achtzig noch eigene Kinder kriegen, aber für mich ist das zeitlich begrenzt. Trotzdem verstehe ich Frauen, die immer Mütter sein wollten und wenn sie schwanger sind, das Gefühl haben, sie können das doch nicht. Man kann sich nicht in andere hineinversetzen. Und die Politiker haben sich sowieso nicht einzumischen, oder die Kirche. Wie kann ein Priester, der nichts mit einem Frauenkörper zu tun hat, behaupten, Abtreibung sei verboten? Genauso mit wem du ins Bett gehst. In Polen ist das ja extrem. Oder jetzt in Spanien, in meinem Freundeskreis waren wir ganz baff. Wieder einen Schritt zurück? Fuck! Ich selbst bin schon froh, dass ich nie abtreiben musste. Die Freundinnen, die ich begleitet habe, hatten damit zu kämpfen, eine leichte Entscheidung ist das nicht, aber sie ist Privatsache!

Aufgeklärt wurde ich von meiner polnischen Cousine. Meine Mama hat zwar mal mit dem Thema begonnen, aber ich wurde sofort rot. Eine Freundin hat auf Mallorca mit einem Kellner geschlafen und es mir verheimlicht. Sie dachte, ich stemple sie als nuttig ab. Ich wurde von allen als bieder eingestuft, und das, obwohl wir in unserer Freundinnenclique so ein Ritual hatten. Wir machten es uns gemütlich, haben Sekt getrunken und geschmust. Das war nichts Sexuelles, das war Experimentieren für den Ernstfall. In der Oberstufe hatte ich dann schon Freunde, aber ich dachte, man schläft erst miteinander, wenn man ein Jahr oder so zusammen ist. Pettingmäßig lief mit meinen Freunden alles, das war voll die magische Zeit: Wir haben uns nach der Schule im Zimmer eingesperrt, Tocotronic gehört, Kafka gelesen und miteinander herumgemacht. Eigentlich lernt man ja, Sex sei ausschließlich Penetration, mit dem Penis, und davor hatte ich riesigen Respekt. Dass ich nicht mit meinem Teenagerfreund geschlafen habe, bereue ich. Vielleicht hätte es mir geholfen, nicht so verklemmt zu sein, oder unsicher, Sex lag lange wie ein Brocken in mir drin, ständig dieses: Mache ich was falsch?

Meine Jungfräulichkeit habe ich an irgendeinen Typen verloren, völlig unnötig. Er war ein bisschen älter und ich wusste nie, was das mit uns war. Es war dann eigenartig. Eigentlich war's sogar ein Alptraum. Danach habe ich sporadisch mit Männern geschlafen, aber gut war's nie. Bei so kurzen Geschichten lernst du ja nicht, was dir gefällt und was nicht, du traust dich nichts, es entsteht keine Intimität. Mein erster Freund in Madrid war ein sehr sexueller Mensch, manchmal dachte ich mir schon: Du übertreibst es! Auf der anderen Seite war er so unverklemmt und lustig. Er hat mich geöffnet. Ab da war die Panik vor Sex für mich gegessen. Es gibt aber echt auch Männer, die dir ein wahnsinnig unsicheres Gefühl geben. Einmal hatte ich was mit einem, wo ich in der Mitte fast aufgehört hätte. Dabei war ich achtundzwanzig und hatte schon viel Erfahrung, aber ich kam mir dermaßen belächelt vor.

Die letzten zwei Jahre war ich wenig sexuell aktiv, für Sex braucht es halt doch zwei. Was eigentlich gar nicht stimmt, aber kuscheln kann man alleine wirklich schwer. In den letzten Monaten hatte ich wieder mehr Männer. Einer hatte zwei linke Hände, und dass er einen Mund hätte, wusste er auch nicht so recht. Ich habe mich gefühlt wie die Oma einer spanischen Freundin, die uns mal bei Rioja erzählt hat, wie Sex für sie war: Ihr Mann ist halt einfach drüber über sie. Meine Freundin meinte dann, in solchen Fällen fordere sie den Typen einfach auf: *Me lo acabas?* Machst du's mir fertig? Kannst du's mir abschließen? Als es beim nächsten Mal mit dem ohne Hände und Mund so war wie zuvor, habe ich gesagt: Okay ... also ich bin jetzt nicht gekommen ... *me lo acabas?* Er wusste nicht, was ich meine. Da hat er mir plötzlich so leidgetan, dass ich die Klappe gehalten habe. Ich meine: so alt und so ein kleines sexuelles Universum?

Dass ich den Sex so lange verschob, hat auch mit meinem Körper zu tun, ich war unzufrieden mit ihm. Als Teenager war ich auf tausend Diäten, völlig bescheuert! Es war keine Magersucht, aber ich habe übertrieben kontrolliert gegessen, manchmal nur eine Banane am Tag. Es gibt auch heute noch Tage, wo ich denke, ich müsste abnehmen, dann sage ich mir: Ich bin, wie ich bin! Im Großen und Ganzen bin ich zufrieden, jeder hat so seine Problemzönchen, aber das wird uns ja von allem, was uns umgibt, diktiert. Du schlägst eine Zeitung auf: *In sechs Tagen zur Bikinifigur.* Was soll eine Bikinifigur überhaupt sein? Ich mag den Spruch auf deinem Badezimmerspiegel: *How to have a beach body? Have a body, go to the beach!* Zu einem normalen Essverhalten habe ich jedenfalls erst in Spanien gefunden, dort wird Essen genossen, ja richtig zelebriert. Von keiner spanischen Freundin habe ich je gehört, dass sie auf Diät sei, immer nur: Yeah, geil, Essen! Auch die spanischen Männer, die ich kenne, finden mehr zum Anfassen toll.

Meine Mama stellt sich seit fünfzig Jahren auf die Waage, täglich, dabei ist sie super schlank. Meine polnischen Omas haben immer gesagt, ich sei ein bisschen dick – und das, obwohl sie den Krieg überlebt haben. Andererseits hatten sie diese Obsession mit Essen: Jetzt iss doch dieses Törtchen! Hast du schon wieder zugenommen? Ich wurde immer mit meinen Cousinen verglichen: Die Ona ist aber schon ein bissi festerer, oder? Nie, nie, nie werde ich das mit meinen Kindern machen! Oder wir haben uns selbst verglichen: Ich habe Levis Hüftgröße 26! Ich 27! Was? Du hast 29?

Mittlerweile habe ich mich völlig aus diesem Thema zurückgezogen, ich weigere mich, darüber zu reden, die Figur sollte kein Thema sein. Ich meine, Lena Dunham ist doch super sexy! Das Wichtigste ist deine eigene Beziehung zum Körper, und über die hat niemand zu urteilen. Aber natürlich hilft es, wenn zum Beispiel dein Freund deinen Körper liebt, und auch gelungene Sexualität hilft, da wächst dein Selbstbewusstsein. Heute esse ich wahnsinnig gern. Und ich hätte auch damals drei Teller Spaghetti essen können und hätte nicht zugenommen, ich habe jahrelang Rhythmische Gymnastik gemacht. Kurz bevor ich aufgehört habe, habe ich mich für die Staatsmeisterschaften qualifiziert, was eh arg ist, das ist eigentlich die Vorqualifikation für Olympia – ich mein, das hätte ich nie geschafft, aber trotzdem schade: Ich lag mit Grippe im Bett. Bei meinem letzten Wettkampf war ich leicht bekifft, ein kleiner Bengel war ich nämlich schon. Ein sportlicher Bengel eben. Während meines ersten Jobs bin ich manchmal zur Arbeit geschwommen, dabei war es illegal, den See zu durchqueren, wegen dem Schiffsverkehr. Aber man sitzt halt den ganzen Tag im Büro. Eines Tages ist ein Arbeitskollege mit wasserfesten Bags dagestanden. Wir haben unsere Kleidung zusammengerollt und sind losgeschwommen. Ich habe mehrere Firmenhandys versenkt: Was, das hat schon wieder Wasserflecken? Eigenartig!

In Spanien passiert es oft, dass dir jemand kommt mit: *Guapa! Guapa!* Und es gibt verschiedene Arten, »Du Schöne« zu sagen: respektvoll oder so, dass es dir kalt den Rücken runterläuft. Umgekehrt machen wir das nicht, oder? Wobei, es gibt ein Video, wo die Positionen komplett getauscht werden: Die Frauen fahren oben ohne in Autos herum, machen auf Macho und spucken durch die Gegend. Wenn du die Welt umgedreht siehst, fällt dir erst auf: Normal ist das nicht. In Polen ist bei der älteren Generation immer noch der Handkuss üblich. Bestimmt gibt es viele kleine Gesten, an die wir uns einfach schon gewöhnt haben. Und dann halt noch die argen Sachen: Irgend so ein Typ wollte mir, als ich fünfzehn war, sein Büro zeigen, mitten in der Nacht. Dort hat er versucht, mich zu küssen, ich wollte aber nicht. Weil er mir in der Bar so viele Drinks spendiert hatte, löste sich die Situation dann eh von selbst auf: Ich hab ihm alles vollgekotzt. Am nächsten Tag hat er rumerzählt, er habe mich gevögelt. Mein Freund hat das Gerücht gehört, der war komplett irritiert. Es war bescheuert und naiv von mir, klar, aber es war auch erniedrigend. Ich hab mich so kraftlos gefühlt. Da verbreitet einer aus dem Frust heraus, dich nicht in die Kiste gekriegt zu haben, Lügen über dich. Und geschämt habe *ich* mich. Warum? Ich meine, klar würde ich mich schämen, mit so einem geschlafen zu haben, das war ein grindiger Typ – aber gleichzeitig so hilflos, oder?

Erst kürzlich ist mir was passiert, was mich jetzt noch beschäftigt: In Spanien muss ich den Frauenarzt privat zahlen, also gehe ich nur in Notfällen. In dem Fall bin ich zu einem, bei dem die Mutter einer Freundin arbeitet, die konnte mich spontan drannehmen. Beim ersten Besuch war alles in Ordnung. Eine Woche später komme ich zur Kontrolle, schaut er mich mit der Hand in mir drin an und fragt: Nimmst du das Medikament, das ich dir verschrieben habe? Ich nehme Medikamente eher unregelmäßig, habe ich zugegeben, aber dass ich mich bemühe, dran zu denken. Fängt der an, mir auf den Hintern zu klapsen: Böses Mädchen, böses Mädchen! Ganz, ganz böses Mädchen! Außerdem hat er mich gefragt, ob ich einen Partner habe, und auch das nicht angezogen am Schreibtisch, sondern immer noch mit seiner Hand in meiner Vagina. Ich habe nicht gewusst, was ich machen soll! Als er fertig war mit der Untersuchung, habe ich gesagt: Darf ich mich anziehen? Nein, noch nicht, eins noch. Fängt der an, mich mit einem Feuchtigkeitstuch zu reinigen. Sauberes Mädchen! Immer sauber, immer sauber! Ich bin mir so degradiert vorgekommen, und überhaupt: Was ist das? Wir sind so stark, wir stehen auf beiden Beinen, und dann passiert so etwas und man fühlt sich sprachlos und betäubt und wie paralysiert? Wie mit zwölf, als ich im Kino gesessen bin und irgendein Typ die ganze Vorstellung über mein Knie massiert hat. Mittlerweile kämpfe ich gegen diese Paralysiertheit an, aber gerade beim Frauenarzt, in dieser vollkommen entblößten Situation erwischt es dich …

Das kommt, glaube ich, schon auch daher, dass wir diese kapitalistische Hierarchie erlernt haben: hier der Vorarbeiter, dort der Arbeiter, hier der Arzt, dort der Patient. Und du musst respektvoll sein, du musst brav sein, du musst dich anpassen, vor allem als Migrantenkind! Genauso wie du dem Lehrer nicht widersprichst, weil du sonst eine schlechtere Note kassierst, fürs freie Denken, fürs Denken überhaupt. Dabei sollte genau das gefördert werden! Mit eigenständigem Denken geht eigenständiges Handeln einher, wenn das unterbrochen wird, kommt es zu solchen Situationen: Du wirst missbraucht und traust dich nicht aufzustampfen. Meine Mutter hat zwar irgendwann zu mir gesagt: Pass auf, wehr dich, und wenn was passiert, sag es mir – nachdem nämlich ihr einer an der Bushaltestelle unter den Rock wollte –, aber Sexualität war mir doch sowieso so peinlich. Sexuell befreit gefühlt habe ich mich erst spät, ich hatte eher immer das Gefühl, dass ich alles falsch mache, also habe ich so etwas wie das im Kino niemandem erzählt. Sollten wir mal Mütter sein: Wie sagt man das dem Kind so, *dass* es ein Handeln auslöst?

Vor kurzem hat mich ein NGO-Typ auf der Straße angequatscht: Hey, schöne Frau, komm mal her! Ich bin wortlos in die Apotheke und habe mich in die Warteschlange eingereiht. Als ich raus bin, habe ich gesagt: Das geht überhaupt nicht, dass du mich so nennst! Er hat behauptet, das habe er nicht gesagt, so was würde er nie sagen. Worauf ich aber eigentlich hinaus will: Dank dieser Zeit, die ich zum Nachdenken hatte, konnte ich ihm meine Meinung sagen. Und diese Zeit muss man kürzen können! Es geht nicht, dass ich erst, wenn ich vom Frauenarzt draußen bin oder es Wochen später meiner Freundin erzähle, darin bestätigt werde, dass so etwas nicht okay ist. Das kann man dem doch nicht durchgehen lassen, es geht nicht, dass man dazu schweigt! Speziell Jungen muss man beibringen, und zwar nicht nur die Eltern, auch in den Schulen: Du darfst Frauen nicht so behandeln und ein Nein ist zu akzeptieren, egal von wem an wen. Wobei ein Nein manchmal auch wie ein Ja daherkommt, dann muss man halt auf Körperhaltung und alles achtgeben. Eigentlich sollten alle alle respektvoll behandeln, finde ich, sodass sich dieses Genderding irgendwann ganz auflöst. Aber das werden *wir* nicht mehr erleben und die nächste Generation auch nicht.

Mein Vater ist ein großer Frauen-Fan. Seine besten Freunde sind Frauen. Am 8. März hat er meiner Mama und mir immer Blumen geschenkt, für ihn war der Frauentag viel besonderer als für uns. Im Kommunismus war das ein großer Feiertag. Auch als ich die Regel gekriegt habe, habe ich Blumen bekommen, das fand ich echt schön. Er hat gehört, wie ich in der Nacht mit wahnsinnigen Schmerzen zur Mama bin: Mama, Mama, ich habe die Regel! Ich war übrigens die Letzte in der Klasse. Alle meinten, ich würde lügen, aber wieso hätte ich lügen sollen? Ich wollte sie ja auch endlich haben! Immerhin hatte *ich* den ersten BH. Den hat mir meine Mama zum zwölften Geburtstag geschenkt, als eine Art: Willkommen in der Weiblichkeit. In der Garderobe habe ich noch schüchterner, als ich sowieso schon war, mein T-Shirt ausgezogen und alle: Haha, die Ona hat einen BH! Ich habe weiterhin versucht, stolz zu wirken. Und was war? Zwei Tage später hatte die ganze Klasse einen. Frauen zu Frauen manchmal, echt unmöglich, die Belinda hat sogar gesagt: Hast du den seit Dienstag an? Wie grauslich! Ich antwortete: Nein, ich habe ihn zwischendurch eh gewaschen! Was natürlich nicht gestimmt hat.

Weil ich keine Beziehung habe, sind mir Freundinnen und Freunde extrem wichtig, sie sind eine Art Partnerersatz. Ich kann mir ein Leben ohne bestimmte Menschen gar nicht mehr vorstellen. Bei meinem letzten Tief hat sich eine Freundin tausendmal das Gleiche angehört, nie hat sie gesagt: Jetzt halt aber mal die Klappe! Bisher hatte ich zwei depressive Phasen, da dachte ich, es gibt nichts mehr, an dem ich mich anhalten kann. Einen Zaubertrick, um das zu überdauern, gibt es nicht, aber mir hat geholfen, meine Gedanken aufzuschreiben, und ich habe mich mehrere Monate mit einer Therapeutin getroffen, eigentlich einer Art Lifecoach, und irgendwann blickt man zurück und denkt: Ich bin wieder da! Glück existiert ja auch bloß, *weil* man Tiefs hat, weswegen man das Unglück im Leben akzeptieren muss. Und ich denke, dass ich genug Grund habe, um glücklich zu sein. Ich lebe in der Stadt, in der ich immer leben wollte, ich habe einen Beruf, den ich mir gewünscht habe und fast nicht zugetraut hätte, ich habe wunderbare Menschen um mich herum. Ich bin für utilitaristisches Handeln, dafür, Entscheidungen zu treffen nach der Frage: Was bringt weniger Böses und mehr Gutes? Ich will eben kein Arschloch sein. Und ich will, wenn meine Kinder fragen, was ich gemacht habe, als wieder rechte Tendenzen in Europa aufkamen, nicht sagen müssen: Nichts. Das ist doch echt scary, oder? Wenn man Leute, die keine Opfer waren, befragt, was sie während des Zweiten Weltkriegs gemacht haben und sie antworten: Nichts.

Wir müssen auf die Straße gehen! Wir *dürfen* auf die Straße gehen! Wir haben eine mehr oder weniger freie Presse, keinen Krieg und ein Dach überm Kopf, die halbe Welt hat es nicht so. Natürlich ist es auch innerhalb Europas unterschiedlich. Einem Griechen, der seine Wohnung nicht mehr zahlen kann, geht es natürlich nicht gut. Oder die Familienbeihilfe: In Österreich kriegt man die für Kinder in Ausbildung bis sechsundzwanzig Jahre, in Spanien hört sie bereits im ersten Lebensmonat auf, *that's it*. Ungerechtigkeit, Katastrophen oder terroristische Anschläge gibt es, klar, aber verglichen mit global, leben wir echt gut und haben keinen Grund zu sudern. Gerade mit der Stellung der Frau zum Beispiel in Spanien oder mit den Flüchtlingen: Rucksäcke zusammensammeln und zum Bahnhof bringen könnte echt jeder. Ich glaube, ich bin für ein aktives Handeln und gegen das groß Reden, und wer gestern nicht wählen war, darf schon gar nicht reden! Aber schockiert dürfen wir sein nach dieser Bundespräsidentenwahl.

Bei der Wähleranalyse hat man gesehen, dass vor allem Männer rechts gewählt haben. Auf Facebook hat eine Frau geschrieben: Männerwahlrecht verbieten! Klingt absurd, oder? Aber dass es das Frauenwahlrecht so lange nicht gab, findet niemand absurd, das hört sich für die meisten total normal an.

Ich kenne Catwalk,
Cat Lady kenne ich nicht

Ingrid, 60, Architektin

Ihren aufgeklärten Geist bekam meine Mutter mit der Vatermilch mit. Ihrem Vater war wichtig, dass seine Tochter eine gute Schulbildung erhält. Als die höhere Schule meine Mutter nicht nehmen wollte, hat mein Großvater so lange urgiert, bis sie seine Tochter genommen hat. Nur deshalb war es meiner Mutter später möglich zu studieren. Auf der Uni hat meine Mutter – Archäologie – meinen Vater kennengelernt – Geologie. Trotz erstem Kind studierte meine Mutter fertig, aber zeit ihres Lebens war sie gefrustet, wenn der Doktortitel von ihrem Ehemann über sie gestülpt wurde. Guten Tag, Frau Doktor, wurde sie von den meisten Leuten gegrüßt, aber meine Mutter hatte einen eigenen Titel, sie war Magister. Wenn sie wieder mal so gegrüßt wurde, kam sie heim und klagte: *The Queen is not amused.* Es gab da nämlich so eine Geschichte mit der englischen Königin, so genau weiß ich es nicht, aber irgendwas mit einem Journalisten, der in das königliche Schlafzimmer eingestiegen war. Wenn meine Mutter – die am selben Tag wie die Queen Geburtstag hat – sich aufregt, ist das, mit verstellter Stimme und in *Oxford English*, heute noch ihr Kommentar: *The Queen is not amused.*

Eine eigene Identität zu haben, war meiner Mutter wichtig, sie wollte nicht über den Ehemann definiert werden. Mit vierzig begann meine Mutter, Teilzeit beim Denkmalamt zu arbeiten. Für uns Kinder war das nicht immer lustig – erst im Nachhinein kann ich einiges nachvollziehen. Und mein Vater war am Anfang sowieso gekräuselt – der war konservativer als meine emanzipierte Mutter. Bis 1976 hatten die Männer ja die Schlüsselgewalt über die Familie. Ich glaube, das hat erst Johanna Dohnal geändert. Die Mitteilungen aus der Schule, daran erinnere ich mich auch noch, durfte ausschließlich unser Vater unterschreiben, die Unterschrift unserer Mutter war ungültig. Die Nachkriegs- bzw. Kriegsgeneration ist regrediert, dagegen hat sich meine Mutter intuitiv immer gewehrt.

Im Roten Wien der Zwischenkriegszeit hatte sich eigentlich ein anderer Zeitgeist abgezeichnet. Die Statuen von Hanak auf dem Vorwärts-Gebäude – in dem sich übrigens das Dohnal-Archiv befindet – zeigen das gut auf: Arbeiter und Arbeiterin, beide nackt, ohne geschlechtsbezogene Attribute, sind die gemeinsam in die Zukunft Strebenden, sie sind der neue Mensch. Der Zweite Weltkrieg hat diese Vision zerschlagen. Auch an der Fassade vom Stafa-Gebäude in der Nähe des Wiener Westbahnhofs sind noch Reliefs aus dieser Zeit zu sehen – das ist dieses runde Gebäude auf der Mariahilfer Straße: Männer und Frauen mit Werkzeugen, völlig gleichwertig dargestellt. Aber obwohl diese Vision von Arbeiter und Arbeiterin auf Gleichheit beruht hatte, bekamen in der Zwischenkriegszeit trotzdem achtzig Männer und nur drei Frauen einen künstlerischen Auftrag von der Stadt Wien. Dass ich ein Dohnal-Fan bin, hast du vielleicht schon herausgehört. Architektin geworden bin ich auch wegen einer Frau. Sagt dir Margarete Schütte-Lihotzky etwas? Die erste Frau, die in Österreich Architektur studierte? Sie war weit über Wien hinaus bekannt, vor allem für ihre Frankfurter Küche aus den Zwanzigern, für die sie die Schritte der Hausfrau berechnete, um die Wege zu optimieren. Dass sie meistens nur für ihre Küche erinnert wurde, hat Schütte-Lihotzky irgendwann so genervt, dass sie sagte, wenn sie das geahnt hätte, hätte sie diese Küche nie gebaut. Während des Nationalsozialismus hat sie als Widerstandskämpferin gegen die Nazis gekämpft und ist nur knapp dem Todesurteil entgangen. Schütte-Lihotzky hatte große Vorbildwirkung für mich. Ich mag Frauen, die ihre Frau stehen.

Meine innere Stimme sagt, ich bin gerne Frau, aber als Frau fehlt mir der Bonus. Das hat mein Analytiker mal gesagt: *Men do have the bonus of being men.* Kann man jetzt interpretieren, wie man will, vielleicht als Bonus des Patriarchats, vielleicht als Penisneid. Ich bin mit einem Bruder aufgewachsen, weshalb ich mir meinen Teil dazu denke. Mein Bruder wurde immer ernster genommen als ich, er wurde geachtet, während ich eben das Mädchen war, das Nesthäkchen und Maskottchen. Selbst für meine Mutter hatte der Mann einen höheren Stellenwert – woran man sehen kann, dass sogar aufgeklärte Mütter bei der Kindererziehung schnell in traditionellen Schemata fallen. Mein Bruder hat mich schon nicht nur als Putzlappen gesehen. Dass eine Frau nicht bloß Hausfrau ist, war ihm von unserer Mutter her bewusst. Trotzdem hat er sich über mein Wachstum, über mein Frauwerden lustig gemacht. Mein Bruder behauptet, das stimme nicht, aber ich kann mich daran erinnern – so etwas bildet man sich doch nicht ein! –, wie ich mir einmal Nagellack aufgetragen habe und er mir die Farbe mit einem Schlüssel wieder runtergekratzt hat. Keine Ahnung warum, ich habe es interpretiert als: Seine Schwester darf keine fraulichen Allüren haben. Aber er hat gern den Mann raushängen lassen. Er und unsere Cousins haben sich auf ein Packl geworfen und vor sich hin gegrunzt, um mich, das in ihren Augen andere Wesen, zu ärgern.

Ingrid, 60, Architektin

Einerseits hab ich mich verarscht gefühlt, andererseits dachte ich: Warum kann *ich* das nicht? Diese seltsame Art zu grunzen ist, glaube ich, eine Fähigkeit, die bei Männern um einiges ausgeprägter ist. Es ist sicher auch nicht leicht, als pubertärer Junge mit Männlichkeit umzugehen. Gesellschaftlich haben Männer ja immer noch die Rolle, sich beweisen zu müssen. Wie ein Waschlappen darf ein Mann nicht rüberkommen, das wird ihm vorgeworfen. Und solche Denkmuster sind viel stärker in uns verhaftet, als wir wahrhaben wollen. Der Mann ist auch nicht frei, aber er kann sich hinter der »Wurscht, i bin a Mann, i bin guat!«-Maske verstecken. Wurscht, ich bin eine Frau, ich bin gut? Für so viel Überheblichkeit haben Frauen nicht ausreichend geschichtlichen Background. Männer finden viel schneller den Weg in die Geschichtsbücher – was vielleicht der Grund dafür ist, dass ich so gerne über meine Vorbilder rede.

Ein Kunstkritiker aus der Zwischenkriegszeit hat gesagt: Bei Männern wird Kreativität durch ihren Geist geboren und Frauen sind zum Gebären da. Ich habe mich gegen das Gebären entschieden und für die Kreativität. Die Identität als Künstlerin hat sich irgendwann verselbstständigt. Mein erster Berufswunsch war Chemikerin, aber die Eltern haben mir die Technische Lehranstalt verwehrt. Mit achtzehn bin ich nach Deutschland und habe Bildhauerei studiert. Pressluftbohren, Schweißen und Steinhauen, das ist Leistungssport! Nach dem Studium kam ich zurück nach Wien und spürte so eine innere Verpflichtung, dass ich nicht einfach drauflos bildhauern könne. Ich dachte, ich müsse redlich sein und Geld verdienen. Mit einer halben Lehrverpflichtung als Kunstlehrerin zog ich, das bürgerliche Kind, in einen Wiener Arbeiterbezirk – das waren schöne Jahre! Aber es ist ja so: Wenn du unterrichtest, musst du dich voll auf die Schüler*innen einstellen. Du hast kaum mehr Platz für dein Eigenes. Und ein bissl autoritär sein können, könnte auch nicht schaden – kann ich aber nicht. Also habe ich aufgehört und es ein paar Jahre als selbstständige Künstlerin probiert. Aber Selbstständige haben es schwer, als Selbstständige geht man ein Risiko ein. Das kennst du wahrscheinlich auch, oder?

Einen Kaffee? Gern, ja, wenn er nicht allzu stark ist. Diese Espressomaschinen muss man übrigens nicht bis an den Rand mit Kaffeepulver füllen. Ja, wirklich, das habe ich von einer Römerin gelernt. Mit weniger ist der Kaffee außerdem leichter, ich vertrage ihn nicht mehr allzu stark. Aha, und wer bist du? Herr Alinger? Was für ein lustiger Name für eine Katze. Herr Alinger, du, oder Herr Alinger, Sie? Ein wunderschöner Kater, und sehr, sehr stolz! Darf man ihn streicheln? Die Katze meiner Mutter darf man nur bis zu einem gewissen Punkt streicheln. Streichelt man falsch, bekommt man einen g'scheiten Kratzer. Die Katze ist nämlich ein würdevolles Tier. Sie weiß genau, wo ihre Grenze ist. Von ihr sollte man lernen. Ich vermisse es, mit einer Katze zu leben: *A house is not a home without a cat.* So gesehen ist weder meine Wohnung in Wien noch die in Chicago mein Zuhause. Wenn ich zum Altwerden für immer ins österreichische Versicherungssystem zurückkehre, werde ich wieder mit einer Katze leben, mit einer dreibeinigen oder blinden oder einer anderen, die sonst niemand haben will. Cat Lady? Nein, ich kenne Catwalk, Cat Lady kenne ich nicht. Eine Figur von den Simpsons soll das sein? Die Simpsons habe ich an mir vorüberziehen lassen, aber die Schublade so einer Cat Lady kenne ich trotzdem. Mich hat die auch immer genervt. Und was wollen Sie jetzt von mir, Herr Alinger? Kann es sein, dass er das Schwarzbrot will? Sie haben also nicht nur einen lustigen Namen, Sie sind auch ein lustiger Kerl. Und wo waren wir eigentlich? Bei der Kunst, stimmt genau.

Wer Kunst macht, wird meist nicht ernst genommen. Es existiert die Meinung, Kunst machen sei kein wirklicher Beruf, das sei mehr so Hobby und könne man machen, wenn man in Pension sei. Ich hatte eine Freundin, eine Lesbe – was eigentlich nichts damit zu tun hat –, die eine der wenigen war, die mich als Künstlerin ernst nahm. Sie war sehr, sehr wichtig für mich, sie wusste, wie hart es ist, Kunst zu machen, wenn man es ernst nimmt. Als Künstlerin kriegst du's sowieso doppelt ab. Ich erinnere mich gut, wie schnell ich als Bildhauerin runtergemacht wurde, wenn ich etwas falsch gemacht habe oder nicht sicher genug aufgetreten bin – viel schneller als ein Mann. So richtig bewusst wurde mir das aber erst, als ich die Identitäten Frau und Künstlerin miteinander verbunden habe. Bei mir waren es öfter Frauen, durch die ich weitergekommen bin. Nicht nur Vorbildfrauen wie Schütte-Lihotzky, wegen der ich später auf Architektur umgesattelt habe, auch reale Frauen in meinem Umfeld. Jetzt im Chicagoer Büro sind wir ein reines Frauenteam. Wir wollen nicht, dass ein Mann kommt und uns die Welt erklärt. Überhaupt habe ich eine gute Infrastruktur an Freund*innen, sowohl in Österreich als auch in den Staaten – aber ich habe mehr Freundinnen als Freunde. Wusstest du, dass Frauenvereine erst 1848 erlaubt wurden? Nach Gründung der ersten Frauenvereine ist die Emanzipation viel schneller vorangeschritten. Frauenvereine sind Empowerment. Vielleicht könnte man das als meinen Lebensgrundsatz formulieren: Achtung, Respekt, Integration und Vernetzung.

Mit meinem Frausein an der Gesellschaft mitzuwirken, war mir schon sehr früh wichtig. Als ich die Menstruation bekommen habe, konnte ich mich mit dem

Frausein noch nicht richtig identifizieren, noch dazu diese Krämpfe! Frausein in diesem Sinn wollte ich lange nicht wahrhaben. Heute kann man sich das gar nicht mehr vorstellen, aber wir hatten damals spezielle Unterhosen für diese Tage. Vorne und hinten knotete man die Binde an die Unterhose. Bis ich neunzehn war, war das Usus. Erst später wurde es fortschrittlicher.

Du willst meine Aufklärungsgeschichte wissen? Also die ist ganz kurz: Als ich vierzehn war, hat meine Mutter mir ein Buch in die Hand gedrückt und gesagt: Wenn du mehr wissen willst, schau dir das an! Ich war ja herrlich naiv! Im Schikurs haben die Mädchen in meinem Zimmer heimlich ein paar Burschen aus dem Dorf geholt. Ein Mädchen hat Ausschau gehalten, die anderen haben herumgepettet. Aber was hat die Ingrid gemacht? Geschlafen wie ein Baby.

Eine Abtreibung hatte ich nie, nein. Und ich bin froh darüber, das kann hart sein. Obwohl eine Freundin das ganze drei Mal gemacht hat, blieb bei ihr keine seelische Narbe zurück, jedenfalls keine bewusste, aber es gibt Frauen, die danach in eine tiefe Depression fallen. Ich bin ja zur Zeit der Einführung der Fristenlösung aufgewachsen. Meine Mutter und meine Tante haben dafür plädiert. Was viele gar nicht wissen, ist, dass Abtreibung auch heute noch nicht erlaubt ist. Die Fristenlösung nach §144 bedeutet bloß, dass eine Abtreibung während der ersten zwölf Wochen nicht strafrechtlich verfolgt wird. Das soll bitte unbedingt in mein Porträt hinein: Wir leben strafbar!

Sexismus und sexualisierte Übergriffe betreffend bin ich mir sicher, dass es keine Frau gibt, die nichts dazu zu sagen hätte – und mehr muss man im Grunde gar nicht sagen. Gerade vor ein paar Tagen in Chicago hat mich ein Busfahrer drei Stationen lang nicht rausgelassen. Das war sexistisch, mit Sicherheit – vielleicht war es auch *ageism*, vielleicht beides, okay war es jedenfalls nicht. Und in der Wiener U-Bahn habe ich es mal gewagt, mich auf einen Platz zu setzen, einem g'standenden Lackl gegenüber. Er hat mich gesehen und gesagt: So a schiaches G'sicht! Ja, das hat er gesagt. So a schiaches G'sicht! Is' des ned oarg? Und weil ich nicht auf ihn reagiert habe, hat er weitergemacht: So ane hot natürlich kan Freind! Ein andermal hat mir einer – ich ging einfach nur so eine Straße entlang – an den Busen gegriffen. Den habe ich sofort weggestampert und er hat sich geschlichen. Ich kann mich wehren. In mir ist genug körperliche Stärke, ich habe ein gutes Körpergefühl. Immer schon, mit meinem Körper bin ich zufrieden.

Na gut, die Oberschenkel, die sind Thema für mich. Mit achtunddreißig habe ich mir ausgerechnet, dass das ordentliche Oberschenkel werden, wenn ich so weitermache. Ich musste ernährungstechnisch umstellen, damit ich keine Birnenform werde. Seitdem halte ich mich ganz gut. Wenn so etwas mit Gesundheit einhergeht – genug gesund eben –, ist das ja kein Problem. Besessen davon war ich nie. Das Einzige, was mich richtig stört, ist, dass ich klein bin – aber das hat nichts mit dem Frausein zu tun. Das ist vielleicht eine Folgeerscheinung unserer Familienkonstellation: Mein Bruder war der Große, ich war die Kleine, die Doofe. Meine Familie war problematisch à la Fassbinder, aber dennoch bin ich geborgen aufgewachsen, und das ist ein großes Privileg. Zwar war der IQ in meiner Familie größer als der EQ, aber das Emotionale konnte ich immerhin bei meinen Freundinnen nachholen, und in meiner Kunst. Ich würde sagen, der rote Faden in meiner Kunst, aber auch in meiner Architektur, war immer die Emotion.

Für die Menschenrechte musst du täglich kämpfen

Roxanna, 56, Psychotherapeutin

Eine Geschichte, die Papa uns immer erzählte, hat mit seiner Mutter zu tun. Mein Großvater, ein Österreicher in Beograd, wurde im Ersten Weltkrieg von der serbischen Armee gefangen genommen, mein Papa war noch ein Baby. Meine Großmutter hat das Baby geschnappt, es auf den Schreibtisch des serbischen Generals geworfen und gesagt: Entweder Sie lassen meinen Mann frei oder Sie behalten das Kind! Der General war so fertig, dass er meinen Großvater freiließ. Und die Moral der Geschichte? So tough serbische Männer auch sind, sie kommen nicht gegen ihre Liebe zu Kindern und gegen serbische Mütter an. Wenn Papa diese Geschichte erzählte, war er stolz auf seine Mama, aber mir lief es kalt den Rücken hinunter: Was, wenn der General das Baby gegen eine Wand geknallt hätte? Oder eine andere seiner Anekdoten: Papa war von einem Hund gebissen worden und bekam zwanzig Impfungen gegen Tollwut, weswegen er plötzlich sein Bein nicht mehr bewegen konnte. Der Großvater hat die Peitsche geholt und den geliebten Enkel ausgepeitscht – währenddessen liefen ihm die Tränen übers Gesicht. Ich hege tiefes Misstrauen gegen Anekdoten. Anekdoten sind nur die halbe, maximal die halbe Wahrheit. Denn nie hat Papa über die Verletzungen und den Schmerz geredet.

Meine Eltern waren gefangen von den faschistoiden Geistern zweier Weltkriege und den gesellschaftlichen

Um- und Ausbrüchen, die sich aus Hass, dem Willen zur Macht und der Panik vor Bedeutungslosigkeit und Armut speisten. Mein Vater hatte in Jugoslawien Jus, danach in Paris und Wien Welthandel studiert, aber gearbeitet hat er nach dem Zweiten Weltkrieg als Hilfsarbeiter. Weil er ein Serbisch-Nationalistischer war, wollten die Nazis ihn erpressen: das Diplom in Wien gegen die Namen von serbischen Widerstandskämpfern in Jugoslawien. Papa floh und tauchte mithilfe der Kommunisten in Elsass-Lothringen unter. Nach der Befreiung durch die US-amerikanische Armee arbeitete er für die Amis als Dolmetscher, aber darüber weiß ich wenig, nur, dass er bei der Befreiung von Konzentrationslagern dabei war. Meine Mutter kommt aus einer Wiener Arbeiterfamilie. Ihre Mutter, meine Großmutter, war Verkäuferin. Als sie während der großen Arbeitslosigkeit abgebaut wurde, nahm sie eine Stelle als Hausbesorgerin in einem Gemeindebau an. Meine Mutter war die Tochter einer Hausbesorgerin. Ihr Lehrer wollte, weil sie in der Schule so gut war, dass sie weitergeht aufs Gymnasium, aber meine Großmutter lehnte ab. Das hat ihr meine Mutter nie verziehen. Sie ging also in die Hauptschule und danach begann sie eine kaufmännische Lehre, bei jüdischen Eigentümern einer Firma, die schließlich arisiert wurde.

Die Lehre fertig gemacht hat meine Mutter bei den Nazis im Parlament, in einem Bereich, der sogar etwas mit Arisierung zu tun hatte. Ihr direkter Chef, betonte meine Mutter gern, war eh kein so arger Nazi. Ich glaube, dass sie selber ein bissl auf Nazi unterwegs war. Deshalb bekam sie ja auch mit ihrer Familie Stress. Für die war das ein No-Go, die war sozialistisch. Den nächsten Stress bekam meine Mutter, als sie sich in einen Ausländer, in meinen Vater, verliebte, nur die Großmutter hat zu ihr gehalten. Meine Mutter machte ihre Lehre fertig und absolvierte sie, neben Krieg und Beruf, eine Zusatzausbildung zur Berufsschullehrerin. Ende 1944 floh sie meinem Vater nach Elsass-Lothringen nach, wo sie für Radio Free Luxembourg arbeitete. Ihr erstes Kind, meinen Bruder Carl, hat sie am 8. Mai 1945 geboren, danach bekam sie noch ein Baby, das aber während einer Schiffsüberfahrt nach Südamerika krank wurde und starb. Meine Mutter folgte nämlich, mitsamt ihrer Schwiegermutter, ihrer Schwägerin und dem Friedenskind Carl meinem Papa und meinem Onkel nach, die bereits zuvor emigriert waren.

Die Ehe meiner Eltern war eigenartig: sie, die Bodenständige, Pragmatische, er, der Intellektuelle. Meine Mutter folgte bestimmt diesem Mythos fleißige junge Frau, irgendwie Karrieristin, aber trotzdem wollte sie aufschauen zu einer männlichen Figur, trotzdem hat sie sich unterworfen, fast Sadomaso – nicht sexuell, weiß nicht, vielleicht, aber es war eine Herrschaftsehe, mein Vater war der Patriarch. Im Exil in Venezuela führten meine Eltern einen Feinkostladen. Weil Venezuela ihnen politisch zu unruhig war, probierten sie es mit Kanada. In Kanada durften Immigranten ausschließlich farmern, meine Eltern waren keine Farmer, aber sie schafften auch das irgendwie. Ende der Fünfziger Jahre bekam meine Mutter ein Visum für die USA, nun zog meine Familie nach Chicago – wo Jahre später ich geboren wurde. Meine Mutter bekam eine Stelle als Sekretärin bei Lehman Brothers, ja, *den* Lehman Brothers. Ihr letzter Chef war General Lucius Clay, der von 1948 bis 1949 die Berliner Luftbrücke organisiert hatte. Meine Mutter hat es bis zur Chefsekretärin gebracht. Mein Papa hat gejobbt, zum Beispiel als Kellner, nebenbei hatte er den großen Traum, Börsengeschäfte zu machen. Er war immer hin und her gerissen: Soll er auf die New Yorker Börse oder auf die Börse von Chicago? Alle zwei Jahre sind wir hin- und hergezogen. Zwar konnte meine Mutter zwischen den Lehman-Büros wechseln, aber die Börsengeschäfte klappten nie. Ich glaube, mein Papa hatte eine posttrau- matische Störung, schon aus seiner Kindheit. In Serbien galt er als der komische katholische Österreicher, in Österreich als serbischer Ausländer. Er war diese trau- matisierte vertriebene Persönlichkeit. Immigrant*innen haben oft ein schwieriges Leben, du darfst nie richtig Teil der Gesellschaft sein.

Eine meiner ersten Kindheitserinnerungen ist, wie John F. Kennedy erschossen wurde. In Amerika kann sich fast jeder, der 1963 gelebt hat, daran erinnern. Ich und meine Babysitterin kamen bei einem Fernsehge- schäft vorbei, auf jedem Gerät dasselbe Bild – sie fiel fast auseinander, als sie es sah. Aber schlimmer war die Ermordung Martin Luther Kings im April 1968. Im Juni folgte das Attentat auf Kennedys Bruder Robert. Es war die Zeit der Anti-Vietnam-Bewegung, der Black Panthers und der Riots in Chicago. Während meine Familie im August 1968 in New York saß, wurden in Chi- cago tausende Demonstrant*innen von 23 000 Polizisten und Soldaten der National Guard niedergeknüppelt. Die *minorities* waren aufgestanden, es war Bürgerkriegsstim- mung. Sobald wir Geschwister schreiben konnten, muss- ten wir politische Essays verfassen. Die wurden dann am Sonntagstisch besprochen und von Vater bewertet. Danach hielt er Vorträge über die politische Lage der Welt. Seine Ideologie ging Richtung Nationalsozialis- mus auf Slawisch. Seine faschistoide Einstellung wollte ich aber nicht, ich adoptierte die Bürgerrechtsbewegung, ich wollte für Gleichberechtigung und den Schmelztiegel Amerika stehen. Aber uns an die amerikanische Kultur anschließen, das durften wir in unserer Familie nicht. Wir seien etwas Besseres, hieß es. Unsere Freund*innen wurden selektiert. Wir kapselten uns nach strengen Regeln von der Gesellschaft ab, streng nach innen, so machen das viele Immigrantenfamilien. Und wir waren die Freaks. Zu einer Zeit, wo kein Mensch joggen ging, mussten wir – weil mein Vater für körperliche Ertüchtigung war – joggen. Zu einer Zeit, wo Fußball in den USA nicht sehr bekannt war, mussten wir – weil mein Vater Fußball liebte – Fußball spielen. Zu Ostern waren wir die Einzigen, die auf Ostereiersuche gingen, öffentlich, in einem New Yorker Park. Bereits als Fünfjährige war mir bewusst: Diese Familie muss ich aushalten, bis ich achtzehn bin, dann haue ich ab.

Mein ältester Bruder Carl ist mit achtzehn weggegangen, ich war drei, danach gab es ihn nicht mehr für uns, bei meiner ältesten Schwester Melinda war's genauso. Wer von der Familie wegging, wer den Vater verriet, war gestorben. Als Carl, den ich sehr geliebt hatte, weg war, avancierte mein Bruder Luca zu Vaters Mini-Vize. Ursprünglich wollte mein Vater elf Söhne, eine Fußballmannschaft, das war so seine Clan-Geschichte. Bei der Geburt des dritten Mädchens machte er meiner Mutter eine Szene. Die Krankenschwester warf ihn raus. So viel zum Thema Mädchen. Dass unsere Mutter das alles mitgemacht hat, war uns Kindern, bis auf Luca, unerklärlich. Sie hatte die *steady* Jobs, sie brachte die Kohle heim, ihn hätten wir gar nicht gebraucht – aber *sie* hat ihn gebraucht. Erst zwanzig Jahre nach ihrer Heirat ließen meine Eltern sich scheiden, heimlich, aber wir wussten es dennoch. Mein Vater hatte schon mal die Scheidung gewollt, aber damals wollte meine Mutter nicht. Er hatte uns in einer Reihe aufgestellt und zu jedem Kind gesagt: Willst du zu deiner Mutter, dann wird nichts aus dir, oder willst du zu mir? So war die Atmosphäre bei uns zu Hause, wirklich schwierig, ein permanenter Druck, autoritär und voller Verbote, Repressionen und körperlicher *punishments* – eigentlich ein Terrorregime. Einmal habe ich im Traum geflucht – plötzlich schrak ich aus dem Schlaf auf, weil ich geschlagen wurde. Meist schlug uns Vater aber nicht in der ersten Wut, sondern er teilte uns mit: Du wirst nun gleich bestraft werden. Dann mussten wir unsere Arme nach vorne halten und er peitschte den Gürtel über unsere Hände.

Ich hatte schon früh psychosomatische Zustände. Nach eineinhalb Jahren Magenkrämpfen wurde ich zum Kinderarzt gebracht und wir bekamen ein Pulver mit. Zu Hause spülte mein Vater das Pulver beim Klo hinunter: Eine Serbin braucht keine Medizin und kennt keinen Schmerz! Eine serbische Frau geht morgens aufs Feld arbeiten, gebärt ihr Kind, arbeitet weiter, und abends geht sie heim. Wir Mädchen sollten gleich gut sein wie die Männer, sagte mein Vater, so gesehen wollte er, dass wir emanzipiert sind. Auf der anderen Seite mussten nur wir Schwestern im Haushalt helfen. Und er ließ uns wissen: Wenn dein zukünftiger Mann dich schlagen sollte, halte ich zu ihm. Eine Frage, die Vater uns Kindern immer stellte – eine Frage, die angeblich alle serbischen Väter stellen –, war: Wie viel liebst du mich? Das Kind musste dann die Arme ausbreiten und antworten: So viel wie der Himmel, wie das weite Land, wie die Sonne, der Mond und die Sterne.

An die Mondlandung kann ich mich übrigens auch erinnern, 1969, meine Schwester Liane und ich waren bei Nachbar*innen, die einen Fernseher hatten. Die Tür des Raumschiffs öffnete sich, es wurde eine Leiter runtergelassen und in einem Schneckentempo, wegen der schweren Moonboots, kletterte ein Astronaut herunter. Es war wahnsinnig spannend – vor allem weil die Landung verspätet stattgefunden hatte und wir seit einiger Zeit über langweilige technische Probleme informiert worden waren. Als der Astronaut die letzte Leitersprosse erreicht hatte, sprach er: *That's one small step for man, one giant leap for mankind.* Dann hüpfte er auf dem Mond herum. Mir kam der Versuch, den Mond besitzen zu wollen, lächerlich vor, und ich dachte: Der Mond hat sicher was dagegen, dass Leute auf ihm herummarschieren. Außerdem ärgerte mich, dass die Amerikaner ihre Fahne genau dort hineinstecken mussten, wo die Menschen nachts hinschauten und träumten. Und dass *man* und *mankind* exklusiv für Mensch und Menschheit benützt wurde, ärgerte mich zusätzlich.

Als Kind gab es zwei Berufe, die ich gerne gemacht hätte: Tänzerin und durch die Welt tingeln oder Krankenschwester. Mein Vater sagte: Warum Krankenschwester? Ärztin natürlich! Es gab so ein *riddle*, als ich es zum ersten Mal hörte, war ich vielleicht zehn: Ein Junge hatte einen Unfall und wird ins Spital gebracht *and the doctor says: Oh my God, I can't operate, he's my son.* Dann die Frage: *Who's the doctor?* Die erste Antwort ist immer: der Vater. *No, it's not.* Ich dachte und dachte nach, kam und kam aber nicht drauf. Ich sage dir, ich war schockiert! Deshalb macht mich auch die Diskussion so wütend, von wegen das Binnen-I sei kompliziert oder unschön oder unnötig – von Underline und Sternchen ganz zu schweigen. Dann zwing dich verdammt noch mal, das Gendergap zu schreiben, es mit einer kurzen Pause im Wort auch zu sagen, damit ich hören kann, dass du sehr wohl auch von mir sprichst! Mädchen sollen wissen, dass es Ärztinnen gibt, dass es sie auch in der Sprache gibt, *'cause it's the mother!*

Im Englischen gibt es ein Wort für ein wildes Mädchen, *tomboy.* Ich war ein Tomboy, ich trug burschikose

Kleidung, kletterte auf Bäume und schlug mich, wenn mich jemand beleidigte. Aber bei meinem ersten Basketballspiel in der Schule sagte der Lehrer: Die Mädchen dürfen näher zum Korb und auf die leichte Art werfen. Ich hatte vor dem Turnen in der Schule nie Basketball gespielt, logisch traf ich nicht. Zwischen den drei Hochhäusern, wo wir in New York wohnten, war ein Basketballcourt, dorthin ging ich ab sofort trainieren. Die Jungen wollten mich nicht dabeihaben, aber ich ging immer wieder hin. Mit der Zeit wurde ich recht gut und durfte sogar mitspielen – ein Mädchen hatte, trotz Platzverbots, den Platz erobert. Meine Kämpfe habe ich immer ausgefochten, ich bin zäh – aber ich bin mir über das Privileg im Klaren, dass ich alle meine Kämpfe als *weiße* Person kämpfen konnte.

Ganz wichtig in meiner Kindheit waren Bibliotheken. Bibliotheken waren intellektuelle Orte, weswegen es uns erlaubt war, sie aufzusuchen. Sowohl in New York als auch in Chicago gab es einen Bücherbus, einmal borgte ich mir ein verbotenes Buch aus: *I Never Promised You a Rose Garden*. Es ist die Geschichte einer jungen jüdischen Frau, die Schizophrenie hat, eine Therapie macht und es am Schluss rausschafft. Alles verstand ich natürlich nicht, aber ich verstand: Man kann Dinge aushalten, man kommt frei – selbst wenn das Leben dir keinen Rosengarten geschenkt hat. Dieses Buch, mein Hoffnungsbuch, habe ich vor meinem Vater versteckt, das war meine Art des Widerstands. Emanzipatorisch gesehen sind Bibliotheken also gute Orte. Ein anderes Buch, das mir sehr wichtig wurde, handelte von Elizabeth Blackwell, *the first women doctor in America*, sie war lange meine Heldin. Ich habe mehrere Heldinnen. Pippi Langstrumpf ist eine, und Simone de Beauvoir natürlich auch. Sie habe ich viel später erst, mit achtzehn, gelesen und das hat mich in meinem radikalen Feminismus bestärkt. Später, während meiner Ausbildung zur Psychotherapeutin, konnte ich ein paar Frauen aus meiner Gruppe dazu bewegen, de Beauvoir zu lesen, und darauf bin ich richtig stolz. Das ist sowieso etwas, was ich nicht mehr mache: mit Männern, die nicht mindestens ein Buch über Emanzipation gelesen haben, über Emanzipation reden. Ich habe Jahrzehnte damit verschwendet, mit im Grunde unreflektierten Männern zu diskutieren. Wahrscheinlich gibt es auch unreflektierte Frauen, aber viel zu tun hatte ich mit ihnen bisher nicht.

Auch meine Mutter konnte sich irgendwann emanzipieren, am meisten Anteil daran hatte ein schwerer Unfall. Meine nächstältere Schwester Liane wollte unseren Hund retten und wurde vom Zug erwischt. Über Monate lag sie im Krankenhaus, mit schrecklichen Verletzungen. Immer wieder benötigte sie Operationen, die wir nicht bezahlen hätten können. The Jewish Hospital hat irrsinnig viel pro bono für uns gemacht. Auch weil meine Schwester weitere OPs benötigte, zog meine Mutter wieder nach Wien. Ich wurde vorgeschickt, war aber nicht in alles eingeweiht worden. Ich dachte, ich sei in einem Jahr wieder in Chicago zurück, aber ein paar Monate darauf kamen Liane und meine Mutter nach Wien: für immer. Sie begann als Sekretärin zu arbeiten, absolvierte eine Weiterbildung und organisierte Englischkurse. Irgendwann nahm sie sogar einen zweiten Job an. Mein Vater hatte aufgehört unser Schulgeld zu zahlen, was sie von den Klosterschwestern erfuhr.

Österreich war ein Schock für mich, Wien war damals eine tieftraurige graue Stadt. Wie wenig Ansprüche die Frauen hier stellten, wie niedergedrückt sie waren! Ein selbstbestimmtes Frauenleben galt als verdächtig, höchstens noch als Schicksalsschlag: Mann verstorben oder vom Mann verlassen worden. In ihren alten Bekanntenkreis wurde meine Mutter nicht wieder aufgenommen, eine geschiedene Frau passe nicht zu ihnen. Und ich, Tochter der amerikanischen Frauenbewegung, zu der maßgeblich auch die sexuelle Revolution gehört hatte, war gefangen in katholischen, noch immer monarchistischen, patriarchalen bürgerlichen Verhältnissen, mit Sagern wie: Des tuat ma ned – wenn do a jeder kommt – habe die Ehre, Herr Doktor, und Grüße an die Gattin z'Haus. Russen waren Vergewaltiger, Amis dumm, Engländer gemein, Franzosen hochnäsig, Türken primitiv und Juden, na ja, die Juden: Auch wenn man des nicht mehr sagen darf, aber – der Hitler hat schon recht g'habt – außerdem hat er doch die Autobahn gebaut – die Leut hatten Arbeit – es war ja ned nur schlecht unterm Führer. Einmal standen ich und Liane mit unserem Hund, der nach Wien mitgekommen war, vor einer Ampel, nach dem Unfall hatten wir ihm beigebracht, sich zu setzen, wenn wir warten mussten. Nun begann uns eine alte Frau anzukeppeln, von wegen der arme Hund bekäme ja eine Blasenentzündung. Da reichte es mir. Aus vollem Herzen schrie ich sie an. Daraufhin ging ihre Schimpftirade los: Diese Jugend, keine Manieren, unterm Hitler hätt's des ned gebn. Vielleicht waren die Wiener*innen verärgert, dass sie den Krieg – Gott sei Dank! – nicht gewonnen hatten. Vielleicht waren sie traumatisiert, voll unterdrückter Wut und Scham. Ich schäme mich jedenfalls bis heute, weil ich damals endlich besser Deutsch lernte und sogar schon Redewendungen kannte – aber nicht deren Bedeutung: zum Schießen komisch, durch den Rost fallen, bis zur Vergasung …

Wenn Liane und ich Sonntagabend am Westbahnhof waren, um zurück ins Internat zu fahren, gab es permanente sexuelle Belästigung. Meistens waren das Gastarbeiter, die dort an den Sonntagen ihr Heimweh stillten. Aber auch österreichische Bauarbeiter riefen uns immer was zu oder versuchten sogar, uns zu begrapschen. Zuerst hat mich dieses Gefühl, eine Beute zu sein, beschämt. Ich hatte das Gefühl, selber schuld zu sein. Mit der Zeit wurde ich immer zorniger: diese schmachtenden Blicke, dieses Geflüster an meinem Ohr, diese ständigen Luftküsse! Zu dieser Zeit wurden meine Gesichtszüge hart. Es ist skandalös, überhaupt in Abwehrhaltung gehen zu müssen, aber ich begann mich zu wehren: Ich habe beschimpft, ich habe mir Raum mit meinen Ellbogen erkämpft – nur besprochen habe ich das nie mit jemandem.

Schon witzig, zum Beispiel das mit Köln, alle regen sich auf, dabei war das lange normal. Auf Urlaub in Südfrankreich zum Beispiel wären meine Schwester und ich fast vergewaltigt worden von zwei Typen. Während meiner Externistenmatura hat mich der Französischlehrer sexuell belästigt, und ich habe ihn, weil ich ja meine Matura haben wollte, nicht angezeigt. Das alles war normal! Ich weiß nicht, wie es heute ist, aber viel hat sich, schätze ich, nicht verändert. Groß thematisiert wird es doch bloß, wenn's um Migranten geht. Wenn ein Donald Trump was macht, ein ums andere Mal was macht, ist das kurz Gesprächsthema, und dann? Wird der trotzdem Präsident. Die Übergriffe beginnen bereits zu Beginn des Frauenlebens. Diese ständige Kommentierung des weiblichen Körpers: Na, dir wächst ja schon eine Brust …

Mit achtzehn bin ich, wie geplant, von zu Hause ausgezogen. Von der Schule abgegangen war ich schon im Jahr vor dem Abschluss, ich konnte keine autoritären Strukturen mehr aushalten. Ich arbeitete als Kellnerin und gab Englischkurse. Ich tat mich jung mit einem Mann zusammen und bekam ein Kind. Ich absolvierte die Externistenmatura und begann zu studieren. Ich gab mein Kind mit einem Jahr in den Kindergarten, was natürlich sozial inakzeptabel war. Ich trennte mich vom Vater des Kindes, was noch inakzeptabler war. Als der die Alimente einstellte, konnte ich nicht einmal klagen, da wir nur eine private Vereinbarung hatten, die gerichtlich nicht galt – und ich sowieso kein Geld zum Prozessieren gehabt hätte. Ich hörte mit dem Studium auf und arbeitete Vollzeit. Nach dieser Trennung war ich mit Sicherheit depressiv. Aber irgendwann ging ich mir dermaßen selber auf die Nerven, dass ich zu mir sagte: Wurscht, welche Gefühle du hast, du machst jetzt weiter. Ich glaube an so etwas wie Resilienz. Ich sehe das auch bei anderen Leuten, die eine schwierige Kindheit hatten, toughe Leute, die unbedingt da raus wollen. Aber an familiärem Boden, an Urvertrauen, fehlt es dir immer. Du kannst zwar lernen, es dir zu geben, aber eine Wunde, eine Verwundbarkeit bleibt – wenn dann ein bissl mehr zusammenkommt, kann's dich schnell streuen. In Sartres *Die schmutzigen Hände* habe ich mal was gelesen wie: Du machst Fehler und das Leben kann furchtbar sein, aber scheu dich nicht, dich mit dem Dreck auseinanderzusetzen. Ich glaube, am Schönsten für mich war immer, wenn ich das Gefühl hatte, verstanden zu werden, in meiner Totalität angenommen zu sein, *to matter to someone* – denn das habe ich nicht so oft erlebt.

Das Leben mit meinem jetzigen Mann ist ein Privileg, und das weiß ich. Als wir Ende der Achtziger zusammenzogen, war das ein Riesenschreck für die bürgerliche Gesellschaft um uns herum: Das gehört sich doch nicht! Das ist viel zu schnell! Denn nur ein paar Monate zuvor war seine Frau – die auch eine Freundin von mir gewesen war – gestorben. Klar schaut das erstmal hart aus, wenn eine neue Frau kommt, aber ich wollte sie doch nicht ersetzen! Ein totes Familienmitglied bleibt immer ein Familienmitglied. Abgesehen davon, dass unsere Gefühle niemanden etwas angingen, waren wir pragmatisch: Es waren kleine Kinder zu versorgen. Schwierig ist jede Patchworkfamilie. Laut Studien dauert es vier Jahre, bis alle Familienmitglieder ein Selbstverständnis im Zusammenleben gefunden haben. Und *wir* hatten zudem einen Tod zu verarbeiten. Meine Schwiegermutter redete den Kindern ein, ihre Mutter würde runterschauen und weinen, wenn sie nicht artig seien – und ich war die böse Stiefmutter, richtig typisiert, wie im Märchen.

Bei meiner ersten Schwangerschaft, Anfang zwanzig, wurde ich immer gefragt: Und, wie geht's deinem Bauch? Als Mensch war ich vollkommen ausradiert. Es gibt ein gutes Buch von einer Französin, *Der Konflikt* von Elisabeth Badinter, in dem sie von der Disziplinierung des Frauenkörpers in der Schwangerschaft spricht. Die heute schwangeren Frauen tun mir leid, diese wahnsinnige Zunahme an pränataler Diagnostik, an Kaiserschnitten! Bei der ersten Geburt hatte ich Senkwehen und sie haben mir Wehenhemmer gegeben, ich war völlig benebelt. Dann fanden sie es an der Zeit, mich an den Wehentropf zu hängen – wie da die Wehen einschießen, grausig! Ich wurde in den Kreißsaal geschoben und dachte nur: Na scheiße, das tut ja wirklich weh! Als ich den Arzt fragte, wie lange das noch dauern werde, sagte er: Das kann noch Stunden dauern. Die Hebamme sah mich an und sagte: Pressen, pressen! Während sie mir gut zuredete, kümmerte sich der Arzt um irgendeine Maschine – sehr bezeichnend. Dann bekam ich einen Dammschnitt – ich glaube, damals haben sie fast alle Frauen aufgeschnitten, ob es hat sein müssen oder nicht. Nach dieser Geburt bin ich in Opposition zur Medizintechnik gegangen. Beim zweiten Kind war es besser. Auch weil ich mich finanziell in einer Situation befand, in der mehr möglich war:

Ich hatte einen Arzt, der extra für mich da war, und eine Hebamme, die nach der Geburt bei uns zu Hause vorbeikam. Ich habe das Baby geboren und nach drei Stunden fuhren wir, das Baby im Arm, wieder heim – ein unbeschreibliches Gefühl! Trotzdem, eine Geburt ist nicht selten das In-Besitz-Nehmen eines Frauenkörpers durch die Medizin.

Die Mutterrolle ist völlig daneben in den ideellen Ansprüchen. Was die Gesellschaft bei der Mutterschaft mit Frauen macht, ist übergriffig. Mutterschaft katapultiert eine Frau ganz schnell in traditionelles, sozial benachteiligtes Land. Als ich nach einem Jahr Auszeit zurückwollte in meinen Job – mittlerweile Trainings für Führungskräfte –, bekam ich ihn nicht mehr. Im Trainingsbereich blieb ich zwar, aber irgendwann konnte ich das moralisch nicht mehr vertreten. In den Neunziger Jahren wurden massive Umstrukturierungen durchgesetzt: Die Firmenkultur veränderte sich, Kreativität ging verloren, Leute wurden unter enormen Druck gesetzt oder entlassen. Und: Ich wollte keine Sozialtechnik anwenden, um Leute auszunützen. Ich habe wieder zu studieren begonnen. Über zehn Jahre habe ich mir neben vier Kindern und dem Job diesen Universitätsabschluss erkämpft. Gott sei Dank hatten wir eine Frau – natürlich wieder eine Frau –, die bei den Kindern war, bis mein Mann nach Hause kam. Die Kinder waren entzückend, sie haben sogar meine Uni-Arbeiten Korrektur gelesen, weil ich im schriftlichen Deutsch nicht so sicher bin, manchmal mache ich Fallfehler. Meine Kinder sind sowieso ein Geschenk, alle meine Kinder, wirklich, ich bin sehr, sehr stolz auf sie. Und ich glaube, sie sind schon mit dem Wissen aufgewachsen, dass man sich holt, was man will vom Leben, dass man dafür kämpfen kann und auch soll.

Nach meinem letzten Kind ließ ich eine Sterilisation vornehmen. Dem war aber ein langer Streit vorausgegangen: Ich wollte, dass mein Mann sich sterilisieren lässt. Er konnte es sich aber nicht vorstellen. Ich wurde wütend. Ich hatte das Gefühl, dass er sich, sozusagen, nicht um unsere Sexualität kümmert. Okay, dachte ich schließlich, also gehe ich davon aus, dass ich, sterilisiert, Sex haben kann, mit wem ich will, wenn ich will. Sonderlich ausgenützt habe ich das nicht, aber allein dieses Zugeständnis an mich war wichtig für meine Selbstbestimmtheit. Als ich als Teenager begonnen habe, meine eigene Sexualität zu leben, hatte ich eine enge Freundin, wir haben viel miteinander ausprobiert. Ich bin zwar hetero, aber eigentlich ist es mir wurscht. Von meinen Kindern sind zwei homosexuell, was für mich null Problem war. Mein Mann hatte kurz damit zu tun, aber jetzt ist's auch für ihn okay. Man sollte froh sein, wenn jemand einen anderen Menschen findet, mit dem es klappt. Einen Menschen zu finden, den man oder frau liebt, ist eh so schwierig. Es gibt Menschen, die überhaupt asexuell sind, und die kämpfen auch um ihre Rechte, was ich gut finde. Ich finde sowieso, es gibt viel zu viel Gerede um Sex – um Penetrationssex. Oder diese jederzeit und für alle verfügbaren Pornos im Internet: Das lässt Jugendliche völlig *strange* Vorstellungen und Erwartungen von Sexualität entwickeln.

Ich bin, jetzt als ältere Frau, nicht mehr so sexuell aktiv, und das ist auch fein. Als junge Frau habe ich eine Zeit lang probiert, Sexualität wie ein Mann zu leben: Sex und aus. Ist mir nicht gelungen. Ich hatte drei Männer parallel, ich hab nicht mehr gewusst, wem ich was erzählt hab, also habe ich wieder aufgehört damit, war mir zu stressig.

Es wird ja gern so getan, als wäre Sex etwas Privates, aber das ist es nicht. Es gibt Unmengen an Anleitungen, wer welchen Sex wofür praktizieren darf. Sexualität wird organisiert, klassifiziert und rassifiziert. Die Katholische Kirche ist der Meinung, Sex mache man nur zu Zwecken der Fortpflanzung, die Rechten meinen, Sex mache man nur unter sich. Denk bloß an den Satz – den du sicher auch kennst: Typisch, wie viele Kinder *die* wieder haben. Die, »die Anderen«, die Roma-Familie, die türkische Familie, die alleinerziehende Frau aus der Arbeiterklasse. Sex ist gesellschaftlich und staatlich beeinflusst. Da muss man sich nur anschauen, und zwar auch in der EU, wo Abtreibung verboten ist oder wieder verboten werden soll. Prinzipiell halte ich die gesetzliche Möglichkeit der Abtreibung für gut, solange sie nicht als Geburtenkontrolle missbraucht wird. Die Verhütungsmethoden, die es gibt, sollten bitte verwendet werden. Ich habe mit Kondom verhütet, was mich immer ein wenig ängstlich gemacht hat. Die Pille habe ich kurz genommen, war mir aber zu persönlichkeitsverändernd. Der Umgang mit Abtreibung in unserer Gesellschaft lässt jedenfalls oft zu wünschen übrig. Es gibt eine – manchmal verdeckte, manchmal offene – Verurteilung, die Frauen echt oft zu schaffen macht. Als ich einmal ein Kind verloren habe und am nächsten Tag im Krankenhaus aufwachte und weinte, sagte die Frau im Bett neben mir: Das haben'S davon, wenn'S es wegnehmen lassen! Ich hab sie so angebissen: Was bilden Sie sich überhaupt ein? Ich habe dieses Kind nicht wegmachen lassen, ich habe es verloren! Plötzlich war sie übertrieben freundlich. Mein Umgang mit dieser Fehlgeburt war damals ein richtiger Trauerprozess, den eigentlich niemand so recht verstehen konnte – aber es ist ja so: Für dieses Kind habe ich kein Grab.

Wenn du mich zu Gleichberechtigung befragst, muss ich antworten, dass es für Frauen heute noch ein Kampf ist, der enorm viel Energie kostet. Wenn du dich emanzipierst – sei es Geschlecht, Klasse, *race*, egal was – bist du nie in einer Selbstverständlichkeit, du benötigst für alles ein Mehr an Energie. Ich sage oft zu meinen Klientinnen: Das ist Ihr Recht, kämpfen Sie dafür, lassen Sie sich nicht einschüchtern! Aber nicht alle haben die psychische Stärke zu sagen: Ich bin ein Mensch, ich habe meine Rechte, und die nehme ich mir jetzt! Sich Raum zu erkämpfen, ist ja nicht nur eine Geschichte von Frauen, sondern auch von Immigrant*innen. Für die Menschenrechte musst du täglich kämpfen. Selbst wenn ein Recht gesetzlich verankert wird, kann es jederzeit wieder aufgelöst werden. Es ist nie selbstverständlich, und es wird nie selbstverständlich sein. In der Psychotherapie gibt's gute Übungen dafür, eine habe ich vom Umgang mit Pferden gelernt. Beim *horsemanship* geht es darum, wie du dich zum Pferd positionierst, und es geht um Körperhaltung und Blickführung. Das Pferd läuft im Koral, ohne Longe, du stehst in der Mitte. Wenn du nun auf das Hinterteil des Pferdes schaust, treibst du es an. Schaust du mehr vor seinen Kopf, verlangsamst du es. Auch wie du ein Pferd führst, ist wichtig: Du solltest es nie vor dir gehen lassen, es sollte immer hinter dir gehen.

Das alles habe ich gemacht, wenn ich in meinen Führungsseminaren einen unguten Typen drin hatte. So einen erkennst du in den ersten drei Minuten. War jemand ein Bully, habe ich mich in der Kaffeepause zu ihm gestellt und ging, mit minimalen Bewegungen, mehr und mehr in seinen Raum hinein – irgendwann musste er mir weichen. Ein Herstellen von Gleichrangigkeit? Nein, nein, das ist absolut kein Herstellen von Gleichrangigkeit, das ist ein Herstellen von Dominanz, ich zeige ihm: Ich lasse das nicht mit mir machen. Die Frau muss für ihren Raum kämpfen. Oder wie oft hat mir ein Mann in den Seminaren auf die Brüste gestarrt! Ich habe zurückgestarrt. In seinen Schritt. So schnell konntest du gar nicht schauen, war das Thema vom Tisch. Ich war eine Seminarleiterin im Dialog, aber wenn unfaire Techniken daherkamen, konnte ich auch unfair sein. Frauen müssen ihre Dominanz demonstrieren, und da geht es um Kleinigkeiten, da geht es um diese ganze nonverbale Ebene, die alle haben, die selbst Tiere haben, die wir aber meist nicht mitreflektieren. Aber wenn einer sich in der Straßenbahn breit macht neben mir, mache ich mich ebenfalls breit, und wie der dann seine Beine zusammenzwickt, das empowert! Du, strahle ich dann aus, du machst mir keine Angst!

Eigentlich wäre Psychoanalytikerin für mich passender gewesen, aber diese Ausbildung hätte viel länger gedauert, und damals, als ich mit Psychotherapeutin begann, dachte ich, dafür sei ich zu alt. Aber ich glaube, ich bin eine gute Therapeutin, und ich mag meine Methode. Ich frage meine Klientinnen immer, ob sie solidarische Frauenfreundschaften haben, denn die halte ich für sehr, sehr wichtig – für Männer wären enge Freundschaften natürlich auch wichtig. Statistisch gesehen gehen Männer nicht so oft in Psychotherapie wie Frauen. Viele versuchen ihre psychischen Probleme eher mit Alkohol zu therapieren.

Während meiner Ausbildung zur Therapeutin wurde häufig diese Kopf-Bauch-Dichotomie aufgemacht: Man soll mehr im Bauch sein, auf die Gefühle hören. Für mich ist einzig Reflektieren *und* Fühlen lebenstüchtig. Aber denken wird ja generell gern verpönt: zu kopflastig, zu kompliziert … Ich halte viel vom Denken. Ich halte viel von Theorien und integrer wissenschaftlicher Auseinandersetzung. Ich halte viel von Diskussionen und Konfliktanalyse. Die Grundfragen meines Denkens habe ich der Intellektualität meines Papas zu verdanken – wegen dem ich natürlich auch besonders sensibel für Macht-strukturen und Freiheitsgrade bin. Aber es ist wichtig, sich die Frage zu stellen, was politische, gesellschaftliche und ökonomische Einflüsse mit den Menschen machen. Zum Beispiel habe ich derzeit eine geflüchtete Frau als Klientin, pro bono, immerhin die Dolmetscherin wird bezahlt. Auf den Konnex Individuum und Gesellschaft wurde in der Ausbildung zur Psychotherapeutin wenig geachtet – dabei sind sozialwissenschaftliche Fragen so wichtig: Wo wurde ich hineingeboren? Und was bedeutet das für mich? Jede individuelle Geschichte ist eingebettet in soziopolitische Gegebenheiten – und *jeder* Mensch hat eine interessante Geschichte!

Teufels Beitrag im Fernsehen

Rosa, 27, Autorin

Ich war eine Art Kaspar-Hauser-Kind. Meine Hauptbezugsperson war eine Katze. Zwar haben sich mit mir viele Leute beschäftigt, aber alle waren älter. Sogar mein Bruder war eine andere Generation. Mit drei Jahren habe ich mich tagelang hinter Möbeln verschanzt, um meine Mama dazu zu bringen, dass ich in den Kindergarten gehen darf. Aber hatte ich die Wahl, ob ich mit jemandem spiele oder allein, entschied ich mich für allein.

Mein Papa war jeden Tag arbeiten, weswegen ich viel mit meiner Mama zusammen war. Ich bin sehr behütet aufgewachsen, und katholisch. Meine Mama ist auf eine nicht fundamentale Art gläubig. Ich nehme an, das ist ihre Form von Märchen. Ganz anders mein Papa: Der hat eine offene Rechnung mit der Kirche. Seine Eltern hatten einen Bauernhof von der Kirche gepachtet, kein fließendes Wasser, kein Strom. Irgendwann entschied die Kirche, dass sich die Bewirtschaftung dieses Hofs nicht mehr länger rentiere – und Papas Familie musste raus. Der Hof wurde schließlich abgefackelt, als Feuerwehrübung. Das kann mein Papa blumig schildern, je älter er wird, desto blumiger.

Mein Papa hat auf dem zweiten Bildungsweg Sozialarbeiter gelernt und meine Mama hätte von ihren Eltern sogar die Möglichkeit bekommen, weiter zur Schule zu gehen – was zu dieser Zeit in diesem Milieu ungewöhnlich war. Sie ist unglaublich intelligent. Aber sie wollte im Einzelhandel arbeiten. Sie war nie eine, die sich mit

Ellbogen durchkämpft. Ich nehme an, als Frau in dieser Zeit hätte sie das aber müssen. Wegen ihrem eigenen Nicht-Bildungsweg war es meinen Eltern wichtig, dass wir keine Lehre machen, sondern weiter zur Schule gehen. Für ihre Kinder wollten sie »mehr«. Während ich klein war, hat meine Mama eine Zeit lang am Samstag gearbeitet, aber irgendwann wurde ihr zu blöd, dass dann ihre ganze Familie zu Hause war, nur sie nicht. Danach war sie Vollzeithausfrau – was mir nicht weiter auffiel. Es war die Ordnung: Die Frauen blieben zu Hause, die Männer gingen arbeiten. Das war auch bei den meisten Eltern in der Schule so. Kinder von geschiedenen Müttern, die arbeiten gehen mussten, waren arm. Die waren den ganzen Tag allein. Geschiedene Frauen haben meist einen Fabrikjob gemacht – damals gab es eine Konservenfabrik in unserem Dorf, die ist mittlerweile geschlossen. Ich denke, dass es voll okay sein kann, Hausfrau und Mutter zu sein, aber bei meiner Mama hat sich das aufgrund einer Pflegesituation zugespitzt.

Die Eltern meines Papas haben bei uns im Haus gewohnt. Irgendwann wurden sie pflegebedürftig – und weil mein Papa als Ernährer arbeiten war, blieb das an meiner Mama hängen. Die war »eh da«. Meine Eltern wollten alles richtig machen – und sind dabei an ihr Limit gegangen. Jahrelang hat sich meine Mama vor Angst übergeben, bevor sie ins Zimmer meiner Großeltern gegangen ist. Damals habe ich das einfach nicht eingesehen, dass meine Eltern meine Großeltern nicht in eine Institution geben, in der man sich professionell um sie kümmert. Heute verstehe ich es besser, vielleicht weil ich nicht in diese Situation kommen werde. Meine Großeltern haben von ihrem Sohn verlangt, dass er sich um sie kümmert, bis sie sterben – meine Eltern würden das nie von mir verlangen.

In der Ehe meiner Eltern herrschte strikte Gewaltentrennung. Meine Mama hat meinem Papa den Rücken freigehalten, damit mein Papa das Geld für die Familie nach Hause bringen konnte. Mein Papa war der öffentliche Mensch, er war außer Haus arbeiten und bei der Freiwilligen Feuerwehr. Meine Mama war der private Mensch, sie war zu Hause bei meinem Bruder und später bei mir. Heute, im Rentenmodus, entdecken sie sich ganz neu. Auch ich bekomme ein anderes Verhältnis zu ihnen. Wir führen immer mehr eine ebenbürtige Beziehung – wobei ich manchmal schon noch die Kinderkarte ausspiele. Aber der Moment, in dem ich gemerkt habe, dass ich kein Kind mehr bin, sondern eine handelnde Erwachsene, von der mitunter alles abhängt, war schrecklich: Mein Papa hatte einen Herzinfarkt, plötzlich ist er violett angelaufen. Hätte ich nicht rechtzeitig die Rettung gerufen, wäre er heute tot. Ich war zwar schon Anfang zwanzig, als das passiert ist, trotzdem empfinde ich diesen Moment als das Ende meiner Kindheit. Erst seitdem weiß ich: Alles, was ich mache oder nicht mache, hat Konsequenzen.

Ich bin sehr stolz auf meine Eltern. Sie sind empathische, gute Menschen. Mein Bruder hatte wegen des Altersunterschieds eigentlich ganz andere Eltern als ich – und andere Erfahrungen mit ihnen. In meinen Bruder haben sie so ein Potenzialdenken gesetzt. Von mir hat niemand verlangt, dass ich zum Ernährer heranwachse. Ich durfte das Kind sein, die Kleine. Meine Mama hat gern gesagt: Es ist wichtig, dass Männer das können, wenn du's nicht kannst, kommst du schon zurecht. Bei mir wurde bloß wegen den Schulnoten nachgehakt – meine Eltern hatten eben große Erwartungen. Bin ich mit einem Zweier heimgekommen, habe ich gehört: Ist ein Einser nicht gegangen? Und als sensibles Kind möchte man die Eltern natürlich glücklich machen.

Ich war eine wirklich gute Schülerin, aber die Schule war Horror. Wobei das Ganze eigentlich noch früher angefangen hat. In der Vorschule gab es eine beliebte Dreier-Mädchen-Clique. Die haben sich voll den Spaß draus gemacht, mich fertigzumachen – von da an ging es für mich bergab. Ich war fünf Jahre alt und total am Sand. Sie haben mir vorgespielt, sie würden miteinander streiten, ich musste dann als Vermittlerin zwischen ihnen hin und her gehen – ich war zu blöd, um zu checken, dass das bloß eine Inszenierung ist. Bei einer von denen war ich einmal zum Puppenspielen. Sie gab mir die Anweisung, dass ich die Puppe, die mein Baby sei, auf den Boden schmeißen und auf sie drauf hüpfen soll. Ich wollte das nicht machen, sie wurde böse – und ich versuchte heulend aus dem Nachbardorf nach Hause zu kommen.

Weil ich so viel gehänselt wurde, habe ich irgendwann mit Lügengeschichten angefangen, damit ich toller wirke. Die anderen Kinder waren mit ihren Eltern immer irgendwo auf Urlaub, nur wir waren daheim. Ich wollte nicht, dass die denken, wir seien, keine Ahnung, arm. Also erzählte ich herum, ich sei im Disneyland Paris gewesen und mit dieser sich drehenden Untertasse gefahren – wie das in etwa aussieht, wusste ich von einer Werbung, aber natürlich flog ich trotzdem auf. Oder beim Handarbeitsunterricht, da hatte ich immer das volle Chaos, weil ich ungeschickt bin, ich bin irgendwie beidhändig. Also habe ich behauptet, das, was ich da gerade fabriziere, sei eine Spezialmasche, eine »japanische Masche«. Natürlich flog ich wieder auf. Ich flog immer auf.

Später, in der Hauptschule, verging keine Turnstunde ohne Tränen. Wir wurden zu den ärgsten Sachen gezwungen – ich habe immer geweint. Und die Deutschlehrerin zwang uns, vor dem Unterricht zu beten. Als Schularbeitsthema bekamen wir: Schreibe ein Rezept für

Schweinsbraten! In der ersten Leistungsgruppe waren fast nur Mädchen – wahrscheinlich wollte uns die Lehrerin damit zum Frausein erziehen. Bei den Leistungsgruppen hat sich übrigens voll die Schere geöffnet. In der ersten Leistungsgruppe waren wir auf dem Level eines Gymnasiums, in der dritten gab es ein Kind, bei dem sie, als es zwölf war, draufgekommen sind, dass es gar nicht lesen kann. Oder in Geographie: Jemand hätte auf der Weltkarte unser Land zeigen sollen – und das Kind tippt auf Brasilien. Bedenkt man, dass dort ohnehin die ganzen Nazis hocken, war das zwar nicht komplett falsch, aber richtig war's eben auch nicht.

Ins Gymnasium zu gehen, war nicht nur die Idee meiner Eltern – ich wollte allein schon deshalb eine höhere Schule besuchen, um mich vom Rest der Klasse abzuheben. Ich wurde immer als »so a G'scheite« geärgert, weil ich eben klug war. Die anderen in meiner Klasse fanden Schule blöd und wollten eine Lehre machen. Aber mit fünfzehn arbeiten gehen, um Geld zu verdienen, klang für mich unplausibel – wer will das? Im Unterrichtsfach Berufs- und Bildungsinformation wurde uns sogar geraten, eine »Karriere mit Lehre« zu machen, weil man nach einem Studium später sowieso bloß arbeitslos wäre. Und die lächerlichen verpflichtenden Schnuppertage mussten wir in einem Hotel machen, in dem kein einziger Gast war. Absurd! Auf dem Weg zum Übertritt ins Gymnasium stand mir nur noch meine Turnlehrerin im Weg. In der letzten Klasse Hauptschule sagte sie, sie werde mich in Turnen durchfallen lassen, dann müsse ich mir das Gymnasium abschminken. Das Einzige, was in der Hauptschule okay wurde, war das mit den Freundinnen. Zu Partys eingeladen wurde ich trotzdem nie. Ich hätte ohnehin nicht gehen dürfen. Um ehrlich zu sein, hätte ich mich auch davor gefürchtet. Die haben sich auf diesen Partys gegenseitig entjungfert. Ich war halt immer brav und wollte nichts falsch machen. Und ich wollte nicht in die Situation kommen, irgendwas tun zu müssen, was mich lächerlich macht, oder was ich nicht will.

Ich bin in Turnen nicht durchgefallen, ich habe studiert und nach dem Studium war ich hoch motiviert – bekam aber bloß Praktika. Ich war in einer Buchhandlung, in einer Filmfirma, als Dramaturgie- und Regieassistentin bei verschiedenen Theatern, ich fand mich in dieser Schlaufe wieder: Praktikum – Praktikum – Praktikum – in Ewigkeit Praktikum. Siebzig Wochenstunden bei, wenn's hoch kommt, einer geringfügigen Anstellung. Wenn du mich fragst, holen sich diese Firmen ähnliche junge Frauen die zudem ähnlich heißen: Isi, Iris, Melly, Mary. Die werden dann ausgeschlachtet, bis sie nicht mehr können – aber aus Solidarität zueinander arbeiten sie trotzdem weiter. Ich kann mich an eine Situation als Programmheftverkäuferin in einem Theater erinnern. Die Hackordnung wollte, dass wir uns *unter* den Billeteuren befanden. Die Billeteure waren ausschließlich Männer. Sie kontrollierten die Eintrittskarten, begleiteten die Gäste zu ihrem Platz und behandelten uns Mädels von oben herab. Wir bekamen sechs Euro die Stunde bei einem Zwölf-Stunden-Tag. Aber die Putzfrauen saßen ganz am Ende der Nahrungskette, die mussten für vier Euro arbeiten. Den Job habe ich aus Solidarität Isi-Iris-Melly-Mary gegenüber trotzdem hinter mich gebracht, auch wenn ich mich beim Chef darüber aufgeregt habe. Der einzige männliche Praktikantenkollege, den ich je hatte, hat nach einem Monat seine Sachen gepackt, dem war das zu blöd – und der ist auch nicht aus Solidarität geblieben. Als Frau ist man vielleicht leidensfähiger – und dann leidet man auch mehr.

Mein jetziger Beruf ist Autorin. Mein Freund Simon sagt immer, ich solle stolz auf mich sein, dass ich das geschafft habe. Er ist viel stolzer auf mich als ich. Wenn ich meine typischen selbstverletzenden Sachen sage, wird er irrsinnig böse, aber ich habe mir das sehr früh schon antrainiert: Macht man sich selber klein, ist es nicht mehr so schlimm, wenn es die anderen machen. Vor kurzem habe ich eine Autorin kennengelernt, die sagte: Ich bin auf alles, was ich mache, stolz, weil *ich* es mache. Voll schön! Ich lebe mit dem ständigen Gefühl, dass ich nicht genüge. Keine Ahnung, wie sehr ich das bin oder ob mir das mit all den negativen Sachen, die ich über mich gehört habe, bloß eingeimpft wurde. Etwas in mir sträubt sich zu sagen, ich sei Autorin. Bei neuen Bekanntschaften versuche ich immer, das Berufsthema zu umgehen. Früher dachte ich, so etwas wie Autorin »zu sein«, sei sowieso unmöglich. Aber wenn man sonst nichts ist, schreibt man das liebend gern in ein Formular. Und es ist ja nicht gelogen: Ich gehe in kein Büro, ich sitze an keiner Kassa – mehr als alles andere bin ich eben Autorin. Eines der Probleme beim Schreiben ist, dass die Leute denken, das könne jeder, sie könnten das ebenfalls, Aufsätze in der Schule hätten sie ja auch geschrieben. Autorin ist ein Beruf, der nicht als Beruf anerkannt wird. Darüber hinaus erzählen einem alle möglichen Leute ihre Lebensgeschichte, die man beim nächsten Buch bitte unbedingt verwenden solle. Das Problem ist: Diese Geschichten sind nie so gut, wie die Leute denken. Selbst wenn die Lebens-, Liebens- und Leidensgeschichten der Omamas interessant wären: Ich will keine fremden Geschichten verwenden, ich erfinde eigene.

Als ich noch nicht selbst geschrieben habe, sagte eine Freundin, ich solle unbedingt Wilhelm Genazino lesen. Genazino, dachte ich, das klingt gut. Ich las *Ein*

Regenschirm für diesen Tag – und es gefiel mir unheimlich! Nur zwischen dem, wie er schreibt, und dem, was er schreibt, ist eine irrsinnige Diskrepanz: Immer diese Geschichten über ältliche Männer, die versuchen, ihren ältlichen Frauen die Hängebrüste auf den Brustkorb zurückzuschieben … Bei einer Lesung von ihm dachte ich: Der sieht tatsächlich aus wie der Prototyp eines ältlichen Mannes aus der BRD. Aber was er beim anschließenden Gespräch sagte, fand ich toll. Später kamen er und ich zufällig gemeinsam beim Getränkebuffet zum Stehen. Und zufällig griffen er und ich im selben Moment zu einem Glas. Er sagte: Prost! Also sagte ich auch: Prost! Dann sagte er es wieder, dann wieder ich. Plötzlich sagte er: So beginnt eine Geschichte. Ich war vollkommen irritiert, im Guten wie im Schlechten. Es war ein poetischer, gleichzeitig vollkommen unpoetischer Moment – ich habe mein Glas abgestellt, den Mantel angezogen und das Gebäude verlassen.

Mit der Bezeichnung Frau habe ich kein Problem, nein, wieso denn, das ist die biologisch korrekte Geschlechtsbezeichnung für mich. Es gibt Gemeinsamkeiten und Unterschiede zwischen Männern und Frauen, aber ich finde, wir gleichen uns immer mehr an, wir werden immer gleichberechtigter. Allerdings habe ich die große Befürchtung, dass die volle Gleichberechtigung nie eintreten wird. Dass ich bisher Nachteile gehabt hätte, weil ich weiblich bin, glaube ich aber nicht – falls ich welche hatte, wurde es mir verheimlicht. Beim Theater habe ich schon mitgekriegt, dass es für Frauen schwerer ist. Abgefeiert werden *der* männliche Regisseur und *der* männliche Dramatiker. Die einen dürfen öfter inszenieren, die anderen werden öfter gespielt. In der Prosa ist, glaube ich, gerade eine gute Zeit für Frauen. Aber ich bin sowieso der Meinung, dass Frauen besser

Geschichten erzählen können. Pauschalisierend würde ich sagen: Männertexte sind mehr am Denken dran, Frauentexte mehr an der Emotion, an der Geschichte, an der Figur selbst. Frauen schauen besser hin. Aber Autorinnen jammern mehr. Autoren haben, glaube ich, mehr diesen Men's-Club-Gedanken, die halten einander die Lanze und schieben sich gegenseitig Sachen zu.

Ich trete im Literaturbetrieb nicht als Geschlecht auf, sondern als Mensch, als Person. Würde ich als einzige Frau in einer Gesprächsrunde ausschließlich zu meinem Frausein befragt, während die Männer zu aktuellen Weltgeschehnissen referieren dürften, hätte ich schon ein Problem damit, diese Frau-Fläche biete ich mit meinen Texten aber nicht. Wie ich von außen wahrgenommen werde, kann ich natürlich nicht sagen. Es gibt schon die Variante: Die ist niedlich. Mein Aussehen ist ein Klischeerisiko, klar, aber nicht anders als bei Autoren, die gerne trinken und sich vor Lesungen nicht die Haare waschen. Spätestens wenn ich den Mund aufmache, werde ich für voll genommen. Außerdem habe ich das Talent, mich, wenn mir danach ist, schnell verbal entstellen zu können – schon war's das mit niedlich. Nur das mit der hohen Stimme ist so eine Sache. Oder auch diese Schubladen, wie letztens bei einer Lesung – so etwas ärgert mich wahnsinnig. Zu einem Autor sagen die das, nehme ich an, nicht: Ganz wie die junge so und so – total in der Tradition der so und so. Als gäbe es auf der ganzen weiten Welt nur eine Autorin, die so und so, bei der man alles abschreiben würde, nur weil man eine Frau ist! Aber diese Schublade zu benützen, ist für viele praktisch. Und man darf sich noch nicht mal aufregen, immerhin ist man in der Schublade von der so und so.

Als Künstlerin werde ich vom Staat subventioniert, zwar nicht regelmäßig, aber wenn, dann kann ich davon leben. Trotzdem kenne ich Zeiten, wo ich bloß Kartoffeln essen sollte, weil das am billigsten ist. Und ist Autorin zu sein auf der langen Strecke überhaupt realistisch? Vor einem normalen Berufsverhältnis habe ich riesige Angst. Halte ich so etwas aus? Was macht man da eigentlich? Wie fühlt man sich? Kriege ich überhaupt etwas mit nur Praktikumserfahrung? Bereits in meinem Alter denke ich ständig daran, dass ich null Rentenvorsorge habe. Manchmal wünschte ich mir, etwas wie einen richtigen Beruf erlernt zu haben, etwas Solides. Gleichzeitig habe ich das Bedürfnis, etwas zu machen, was anderen Leuten hilft – das ist vielleicht eine Nebenwirkung vom Sozialarbeiterberuf meines Papas. Ich bin so aufgewachsen, dass man anderen Menschen hilft – weil jeder Mensch das Recht hat, dass es ihm sozial und ökonomisch gut geht. Als ich in meine derzeitige Wohnung gezogen bin, gab es in meiner Straße keinen Bettler. Dann kam einer, dann waren es zwei, mittlerweile sind es vier. Kann sein, dass es eine besonders gute Straße zum Betteln ist, aber ich glaube eher: Es wird gesellschaftlich schlimmer. Vielleicht mache ich mir deshalb so viele Sorgen.

Ich mache mir Sorgen um alles, was ein ganz diffuses Gefühl ist, und ständig anwesend. Könnte natürlich auch bloß eine Nachwirkung davon sein, dass ich als Kind Nachrichten schauen musste. Meine Eltern wollten, dass ich weiß, dass es auf der Welt Kriege gibt und dass es auch bei uns schon Krieg gegeben hat. In letzter Zeit erinnere ich mich viel an die Albträume, die ich während des Jugoslawienkriegs hatte: Ein Hubschrauber landet vor unserem Haus und alles Schlimme findet plötzlich direkt in unserem Vorgarten statt. Früher dachte ich, ich sei kein politischer Mensch, mittlerweile weiß ich: Jeder Mensch hat seine eigene Art von Politik – eine Auffassung von der Welt, wie sie sein sollte, quasi als Utopie.

Im Sommer, als das mit den vielen Flüchtlingen losging, war ich mit einer Freundin in einer Flüchtlingsunterkunft Kleidung sortieren – wir wollten irgendwie helfen. Am Anfang bekommst du eine kurze Einschulung: zu viel Ausschnitt, zu durchsichtig, zu unpraktisch, Schulterpolster, das alles kannst du sofort aussortieren. Sachen in XL werden auch selten benötigt, denn Flüchtlinge sind meist dünn. Du sortierst also diese Unmengen an Hosen und es gibt so viele von Größe 40 aufwärts und du denkst: Scheiße, eigentlich bin ich total überernährt, wie die Made im Speck!

Eigene Kinder? Vor einiger Zeit hätte ich das noch mit Nein beantwortet. Nie, nie, nie wollte ich eigene Kinder haben. Meine Vermutung ist aber, dass es auch seltsam sein wird, wenn die biologische Uhr abgelaufen ist. Bei meinen Nichten habe ich Geschwisterinstinkte, obwohl ich fast zwanzig Jahre älter bin als sie – sollte da nicht so eine Art Mutterinstinkt aufkommen? Jedenfalls finde ich es voll schön, mit ihnen Zeit zu verbringen. Meine Nichten sind sehr besonders, und an ihnen merke ich, dass ich mich voll gut verstehen würde mit eigenen Kindern. Andererseits spricht so viel dagegen, angefangen bei meiner finanziellen Lage: abgesichert ist die nicht. Schreiben und Kinder schließen einander doch außerdem aus, findest du nicht? Garantieren, immer psychisch stabil zu sein, kann ich zudem nicht, in meiner Familie ist das vererbt. Und will ich das weitergeben? Wird die Welt in hundert Jahren überhaupt lebenswert sein? Die Prognosen sagen, dass es ziemlich arg werden wird. Meine Kinder würden noch durchkommen, aber meine Enkelkinder haben dann den Salat.

Früher war klar für mich, dass ich abtreiben würde, wäre ich schwanger. Bei der Sexualaufklärung haben wir gelernt, wie man ein Kondom richtig auspackt, aber Abtreibung war kein Thema. Von Abtreibung gehört habe ich, glaube ich, erst in *Gottes Werk und Teufels Beitrag* im Fernsehen, diese Romanverfilmung von John Irving, kennst du? Bei diesem Ausschaben der Gebärmutter dachte ich: Wahrscheinlich ein klein wenig unangenehm, das gälte es tunlichst zu vermeiden. Ich habe mal die Pille danach genommen. Dabei denke ich mir überhaupt nichts. Vielleicht würde ich sogar die Abtreibungspille nehmen, also eine medikamentöse Abtreibung vornehmen – wobei sich da bereits meine katholische Erziehung meldet. Sobald die Gliedmaßen zu sehen wären, sobald es aussehen würde wie ein Mensch, würde ich sowieso nicht wissen, was tun – in unfassbare Panik würde ich geraten und durchdrehen, nehme ich an, aber wissen, was tun, würde ich erstmal nicht. Simon geht es mit der Kinderfrage gleich wie mir. Das ist ein bisschen der Haken, denn eines schönen Tages ist es zu spät. Manchmal sage ich quasi im Spaß zu Simon: Wenn ich nicht mehr fruchtbar bin, wirst du mich verstoßen. Dabei führen wir kein Leben, in das ein Kind passt. Für eine Familie braucht man einen gewissen Standard, zumindest einer von uns müsste einer normalen Erwerbsarbeit nachgehen. Kann sein, dass dieser Gedanke auch viel zu bürgerlich ist. Aber wenn ich von Leuten höre, dass man für Kinder eh so viel Geld vom Staat bekommt, denke ich, nein, stimmt nicht, so viel ist das gar nicht. Sowohl Simon als auch ich sind in recht stabilen Verhältnissen aufgewachsen. Meinem eigenen Kind würde ich das auch bieten können wollen.

Mit Simon bin ich seit zwölf Jahren zusammen. Er war mein erster Freund – und bleibt womöglich mein einziger. Natürlich könnten wir auch ohne einander existieren – man ist ja nicht zusammengewachsen –, aber habe ich die Wahl, bin ich lieber mit ihm als ohne ihn. Na gut, ein bisschen zusammengewachsen sind wir schon. Dabei ist Zusammenleben ein Riesending für mich. Ich bin auch mehr so der Geistesmensch als der körperliche Mensch, ich habe mir lange schwer getan, andere zu umarmen. Aber Simon und ich haben eine wirklich innige Beziehung. Bloß, was wir nie im Leben tun würden: voreinander auf die Toilette gehen. Nein, noch nicht mal pinkeln. Selbstverständlich kann der andere im selben Gebäude sein, aber hinter verschlossener Tür. Wir empfinden es, glaube ich, als unnatürlich, wenn man nicht mal mehr auf dem Klo allein sein kann. Bei anderen Paaren sehen wir, wie deren Beziehung in diesen typischen Schritten vorrückt: verlieben, zusammenziehen, heiraten, Kinder kriegen, Haus bauen auf dem Grundstück der Eltern. Simon und ich sind trotz Beziehung individuelle Menschen geblieben. Ich glaube, wir haben eher eine Art Bündnis miteinander geschlossen, und zwar eins, das jederzeit adaptiert werden könnte.

In meinem Alter mit erst einem Mann geschlafen zu haben, ist selten, ich weiß. Meine ehemaligen Mitbewohnerinnen konnten das nie verstehen, die hatten ein vollkommen anderes Konzept als ich. Die waren promiskuitiv und haben gewetteifert: Ich habe schon mit dreiundzwanzig Männern geschlafen! Ich mit fünfundzwanzig! Jetzt habe ich vierundzwanzig! Ich siebenundzwanzig! Mit nur einem Mann geschlafen zu haben, finde ich voll in Ordnung für mich. Wir haben uns eben unheimlich ineinander verliebt und davon zehren wir heute noch. Ja, ich bin hetero – wobei man sich nie so sicher sein kann in unserer Zeit. Wissen kann man es wohl erst, wenn man was anderes ausprobiert hat – habe ich aber nie: Also bin ich hetero.

Da ich keinen Vergleich habe, würde ich mich nie trauen, von einem guten Sexleben zu sprechen, aber manchmal keinen Orgasmus zu haben, ist, glaube ich, ganz normal. 80 % der Frauen haben keinen. Ich komme gleich mit einer Zahl, aber, na ja, weiß nicht, ist eben aussagekräftig. In den ersten Jahren unserer Beziehung war das schon schwierig für mich, dass ich bei Penetration nicht kommen kann – aber man muss ja nicht ständig diese 08/15-Sexsachen machen, dann macht man halt was anderes. Wenn du jemanden tagtäglich siehst, kannst du schon mal sagen: Bitte noch ein bisschen weiter rechts. Bei einem One-Night-Stand sagst du nicht so schnell: Hör mal, ich nehme gerade Antidepressiva, weswegen mir das etwas schwerer fällt, aber zu kommen wäre mir schon ein großes Anliegen … Siebenmal die Woche Sex hat man nach zwölf Jahren aber ohnehin nicht mehr. Wenn ich von Leuten höre, sie sind frisch verliebt und haben die ganze Nacht und so, denke ich mir: Voll mühsam! Simon und ich haben zwei, drei Wochen oder länger auch mal keinen Sex. Man küsst sich, man umarmt sich, aber zu mehr hat man manchmal keine Lust. Ein bisschen macht man sich vielleicht Sorgen – aber es gibt auch wieder Phasen, wo man jeden zweiten Tag will.

Simon ist nicht nur mein erster Freund, ich bin auch seine erste – jedenfalls richtige – Freundin. Wir waren uns immer treu. Und allein unsere Beziehung füllt mich zeitlich schon so sehr aus, dass ich gar nicht wüsste, wie ich nebenbei noch jemanden managen könnte. Eine polyamore Freundin erzählt manchmal von ihren polyamoren Bekannten einer Datingseite – ich kriege allein vom Zuhören Burn-out! An sich finde ich das Konzept einer offenen Beziehung voll in Ordnung – sofern der andere weiß, dass es eine ist. Aber ich würde nicht wollen, dass Simon jemand anderen liebt, oder mehr liebt als mich. Wenn ich merke, Simon gefällt eine recht gut, denke ich mir manchmal: Was, die!? Es kommt vor, dass ich ihn dann damit aufziehe, oder dass ich Eifersucht inszeniere, um ihm zu schmeicheln – aber ich würde nie auf die Idee kommen, ihm zu verbieten, die weiterhin zu sehen. In Beziehungen kann man nichts verbieten. Und ich vertraue Simon total. Er ist nicht bloß mein Freund, er ist der beste meiner Freunde.

Klar meine ich Freunde *und* Freundinnen, wenn ich Freunde sage, aber ich habe generell nicht so viele, von beiden nicht. Eine Zeit lang hatte ich eine Unmenge an Freunden – ich war vollkommen überfordert und nur noch in der Straßenbahn allein. Wahrscheinlich dachte ich, weil ich so lange gar keine Freunde hatte, dass dieses aufopfernde Kümmern eben so sein müsse. Erst in der Therapie wurde mir mein ungesundes Verhältnis zu Menschen bewusst: Ich würde alles für jemanden tun, ohne darauf zu achten, wie der mit mir tut. Daraufhin habe ich die Anzahl meiner Freunde minimiert. Ich habe mir die Frage gestellt: Für wen bin ich bereit, etwas zu machen? Wer ist mir wirklich wichtig? Und ärgstens: Sobald du dich nicht mehr aufopferst, wollen manche nicht mehr befreundet sein. Das hat mich irrsinnig gekränkt. Die wenigen Freunde, die ich jetzt habe, sind richtig, richtig gute Freunde. Interessanterweise sind die meisten homosexuell. Und mittlerweile – vielleicht ist das aber das Alter – traue ich mich sogar, meinen Freunden auch mal hemmungslos abzusagen. Vor allem wenn ich einen Text fertigkriegen muss. Allerdings könnte sich da auch wieder meine Erziehung bemerkbar machen: Die Arbeit geht vor!

Mein Papa hat immer, bevor er arbeiten gegangen ist, in die Küche gerufen: Auf in den Kampf! Jeden Tag hat er mir das um die Ohren geblasen. Auf in den Kampf! Ich glaube, es stimmt: Arbeit ist ein Kampf. Im Fall meines Papas war das schon allein deshalb so, weil er sich durch Aktenberge voller schwieriger Menschenschicksale kämpfen musste. Eigentlich, merke ich gerade, ist die Kampfmetapher für mich gar nicht richtig. Die würde ja bedeuten, dass man einen Feind hätte – ich habe keinen Feind, und wenn, dann nur mich selbst. Aber ich bin, wie mein Papa, ein Arbeitstier. Das innere Bild, das ich von mir habe, wenn ich schreibe, ist: Ich sitze da, ganztags im Pyjama, die Haare stehen in alle Richtungen, die Augenringe sind riesig, und ziehe, total brachial, mein Recherchematerial über den Schreibtisch. Vor einiger Zeit hatte ich eine lange und schwere Depression aufgrund Erschöpfung. In dieser Zeit habe ich viele Spaziergänge durch die Stadt gemacht. Besonders gern bin ich auf diesen Friedhof bei der Chausseestraße gegangen, bis zum Heiner-Müller Grab, weil der Grasbewuchs dort irgendwie tröstlich für mich war. Auf dem Rückweg bin ich an Herbert Marcuse vorbeigekommen. Dessen Grabstein hat einen Überbau, wie eine Art halbes Dach, – der wohl für seinen philosophischen Überbau steht. Auf dem ist eingemeißelt: *weitermachen !*

Das hat mich daran erinnert, dass man, selbst wenn man nicht weiterweiß, trotzdem weitermachen muss, bis man aus dieser Phase draußen ist – und daran, *dass* es eine Phase ist, auch wenn es sich in dem Moment anders anfühlt.

Mut muss man sich leisten können

Greta, 42, Bibliothekarin

Da schauste, wa, mein Sohn Brutus? Das ist Nadine. Schau ma, wie er an dir schnüffelt. Du musst wissen, meine Katzen sind wie Kinder für mich. In dieser Betüddelrolle gehe ich völlig auf. Ich bin die Cat Lady von den Simpsons. Wer noch nie auf so innige Weise mit einem Tier gelebt hat, mag das lächerlich finden, aber du weißt ja, wie ich's meine. Dass ich Brutus und Cassius überbehüte, ist mir bewusst. Die zwei haben sich *uns* aber nicht ausgesucht, wir haben *sie* ausgesucht, weswegen wir ihnen das bestmögliche Leben bieten wollen. Seit Thorsten und ich die Katzen haben, bin ich dünnhäutiger. Vor dem Einschlafen beschäftigt mich oft die Frage, wie es dazu kommen kann, dass Kinder und Tiere gequält werden? Es ist echt so, dass ich dann im Bett liege und heule. Ich kann mich noch nicht mal damit beruhigen, dass meine Gedanken keine Realität sind. Das *ist* ja Realität. Menschen können brutal sein. Ich bin per se kein großer Menschenfreund. Je älter ich werde, umso weniger traue ich ihnen über den Weg. Leider. Soll ich in deinen Tee Zitrone reinmachen? Bitte bleib sitzen, ich bringe dir den Tee. Lass uns anfangen!

Mein Vater war Busfahrer bei den Berliner Verkehrsbetrieben. Ein Job, den wohl die meisten als nicht sehr prestigeträchtigen Beruf ansehen würden. Später hat er sich in eine kleine Führungsposition hochgearbeitet, was heute 'ne Stelle wäre, für die man ein Studium bräuchte.

Meine Mutter hat in Polen studiert, aber in Berlin in einem anderen Beruf gearbeitet. Ab der Geburt meiner Schwestern Lena und Luis war sie Hausfrau.

Ich bin in Berlin aufgewachsen, in West-Berlin. Leuten, die in Ost-Berlin geboren wurden, ist diese Differenzierung wichtig, weil es ihre Stadt nicht mehr gibt. Aber meine Stadt war nach dem Fall der Mauer auch weg. West-Berlin war damals mein Nest, ich habe mich beschützt gefühlt, die Mauer war wie ein Schutzwall für mich. Also ich habe nie gedacht: Ja nu, is' die Mauer schön! Die war in meiner Erinnerung einfach immer schon da, die hat meine Stadt überschaubar gemacht. Wenn wir Transit gefahren sind, aus West-Berlin raus, konnten sich die Leute draußen nicht vorstellen, wie es ist, in einer ummauerten Stadt zu leben. Wie, ihr kommt aus West-Berlin, ja wie geht's euch denn? Meine Schwestern und ich fanden die Frage seltsam, für uns war das Alltag. Als am 9. November 1989 die Mauer fiel, waren wir bereits älter, da war uns dann das politische Drumrum schon bewusst. An dem Tag haben wir schulfrei bekommen. Fahrt zum Brandenburger Tor, haben die Lehrer gesagt, das is 'ne geschichtsträchtige Angelegenheit!

Das Wort, an das ich bei meiner Kindheit und Jugend denken muss, ist Ambivalenz. Einerseits hatte ich mehr Freiheiten als andere, andererseits drohten bei jeder falschen Bewegung Repressalien. Meine Eltern waren unberechenbar. Immerzu musste ich abschätzen, wie die g'rade drauf sind. Für etwas, das heute galt, haste morgen die Hucke vollgekriegt. Ich war in ständiger Alarmbereitschaft, weit weg von irgendeinem Grundvertrauen. Dieses Vertrauen im Erwachsenenalter nachzuholen, ist schwierig bis unmöglich, habe ich mal gelesen. An meinen Schwestern und mir merke ich, dass das stimmt. Aber was wir drei ganz dolle haben, ist der

Wunsch, Schwächere zu beschützen, und ein großes Verantwortungsgefühl.

Meine Schwestern sind eineiige Zwillinge. Ihre Kindernamen Zwilena und Zwiluis haben sich irgendwann verselbstständigt. Mittlerweile stellen sie sich sogar mit ihnen vor. Mein Kindername ist verloren gegangen. Meter-Greta war, als ich größer wurde, unangemessen. Uns war früh bewusst, dass wir weit weg müssen, wenn wir atmen können wollen. Zwilena und Zwiluis sind nach dem Studium sofort abgehauen, sie sind nach Irland gezogen, beide. Grün ist die Farbe der Hoffnung, hat Zwiluis vor dem Auswandern zu mir gesagt. Aber ich vermute den wahren Grund in was anderem: Unsere Eltern haben Flugangst. Ich bin nach dem Abitur gegangen: Leipzig – Boston – Köln. Erst wegen Thorsten bin ich zurück nach Berlin gezogen, aber weit weg von meinen Eltern, ans andere Ende der Stadt. Meine Schwestern gehen sogar so weit, dass sie ihren Kindern kein Wort Deutsch beibringen.

Zwilena und Zwiluis schaffen bei ihren Kindern, was unsere Eltern bei uns nie geschafft haben, und dafür bewundere ich sie. Meine Neffen sind tolle Menschen geworden, mit einer stabilen Persönlichkeit. Die werden eines Tages mit einem ganz anderen Selbstwertgefühl ins Leben gehen – wir sind eher gestolpert. Bei uns zu Hause ist kein Tag vergangen, an dem wir nicht gehört hätten, wie scheiße wir sind. Wir sind ohnmächtig aufgewachsen, richtig gedemütigt. Mit dem Aufbau eines Selbstwertgefühls wird's da schwierig. Trösten und Beschützen sind für meine Eltern Fremdwörter. Wahrscheinlich weil ihnen das in ihrer eigenen Kindheit vorenthalten wurde. Sind wir hingefallen, gab es noch Schläge obendrauf. Selbst heute ist meine erste Reaktion, wenn mir was passiert, das unangenehm ist: Verheimlichen!

Von klein auf hat meine Mutter mich benutzt, wenn's ihr nicht gut ging. Ich war ihre Therapeutin und Eheberaterin. Bis vor zehn Jahren habe ich meinen Vater als Hauptschuldigen angesehen – dann dämmerte mir: Die Schuld ist 50:50 verteilt. Mein Vater hat meine Mutter verbal terrorisiert, uns Kinder außerdem physisch. Meine Mutter hat hin und wieder aufbegehrt, wirklich geschützt hat sie uns aber nicht. Das Schlimme ist, dass meine Eltern heute erwarten, dass ihre Kinder wie Kinder sind, die glücklich aufwachsen durften. Am liebsten wäre ihnen, wenn wir ihnen jetzt schon zusichern würden, dass wir sie im Alter bei uns zu Hause pflegen. Der Vorwurf, den ich meinen Eltern mache, ist, dass sie nie darüber nachgedacht haben, was die Bedürfnisse von Kindern eigentlich sind. Es klingt hart, aber meine Eltern hätten nie Kinder kriegen dürfen.

Ich habe davon profitiert, wo ich hineingeboren wurde, und zwar nicht in welche Familie, sondern in welches Umfeld. In meiner Schule haben sich die Gesellschaftsschichten vermischt. Das Busfahrerkind saß neben dem Richterkind und traf sich mit dem Arztkind zum Spielen. Es gab zum Glück keine Eltern, die mir die Tür vor der Nase zugeschlagen und gesagt haben: Det is' ja det Kind von dem und der, det is' keen juter Einfluss. Am liebsten hing ich bei den Fröhlichs rum. Bei denen haben sich Erwachsene und Kinder richtig miteinander unterhalten, auf Augenhöhe, das fand ich irrsinnig toll. Meine Freundin Britt hatte absolut keine Angst vor ihren Eltern, das fand ich noch toller. Klar, irgend 'ne Macke hat jede Familie, aber unsere war krank. Britt wurde in allem, was sie tun wollte, bestärkt. Von dieser Familie habe ich mir einiges abgeschaut. Durch Britts Mutter, aber auch durch ein paar Lehrerinnen aus meiner Schule, habe ich in die damalige Frauenbewegung reingeschnuppert. Britt bekam von ihrer Mama *Die große Grips-Parade* geschenkt, wir haben diese Platte rauf und runter gehört. Wir konnten alle Lieder auswendig. Meine ganze Klasse konnte die auswendig, die waren damals populär. Warte, ich spiele dir was auf YouTube vor:

Mädchen, lasst euch nichts erzählen! Wehrt euch, traut euch, bis es glückt! Lasst euch länger nicht befehlen, was sich für ein Mädchen schickt! Mädchen, lasst euch nichts verbieten, was ein Junge machen darf! Sagt, wovor soll'n wir uns hüten? Grad auf so was sind wir scharf! Wenn's uns Spaß macht, können wir Raketen bau'n, klettern über jeden Zaun, rennen, ringen, raufen, rotzen, Fußball spielen, motzen, klotzen, Spiel- und Bandenführer sein. So wird's sein! Wer hat sich das wohl ausgedacht, was man als braves Mädchen macht? Häkeln, sticken, backen, putzen, nur das Kleidchen nicht beschmutzen, Haare kämmen, Püppchen wiegen, weil wir sonst kein Männlein kriegen?

Das war die Stimmung Ende der Siebziger, Anfang der Achtziger. Die ganzen Rollensachen sind aufgebrochen, als ich klein war. Oder dieses Lied, schau ma, det is' was für uns: *Erika ist mies und fad, doch Papi ist Regierungsrat, drum macht sie ganz bestimmt das Abitur. Peter ist gescheit und schlau, doch sein Vati ist beim Bau, drum geht er bis zur neunten Klasse nur. Einigen hilft alle Welt, doch den meisten fehlt das Geld, die müssen dauernd kämpfen um ihr Recht. Darum, Kinder, aufgepasst, dass ihr euch nichts gefallen lasst, denn keiner ist von ganz alleine schlecht. Doof gebor'n ist keiner, doof wird man gemacht, und wer behauptet: doof bleibt doof, der hat nicht nachgedacht.*

Für mich stellt sich schon die Frage, ob man es als Arbeiterkind überhaupt schaffen kann, gesehen und gefördert zu werden? Soweit ich es beobachte, werden Bildungseinrichtungen zusehends undurchlässiger, gerade in Deutschland. Ich will die Zeit damals nicht glorifizieren, gar nicht, meine Lehrer fanden das durchaus seltsam, dass das Busfahrerkind die Klassenbeste war. Dem bürgerlichen Konzept nach müssten wir Busfahrerkinder nämlich blöde sein. Klassismus war bei der Lehrerschaft teilweise wohl abgespeichert. Zumindest hatten sie soziale Ungleichheit nicht automatisch auf dem Schirm. Ich erinnere mich an ein so banales wie aussagekräftiges Beispiel, das sich auf alles im Leben übertragen lässt. Meine Klassenkameradin Melanie und ich kriegten dasselbe Referatsthema: Gib deinen Klassenkameraden eine Führung durchs Schloss Charlottenburg. Ich habe mir was in der Bücherei rausgeschrieben, gab ja damals kein Internet. Was hat Melanie getan, die aus einem wohlhabenden Elternhaus kam? Die wurde ins Auto gepackt und zum Schloss hingefahren. Meine Eltern hatten kein Geld für den Eintritt, die wären aber auch gar nicht mit mir hin, Schluss, aus, Ende. Natürlich war Melanies Referat viel besser als meins. Wer etwas mit eigenen Augen gesehen hat, kann es viel plastischer beschreiben, klar. Aber im Grunde hat Melanie ihr Referat zu dritt und mit Wettbewerbsvorteil gemacht. Das Bezeichnende war: Melanie bekam die Eins, ich eine Zwei. Der Lehrer wusste um unsere verschiedenen Hintergründe, aber er hat so getan, als wären Melanie und ich an derselben Position gestartet.

Es ist also *nicht* die Leistung, die zählt – aber genau das wird suggeriert. Und wenn man das kritisiert, werden gleich Beispiele aufgezählt: Der hat's doch auch geschafft! Ja, und wir sprechen drüber, weil's eben *nicht* alltäglich ist, dass er's geschafft hat unter den Bedingungen. Was außerdem gern als Argument genommen wird: Auch privilegierte Kinder müssen Leistung zeigen. Ja, das bestreitet doch auch niemand, aber wer muss keine Leistung bringen? Der Unterschied ist: Vor der Tür kann ich Handstand machen, solange ich will, sieht halt keiner. Bin ich allerdings schon mal im Hof drin, kucken zumindest ein paar ausm Fenster. Ich will damit sagen: Was zählt, sind Beziehungen, die Türen öffnen, die Bekannten von Erikas Papi, die Erika ein Bewerbungsgespräch verschaffen. Es sind die erlernten Codes, wegen denen dir die Nase gegenüber im besten Fall schon bekannt vorkommt. Bist du aus dem Arbeitermilieu, hast du diese Codes nicht erlernt und gehst verunsichert in das Gespräch um die Führungsposition. Über einen Ratschlag von Schulfreunden habe ich mich nach dem Abi wirklich geärgert: Du musst eben mehr Risiko eingehen, Greta! Ha! Risiko! Mittlerweile lache ich über deren Naivität. Die haben tatsächlich gedacht, sie würden mit dem Sicherheitsnetz ihrer Eltern ein Risiko eingehen. Wenn ich springe, ist da unten nichts, Punkt. Mut muss man sich leisten können.

Mein Mann Thorsten geht regelmäßig wegen einer Gehaltserhöhung zu seinem Vorgesetzten. Ich gehe gar nicht. Diese Selbstsicherheit habe ich nicht – obwohl mich bisher alle meine Vorgesetzten über den grünen Klee gelobt haben. Anstatt dass ich dann sage: Sie haben's ja gerade selbst gesagt, wie sähe es also mit 'ner Gehaltserhöhung aus? Ich sehe da zwei Hindernisse: Zum einen mein Frausein. Mädchen erlernen, dass es wichtig sei, wie andere sie finden. Frauen sollten das schleunigst verlernen! Sie sollten mehr bei sich bleiben und sich sagen, dass es nicht drauf ankommt, wie das Gegenüber sie findet, sondern dass es drauf ankommt zu wissen: Ich habe mir das verdient! Zum anderen hindert mich am Gang zum Vorgesetzten, wie ich aufgewachsen bin. Als Arbeiterkind, das trotz Leistung oft übersehen wurde, freue ich mir bei 'nem Lob ein Loch in den Hintern. Was für die Tatsache, dass ich einen guten Job mache, aber nicht ausreichend ist. Diese ganzen Gehaltsverhandlungstipps sind sowieso elitär. Die sind gedacht für leitende Angestellte, für eine Sekretärin oder den Vati am Bau ist nicht vorgesehen, dass sie ins Büro des Chefs marschieren und mehr Geld fordern.

Man muss doch auch gönnen können, oder? Ja, ich gönne gern, aber es muss in Relation stehen. Was qualifiziert den einen, in seinem riesigen Garten zu sitzen, während der andere auf 'nem Asphaltdschungel hockt? Wenn die Antwort Herkunft und Geld ist – und das ist es oft –, finde ich das nicht richtig. Der altbekannte Vorwurf der Neiddebatte wird, wenn du mich fragst, als Totschlagargument hergenommen. Neid hat ein schlechtes Image. Niemand will vorgeworfen bekommen, ein Neidhammel zu sein. Dabei geht es um soziale Ungleichheit und nicht darum, jemanden, der sowieso schon zu wenig vom Kuchen abbekommen hat, für ein Gefühl zu beschämen. Neid ist eine Reaktion auf Mangel. Warum kommen nicht die, die was haben, und geben was ab? Warum sagen die nicht: Mensch, mir geht's so gut, eigentlich dürfte es mir nicht so gut gehen, ich hab ja Augen im Kopf. Zu sehen, dass es anderen nicht so gut geht, aber nicht zu handeln, funktioniert bloß mit Scheuklappen. Wenn ich mitansehen muss, wie jemand, ohne einen Finger dafür krumm zu machen, was kriegt, für das sich andere seit Jahren abstrampeln, könnt ich echt kotzen im Strahl. Um diesen Blick nicht zu verlieren und etwas von mir zu geben, arbeite ich seit meiner Jugend ehrenamtlich. Ideal wäre natürlich, wenn es – weil die Umverteilung funktioniert – gar kein Ehrenamt mehr bräuchte. Aber nicht dass wir uns falsch verstehen, ich möchte niemanden aus seinem Paradies vertreiben. Ich möchte, dass wir alle in diesem Paradies leben können. Das hat nichts mit sozialistischen Träumereien und Gleichmacherei zu tun, sondern: Jeder Mensch hat das Recht auf ein sorgenfreies und erfülltes Leben. Was geschöpft wird, soll so verteilt werden, dass es nicht diese riesige Kluft zwischen Reich und Arm aufwirft.

Hartz IV und seine ganzen Schikanen und Gängelungen – die durch den Vorwurf der Arbeitsunwilligkeit vertuschen sollen, dass es gar nicht genug Stellen gibt – sind ein Menschen verachtendes System, das erlaubt, auf die Schwächsten zu treten. Der Staat soll das Geld gefälligst dort holen, wo es ist, mittels Vermögens- oder Finanztransaktionssteuer! Aber die Parallelgesellschaft der Reichen zieht lieber noch einen höheren Zaun ums eigene Grundstück, sie wollen sich ja sicher fühlen … Wenn wir so agieren, dass sich ein großer Teil der Gesellschaft abgehängt fühlt, sägen wir an unserem eigenen Ast. *Alle* Menschen müssen eine Zukunft sehen können. Das funktioniert aber nicht, wenn weiter ghettoisiert wird. Ökonomisch Benachteiligte werden in ausschließlich für sie bestimmte Viertel verdrängt, die sogar betitelt werden als »Sozialviertel« oder »soziale Brennpunkte«.

Ich wohne in 'nem Reichenviertel, und ich merke, wie angenehm das durchaus ist. Definitiv habe ich in dieser Wohngegend ein schlechtes Gewissen – und ich spüre einen enormen Druck. Früher hatte ich Wohnungen, deren Miete ich mir bei Arbeitslosigkeit oder Krankheit weiter hätte leisten können. Seitdem ich mit Thorsten zusammen bin, könnte ich das nicht mehr, dafür ist unser Lebensstandard zu hoch. Das löst in mir Existenzängste aus, weil ich von Thorsten zum Teil finanziell abhängig bin. Alleine könnte ich mir das hier nicht leisten, ich würde ruckzuck auf der Straße stehen. Diesen Druck spürt Thorsten nicht. Wenn's für ihn hart auf hart käme, könnten seine Eltern ihn unterstützen. Mit so

einem familiären Hintergrund – mit einem Sicherheitsnetz – kann man finanzielle Engpässe oder Pleiten ganz
anders abfedern. Meine Schwestern und ich hatten in
dieser Hinsicht nichts. Zwilena hat neben dem Studium
in Dahlemer Villen geputzt, Zwiluis hat bis nachts um
drei in der Kneipe gearbeitet und ist um acht in der Früh
wieder an die Uni. Die beiden mussten richtig kämpfen, die waren richtig fertig, weswegen ich mich gegen
das Studieren entschieden habe – was zu sehr klingt wie
eine Entscheidung aus freien Stücken. In Deutschland, so
heißt es gern, sei Bildung für alle möglich, vom Arbeiter-
bis zum Akademikerkind. Das stimmt aber nicht, manchen werden Steine in den Weg gelegt. Ich fordere, dass
jede Bildung für *alle* zugänglich ist, und zwar zugänglich
in dem Sinn, dass jeder sich bilden kann, wenn er sich
bilden möchte. Niemand soll kämpfen müssen dafür.

Meine erste Festanstellung nach dem Abi war in
einem Getränkegroßhandel, als Verkäuferin, Bierkisten
schleppen inklusive. Um halb sieben musste ich beim
Bushäuschen stehen. Und wer stand gegen Monatsende
auch dort? Mein Vater. Um mich anzupumpen. Ich bin
wahnsinnig wütend auf meine Eltern, gleichzeitig tun
sie mir unendlich leid. Wenn sie was brauchen, kann ich
sie nicht hängen lassen. Als Kind habe ich immer gesagt:
Eines Tages werde ich reich, dann mache meine Eltern
glücklich. Mittlerweile weiß ich, dass ich mich damit
auseinandersetzen werden muss, dass meine Eltern sterben, ohne dass ich sie glücklich gemacht habe. Denn inzwischen kenne ich die Mechanismen: Reich wird man
durch verdammt viel Glück oder Erbschaft, durch Schuf-
ten allein nicht.

Zurzeit wird kolportiert, dass der Zulauf zu rechten
Parteien seitens sogenannter Bildungsferner stattfinde.
Man kann sich nicht genug bilden, davon bin ich über-

zeugt, aber durch Bildung kann man nicht erreichen, dass jemand empathisch wird. Niemand spricht davon, dass auch der Mittelstand immer mehr nach rechts tendiert. Die, die immer einen sicheren Stand hatten, haben Angst, nun auch abzusteigen. In *Rückkehr nach Reims* schreibt Didier Eribon, dass die Arbeiterklasse in der Vergangenheit links gewählt hat, weil sie wusste, dort wird für ihre Interessen gekämpft. Diese Wähler werden nun von den rechten Parteien abgefischt. Wie? Indem sie vorgeben, für Arbeiterinteressen zu kämpfen. Kämen die Rechten an die Macht, würde schnell klar werden, dass das Gegenteil der Fall ist. Dass es zudem mit gefährlichen Konsequenzen verbunden wäre. Und es außerdem nur kurz gut getan hätte, die Wut über die existenzielle Bedrohung kanalisieren zu können.

In meiner Jugend habe ich aus dem Umweltschutzgedanken heraus Grün gewählt, was ja durchaus Hand und Fuß hat. Friedlich miteinander leben zu können, *hat* mit Umwelt und natürlichen Ressourcen zu tun. Aber wenn die Klassengesellschaft, die auf dem besten Weg ist, zu einer neuen Ständegesellschaft zu werden, sich die Köpfe einschlägt, hilft Bio erstmal auch nicht weiter – auch wenn eine friedliche Gesellschaft eines verantwortungsvollen Umgangs mit natürlichen Ressourcen, mit Tieren, bedarf. Es ist jedenfalls ein Privileg, sagen zu können: Ich entscheide mich für gesunde Ernährung. Heute habe ich dieses Privileg. Ich kaufe fast alles im Bioladen. Aber ich hatte Zeiten, wo ich den Bioladen nur von weitem sah, weil ich irgendwie über die Runden kommen musste. Das Schlimmste, was dir in so einer Situation passieren kann, ist, wenn dir Leute, die keinen Mangel kennen, dann mit Ratschlägen kommen: Du musst nur weniger essen, dann kannst du auch mit wenig Geld bio und fair einkaufen. Das ist ignorant und bevormundend! Wie kann es überhaupt sein, dass man es als Normalität hinnimmt, dass die einen viel haben und die anderen nichts? Wie können wir akzeptieren, dass in diesem System Leute ohne Geld unter die Räder kommen? Was können wir für eine Solidargemeinschaft tun?

Mit der sozialen Ungleichheit ist es wie mit mir als Frau: Beides habe ich mir nicht ausgesucht. Die Einschränkungen, die ich im Laufe meines Lebens durch die Kategorisierung als Frau erlebt habe, machen mich genauso wütend. Auch das weckt in mir die Assoziation: Ich muss kämpfen, ich muss ständig kämpfen. Frausein ist Kampf bis hinein in die kleinste Zelle der Gesellschaft: die Familie. Wenn ich sehe, was aus manchen meiner Freundinnen mit Kindern – unter Anführungszeichen – geworden ist, erschrecke ich. Da greifen Mechanismen ineinander, die Frauen zu Hause bleiben lassen, die Mutterschaft glorifizieren und als unabdingbar für Weiblichkeit hinstellen.

Ich hatte mit dreiundzwanzig eine Abtreibung. Ein Kind hätte damals mein ganzes Leben verbaut. Außerdem hatte ich ja schon ein Kind, ich hab ja 'n Kind geheiratet, in meiner ersten Ehe war nämlich ich die Alleinverdienerin. Die Abtreibung habe ich ambulant machen lassen. Am schlimmsten fand ich das verpflichtende Gespräch bei pro familia, aber beim Frauenarzt war's auch grenzwertig. Mit einem Baby-Welcome-Package – Schwangerschaftsbroschüre, Mutterpass und Badethermometer für Babys – unterm Arm bin ich aus der Praxis raus. Später habe ich lange über Kinder nachgedacht – und mich schließlich dagegen entschieden. Ich hätte Angst vor der Verantwortung, einem Menschen den Weg ins Leben zu ebnen und bei dieser Aufgabe zu versagen. Auch wenn mir viele prophezeit haben, dass ich eine gute Mutter wäre, ich wollte es nicht mal eben so an einem

Kind ausprobieren. Die Befürchtung, gewalttätig zu werden, habe ich überhaupt nicht. Wenn Kinder quengeln, werde ich eher ruhiger. Was ich allerdings nicht gewährleisten kann: Bleibe ich gesund? Als ich ins Alter kam, wo sich abzeichnete, dass ich nie eine Mutter sein werde, dachte ich vermehrt über diese Abtreibung nach. Ich habe wahnsinnig um dieses Kind getrauert. Wahrscheinlich hätte ich große Probleme damit gehabt, zu wissen, dass es bereits mehr als nur die Fruchthöhle gewesen wäre. Mir war's wichtig, dass das Herz noch nicht schlägt. Das ist in der 7. Woche, glaube ich. Ein winziges Zeitfenster, wenn man sich vom Frauenarzt den Supermarkttest bestätigen lassen, Geld ausborgen oder, wie Zwiluis einmal, von Irland nach Deutschland reisen muss dafür. Auch wenn es mir wichtig war, aber ich verurteile keine Frau, die aus nachvollziehbaren Gründen abtreibt, nachdem das Herz des Fötus zu schlagen begonnen hat. Meine Grundsätze von Moral sind nicht die alleingültigen. Außerdem war ich in meinem Leben schon oft in Situationen, die mich haben anders handeln lassen, als ich mich eigentlich kenne. Ich rechne mit allem bei allen, also auch bei mir.

Sexualität? Diese Frage wird ein kurzes Vergnügen: Ich bin asexuell, und ich glaube an meine Asexualität, ich hatte tatsächlich noch nie ein sexuelles Verlangen. Würde ich Selbstbefriedigung machen oder einen anderen Mann begehren, würde ich aufhorchen, aber beides ist nicht der Fall. Ich küsse, streichle und umarme gern, aber mit dem reinen Sexualakt fange ich nicht viel an. Dass ich nicht frigide bin, weiß ich von Orgasmen, die ich hatte. Dass ich heterosexuell wäre, weiß ich, weil ich mich ausschließlich in Männer verliebt habe. Aber wenn ich einen Penis sehe, rührt sich bei mir nichts, ich denke dann: Ja nu, ein Penis halt. Gesellschaftlich wird Asexualität nicht wahrgenommen oder nicht ernst genommen. Haste halt den falschen Partner – haste halt noch nie guten Sex gehabt ... Dass Thorsten und ich gleich ticken, ist purer Zufall. Zwar hatten wir zwei Jahre lang Sex, nicht übermäßig, aber wir hatten. Als wir merkten, dass wir beide nicht so drauf stehen, haben wir es besprochen und bleibenlassen. Mein erster Mann hat mehr Sex gewollt, als ich ihm geben konnte. Was mir total unangenehm war, weil ich ihn ständig abweisen musste. Ich habe alles dafür getan, damit es nicht so weit kommt. Das war schon als Jugendliche so, wenn jemand weitergehen wollte. Ich bin keine, die sich hinlegt und denkt: Fürs Vaterland!

Meinst du jetzt Übergriffe als Kind oder als Frau? Als Kind habe ich ewig körperliche Übergriffe erlebt. Als Frau kann ich mich an einen sehr gut erinnern. Das Schockierende daran war für mich, wie ich reagiert habe. Ich fuhr S-Bahn, ein Mann setzte sich mir gegenüber und fing ein Gespräch an, keine Ahnung mehr über was, irgendwas, der kam mir halt vor wie ein einsamer Typ. Friedrichstraße bin ich ausgestiegen. Damals war das nicht so 'ne Station mit viel Tourismus. Es wurde gerade gebaut und war sehr verwinkelt. Irgendwann ruft mir dieser Mann aus der S-Bahn hinterher, ich solle kurz stehen bleiben. Ich blieb stehen. Er kam zu mir und fing an, mich zu umarmen und zu küssen. Und ich? Hab den erstmal machen lassen. Anstatt ihm in die Eier zu treten oder ihn anzuschreien, er soll sich verpissen, habe ich mit Mäuschenstimme gesagt: Das möcht ich nicht ... Hätte man mich vorher gefragt, was ich in so einer Situation tun würde, wäre meine Antwort gewesen: Selbstverständlich wehre ich mich, ganz rabiat werden würde ich! Die Realität war: Ich stand vor dem wie das Kaninchen vor der Schlange. Das kann ich mir bis heute nicht erklären. Damals konnte ich es sowieso nicht einordnen, das habe ich abgespeichert unter: War halt 'ne dumme Situation für mich. Erzählt habe ich es auch niemandem, geschweige denn angezeigt.

An eine andere Sache erinnere ich mich noch. Ich war fünf Jahre alt, meine Schwestern vier Jahre älter. Wir haben auf einem Spielplatz in einem Sandkasten gespielt. Auf einmal fand Zwilena ein Zwei-Mark-Stück. Wir – Kinder halt – dachten sofort, wir seien einem Schatz auf der Spur. Also hieß es weitergraben. Zehn Pfennig. Weitergraben. Fünf. Plötzlich rief Zwiluis: Kuckt ma' da drüben! Stand einer im Gebüsch und hat sich einen runtergeholt. Weiß ich *heute*. Damals wusste ich das nicht. Damals habe ich mich halt furchtbar erschreckt, noch mehr, als der aus dem Gebüsch rauskam und weiter an seinem Ding rummachte. Meine Schwestern und ich sprangen auf und liefen nach Hause. Auch das haben wir nie erzählt.

Wir wussten, dass wir nicht mit fremden Männern mitgehen dürfen, das war uns ja gesagt worden. Aber was die machen würden, war uns nicht klar. Es ist verdammt wichtig, Kindern zu erzählen, *was* passiert. Und hätte ich Kinder, würde ich denen klarmachen, dass alles, was ihnen unangenehm ist, eine Überschreitung ihrer Grenzen ist. Das beginnt beim Bussi von Opa Heinrich. Wenn ich als Kind nicht will, dass Opa Heinrich mich küsst, hat Opa Heinrich mich nicht zu küssen. Und niemand hat zu sagen: Wat biste denn so zu Opa Heinrich, jib dem Opa doch 'nen Kuss!

Als ich elf war, ist das mit meiner Angststörung losgegangen. Das Schlimme daran ist, dass Ärzten nicht recht bewusst zu sein scheint, dass das auch bei Kindern auftreten kann. Als es so schlimm wurde, dass ich Angst hatte zu sterben, haben sie gerafft, dass es was Psychisches sein muss. Und meine Eltern? Waren typisch meine Eltern: Greta war immer schon sensibel ... Meine Schwestern hatten mit Bulimie und Magersucht genauso ihre Sachen, aber bei ihnen hat es sich nie so manifestiert, dass sie in 'ne Klinik mussten. Auf die Idee, dass diese Vulnerabilität von den Umständen bei uns herrührt, wollten unsere Eltern allerdings nicht kommen.

Meine Aktivitäten im Handballverein, wo ich richtig gut war – die Vereinsleiterin meinte sogar, ich solle Sport studieren –, waren immer ein Gegengewicht zu den Erniedrigungen zu Hause. Bis ich in die pubertäre Null-Bock-Phase kam. Ich begann zu trinken und mit Drogen zu experimentieren, was bei einer Angststörung eher kontraproduktiv ist. Das erste Mal in die Psychiatrie kam ich mit siebzehn. Mein erstes Mal war auch gleich mein letztes Mal, bei zwei weiteren Krisen entschied ich mich für eine psychosomatische Klinik. Dort ist es offener, mehr wie eine Kur mit Gesprächstherapie. Das Problem sind die dollen Wartezeiten, in 'ne Psychiatrie kommste immer, wenn's akut ist. Aber ich würde alles dafür tun, um nie mehr in eine Psychiatrie gehen zu müssen. Damals haben die mir Tabletten gegeben, die mich gelähmt haben, nicht mal den Mund bewegen konnte ich, mir lief richtig der Sabber raus. Bei den letzten zwei Aufenthalten in der Klinik habe ich voll auf Medikamente verzichtet. Mittlerweile bin ich überhaupt besser darin, die Angststörung aufzufangen, bevor es akut wird, und ich hoffe, hoffe, hoffe, hoffe, dass ich auch nie mehr in die Klinik muss.

Mit Ärzten habe ich schlechte Erfahrungen gemacht. Dass nämlich das Persönchen, das im Moment der akuten Angststörung vor ihnen sitzt, nicht die Person wäre, auf die sie treffen würden, wenn es gesund wäre, ist denen oft nicht klar. Während der Angstzustände bin ich keine erwachsene Person mehr, sondern schutzbedürftig wie ein Kind. In den Gesprächstherapien habe ich gelernt zu verstehen, warum ich so geworden bin und warum ich wann wie reagiere. Aber das Wichtigste war: Ich habe gelernt, mir zu verzeihen. Früher habe ich mich für meine Fehler fertiggemacht. Gegen die inneren Stimmen, die mir einreden wollen, wie scheiße ich sei, kämpfe ich heute noch an, aber heute habe ich ganz andere Möglichkeiten, das zu verarbeiten.

Die Therapeuten in der Klinik waren in Ordnung. Nur mit meinen ersten Therapeuten außerhalb der Klinik bin ich mächtig auf die Nase gefallen. Der eine hat völlig falsche Diagnosen gestellt. Hätte ich dem geglaubt, wäre ich in Teufels Küche gekommen. Der andere war mir suspekt und unheimlich: eine Praxis in einem Gebäude, wo er und ich ganz allein waren, ohne Angestellte, abends, so wie jetzt, und er ist ständig eingepennt, wirklich. Heute würde ich das natürlich ansprechen, aber damals hatte ich ja keine Therapieerfahrung, und zudem viel zu viel Respekt. Nach der vierten Sitzung brach ich diesen Therapieversuch ab. Ich hatte richtig Angst vor dem. Der hat so seltsame Was-wäre-wenn-Fragen gefragt. Was wäre, wenn Sie sich auf dem Potsdamer Platz hinlegen, Ihre Hose ausziehen und Ihre Beine breit machen würden? Anzüglichste Vorstellungen, zu denen ich mich verhalten sollte. Und was habe ich gemacht? Erstmal geredet, geredet, geredet – eigentlich so wie jetzt.

Dass psychische Krankheiten immer noch ein Tabu sind, ist anstrengend. Manchmal beobachte ich einen medialen Hype, aber das gilt dann bloß für diese eine berühmte Person, wie derzeit für Thomas Melle – ein sehr gutes Buch übrigens, da beschreibt er sein Leben mit Bipolarität. Aber wie viel kann *ich* jemandem anvertrauen? Zu viel Vertrauen kann mich meinen Job kosten. Die Leute interpretieren in psychische Krankheiten alles

Mögliche hinein. Ich rede nur mit wenigen Auserwählten darüber. Dem Rest muss ich was vorspielen, und das ist übel. Aber ich habe im Lauf meines Lebens gelernt, streng mit mir zu sein, weil es mich schützt. Auch bei meinen diversen Süchten, ich bin eben ein Suchtcharakter – nicht beim Sex, aber bei allem anderen: Zigaretten, Alkohol, Drogen, Glücksspiel, sogar beim Essen.

125 Kilogramm war mein Höchstgewicht, bei 168 Zentimetern. Essen als Problem begleitet mich seit der Pubertät. Ich denke den ganzen Tag an Essen, das läuft wie 'ne zweite Tonspur ständig mit. Bei meiner Zigarettensucht habe ich darauf geachtet, dass kein Tabak mehr im Haus ist, Punkt. Mit Essen geht das nicht. Ich muss essen, und zwar jeden Tag. Da ich mit meinem Gewicht stark schwanke, weiß ich gut, wie die Leute wann reagieren. In meinen schlanken und untergewichtigen Zeiten gehen die Leute höflich mit mir um. Je dicker ich bin, desto unverschämter und beleidigender werden sie, richtig körperrassistisch. Wie oft ich schon gehört habe, ich sei eine fette Sau! Oder dieses Augenverdrehen, wenn ich mich im Bus auf den freien Platz neben jemandem setze.

Die größte Demütigung für mich war der Flug nach Boston. Ich musste mich in die erste Reihe setzen, da sich dort ein Zusatzgurt an den Standardgurt anbringen ließ. Dieses ausklappbare Tischchen, auf dem man Menü und Getränke abstellt, konnte ich gar nicht erst runterklappen. Meine Oberschenkel gingen zu hoch rauf. Aber Amerika, zumindest Boston, habe ich vor allem für eines geliebt: Endlich habe ich in großer Zahl andere dicke Menschen gesehen. Wahrscheinlich gilt das nicht für L.A. oder Florida, wo alle workouten, aber sonst ganz bestimmt. Seit ewigen Zeiten trug ich wieder T-Shirt und Shorts im Sommer. Niemand hat sich dran gestört. Bis dahin bin ich in Wallegewändern herumgelaufen:

Nein, nein, mir is' nicht heiß, nein, wirklich nicht. Diesen Beschützerinstinkt, den ich bei Kindern und Tieren entwickelt habe, habe ich übrigens auch bei Dicken. Da legen sich bei mir sofort die Schalter um. Thorsten habe ich auch schon damit angesteckt. Sobald wir dicke Leute sehen, fliegen die Herzen.

Wir posten alles auf Snapchat, wissen Sie

Hillary, 16, und Barbara, 17, Schülerinnen

Ist das eine Kamera? Gott sei Dank! Aber ich werde trotzdem viel lachen. Manchmal muss ich sogar bei was sehr Ernstem lachen, oder wenn ich böse bin. Lachen ist bei mir normal. *Sexuelle Orientierung? Meinen Sie, auf wen wir stehen?* Schauen Sie, schon muss ich lachen. *Wir stehen auf Männer, auf Männer natürlich!* Gibt es Frauen, die auf Frauen stehen? *Haben Sie die auch im Buch?* Sagen Sie, könnten Sie mir Ihr Ladegerät borgen? Wo kann ich es anstecken? Kommt dann eh keine Katze? Vor Katzen habe ich nämlich Angst. *Wann können wir uns das Interview anhören? Ach so, Sie schreiben es auf!* Soll ich beginnen? Mein Papa wohnt nicht hier, meine Mama ist derzeit arbeitslos, sie hat beim McDonald's gearbeitet. Wir sind fünf Schwestern und zwei Brüder, ich bin in der Mitte. *Mein Vater ist auch arbeitslos. Wir sind drei Schwestern. Ich bin die Jüngste.* Dass ich ein Mädchen bin, finde ich schön. Ich kann meine Haare ändern. Ich kann abnehmen, wenn ich's versuch. Ich kann Kinder kriegen. Ich hab ein gutes Herz. Als Junge hätte ich auch ein gutes Herz, aber von Gefühlen verstehen Frauen eben mehr als Männer. Trotzdem würde ich gern wissen, wie das Leben als Junge ist. In meiner Familie ist es so: Als Mädchen musst du kochen und putzen können. Meine Brüder müssen das nicht, die dürfen. Das finde ich ungerecht, sogar sehr. Jungs, Mädels, Frauen, Männer, wir sind alle Menschen. Alle haben die Kraft dazu, wieso sollte also nur die Frau kochen, aber der Mann nicht? Wieso sollte das Mädchen putzen, aber der Junge nicht? Bei uns wird mein kleiner Bruder übrig bleiben, wenn wir anderen ausgezogen sind. Jetzt geht es ihm ja gut, aber die Mama wird alt werden, dann wird er schon sehen, dass Hausarbeit nicht so viel Spaß macht. Aber mein kleiner Bruder ist ein Lieber, er ist nicht frech. Es gibt nämlich Kinder, die frech und arrogant sind, aber mein Bruder ist lustig, und er ist gut im Herzen. Ich glaube, das ist, weil er mit so vielen Mädchen ist. Manchmal sagt er: Oh Gott, ich bin nur mit Mädchen! Unser großer Bruder wohnt nämlich nicht mehr da. Mein Zimmer teile ich mit zwei Schwestern, mit der vor und der nach mir. Mein kleiner Bruder, er ist neun, und meine kleinste Schwester, sie ist zwölf, schlafen mit der Mama in einem Bett. Wenn er zehn wird, ist er aber zu groß dafür. Wo er dann schläft, weiß ich nicht. Das war meine Antwort auf die erste Frage. Jetzt du! *Ich hab ein eigenes Zimmer, aber es ist sehr klein. Eigentlich wohne ich in zwei Wohnungen, ich wohne in meinem Zimmer und in der Wohnung von meiner Oma.* Barbara und ihre Oma wohnen getrennt und zusammen gleichzeitig, wissen Sie. *Ja, ich liebe das! Mein Zimmer ist auf dem Flur, das Bad und die Küche sind bei meiner Oma drüben.* Man macht Barbaras Zimmer mit einem eigenen Schlüssel auf! Und aufgewachsen bist du in Serbien. Komm, erzähl! *Ich war vierzehn Jahre in Serbien, dann bin ich wegen meiner Oma hierhergekommen. Sie ist zweiundsechzig. Meine Oma ist meine Mutter. Jetzt fahre ich nur noch im Sommer nach Serbien, dann wohne ich beim Papa und bei meinen Schwestern, achtzehn und neunzehn sind die und gehen zur Schule.*

Die Schule ist manchmal stressig. Unsere Jungs sind ein Wahnsinn! *Die sind so dumm! Und zwar alle!* Außerdem schauen wir älter aus als die Jungs. Sie sehen aus wie dreizehn, obwohl einer sogar schon achtzehn ist. Der will ständig meine Haare anfassen. *Oder er muss aufs Klo.* Oder er spielt während der Stunde mit irgendwas unterm Tisch. *Außerdem lügt er viel.* Und er lacht, wenn die Frau Lehrerin sagt: der Penis vom Mann. Aber was ist daran lustig? Und anziehen, was man will, dürfen wir uns auch nicht, sonst – Sie wissen sicher, was ich meine, die Jungs glotzen immer so. *Das ist ja normal, aber dann machen sie ständig blöde Kommentare: Schau, ihr Arsch! So was auf die Art.* Und wenn ich etwas vorlesen muss, schreit jemand: Lies lauter, Alter! Aber ich sage dann: Kannst du nicht normal reden? Jungs gehen nicht gut um mit Mädchen, sie haben keinen Respekt. Das müssen sie noch lernen. *Außerdem fragen sie immer nach Geld. Hast du Geld? Hast du Geld?* Ich hab ihnen gesagt, dass ich nicht die Bank bin. Ein paar Mal hab ich was hergeborgt, aber sie haben's mir nie zurückgegeben. Wenn man sich was ausborgt, gibt man es doch zurück, oder? Und noch was: Ein Junge hat herumerzählt, dass er mit Barbara zusammen sei, was aber gar nicht stimmt. Komm schon, erzähl das von Ali. *Der Ali, Mann, ich hasse ihn!* Dann hat Ali noch herumerzählt, dass er mich geküsst habe. *Er hat erzählt, du hättest ihn gefragt, ob er dich küsst.* Bitte, bitte, küss mich, Ali! Was nicht stimmt. Wir waren normale Freunde. Er hat sogar herumerzählt, dass Barbara mit ihm schlafen wollte. *Was absolut nicht stimmt.* Aber er hat es der ganzen Klasse erzählt. *Wir sind drin gesessen, wir haben es selber gehört.* Aber ich hab Barbara beschützt. *Ich hab Ali ignoriert.* Ich hab gesagt: Ali, das stimmt nicht! *Ich hab ihn einfach ignoriert.* Ich wehre mich. Deshalb hat Ali sich bei mir entschuldigt. Den anderen hat er gesagt, dass das mit dem Küssen nicht stimmt. Aber das über Barbara hat er nicht zurückgenommen. *Jetzt hab ich eben zwei Freunde, den Ali und meinen Dokan.* Sie hat nämlich auch einen wirklichen Freund. Das war natürlich peinlich. Ali hat Barbara voll vor ihm blamiert. Fast hätte Dokan Ali geglaubt, dass Barbara mit ihm schlafen wollte. *Heute nach der Schule ist Dokan zu mir gekommen.* Als Dokan auf uns zugekommen ist, dachte ich, er will mit Barbara über Ali reden. Er hat nämlich gesagt: Barbara, komm, ich muss mit dir reden! *Dann hat er aber nur gefragt: Hast du Geld? Ich hab ihm keins gegeben, ich hab ja selber keins.* Dokan ist nicht so einer wie die anderen, Dokan will ins Gymnasium – obwohl er schlechte Noten hat. *Er war halt nicht oft in der Schule!* Ich sage Ihnen, in unserer Klasse würden Sie nicht Lehrerin sein wollen. *Ich will gar nicht über diese Klasse reden, die sind alle so krank.* Die sind echt alle krank! Aber ich lass mir nix gefallen. Einmal hat mir jemand mit einem Heft auf den Arsch geschlagen, ich hab zurückgeschlagen. Wenn ich nur dasitze und jemand kommt und macht so was, muss ich doch so zurück! Manchmal machen die Jungs blöde Kommentare wegen meiner Figur. *Geiler Arsch!* Ja, so was. Das mag ich nicht. *Oder: Kann ich ein Foto von dir machen? Sicher nicht!* Die Lehrer? Nein, die sagen nichts. Die Frau Lehrerin sagt vielleicht kurz was mit Strafe und: Hört auf, Jungs, die Mädchen wollen das nicht! Aber dann sagen die Jungs eben: Tut mir leid. Tut mir leid? Das ist alles? Sie machen's ja trotzdem wieder! *Hillary hat übrigens auch einen Freund.* Nein, ich hab keinen Freund! *Doch, hast du, Markus!* Markus ist nicht mein Freund! *Na gut, aber für einen Tag wart ihr zusammen.* Es war so: Wir waren normale Freunde. Dann dachten wir kurz, dass wir Gefühle füreinander haben. Hatten wir aber doch nicht. *Ich und Dokan sind seit sechs Monaten zusammen. Mit vier Wochen Pause. Er fährt nämlich immer zu seinem Onkel, und das ist zwei ganze Stunden von hier. Am Wochenende ist er also nie da. Und nach der*

Schule muss er sofort nach Hause. Wir können nie gemeinsam in die Disco gehen. Er geht beim Onkel und ich hier. Ich geh in die Disco, seit ich vierzehn bin. Meine Oma sagt nichts, und mein Papa ist in Serbien. Aber der würde auch nichts sagen, in Serbien darf ich die ganze Nacht draußen bleiben. Ich finde das nicht gut. Dass mein Kind so lange draußen bleibt, würde ich nicht wollen.

Klar haben wir Aufklärung gehabt, letztes Jahr, in der Schule. Sie haben gesagt, dass man beim Sex Kondome benützen soll. *In dieser Stunde war ich nicht, da hab ich gerade Schule geschwänzt.* Die Jungs haben diese Stunde geliebt, weil sie über sexuelle Sachen war. Das war die beste Stunde für die Jungs. Außerdem hat meine Mama mich aufgeklärt. Ich darf keinen Sex haben, weil ich eine Minderjährige bin. Vor dem Heiraten soll ich sowieso keinen Sex haben, weil falls ich schwanger werde, würde der Junge sagen, dass er mich gar nicht kennt. Ich bin also Jungfrau. Aber auch aus religiöser Entscheidung. *Schau mich nicht so an!* Können Sie das bitte rausschneiden? *Ich bin eh auch Jungfrau, aber ohne Religion. Dass ich noch keinen Sex hab, ist meine eigene Entscheidung.* Bei mir ist es die von der Mama. Aber ich find's okay, es muss nicht sein. Einmal hatte ich was mit einem Jungen. Aber nur Kindersachen. Jetzt lach nicht! *Ich lach ja gar nicht!* Ich find's nicht schade, dass ich noch nicht darf, nein, wieso denn? *Na, weil das jeder irgendwann machen muss.* Aber irgendwann wird es sowieso passieren. *Meine Oma hat gesagt: Wenn du schwanger wirst, raus aus meiner Wohnung!* Meine Mutter hat das auch gesagt. *Bis achtzehn, hat sie gesagt. Noch ein Jahr, dann bin ich achtzehn.* Schwanger sein ist irgendwie süß: ein großer Bauch, ein Baby … *Aber doch noch nicht jetzt! Später!* Zehn Jahre später! Wenn wir reif genug sind, um schwanger zu sein! *Mit fünfundzwanzig oder dreißig!* Ich auch um das herum. Zuerst will ich heiraten, dann kriege ich Kinder. Aber ich hab Angst. Die Mama hat mir erzählt, wie weh es tut, wenn das Kind, also sein Kopf rauskommt. Und sie hat erzählt, dass ich einen fetten Schädel hatte. Im Fernsehen habe ich schon gesehen, wie es da unten aufgeht und dann der Kopf – oh mein Gott, das tut sicher weh! Meine Mama hat sieben Kinder! Da hab ich mir gedacht: Wie hältest du das bloß aus? Sieben Mal diesen Schmerz! Eine Freundin von meiner Mama ist sogar gestorben dabei. Daran muss ich immer denken, wenn ich ein Kind mit einem großen Kopf sehe. Ich hab drei Mal eine Geburt erlebt, meine Mama schreit immer so: Aaah, mein Baby kommt! Einmal wollte ich weinen, da dachte ich, sie wird sterben, weil sie so laut geschrien hat. Ich war vier. Ich war gerade mit meiner Mama im Friseursalon. Ihre beste Freundin hat nämlich einen Friseursalon, genau dort sind die Wehen losgegangen. Eigentlich war's ganz witzig, weil meine Mama gerade böse auf mich war – plötzlich beginnt sie voll laut zu schreien. Sehen Sie, ich muss schon wieder lachen. *Ich denke nie über eine Geburt nach, ich hab mir auch noch nie eine Schwangerschaft vorgestellt.* Aber wir kennen Jugendschwangerschaften. Eine Freundin von mir ist zum Beispiel schwanger. *Ja, eine Freundin von mir ist sechzehn und hat ein Kind, aber in Serbien.* Meine Freundin hatte schon mit zwölf einen Freund, aber ganz normale Sachen: küssen und so. Mit dreizehn hat sie ihre Jungfräulichkeit verloren, dann hat sie so weitergemacht. Sie hat halt nicht aufgepasst, jetzt ist sie schwanger, aber abtreiben will sie nicht. Ich finde Abtreiben ja auch nicht gut, aber wenn es sein muss, muss es sein. *Was heißt abtreiben? Ach so. Ja. Wenn es sein muss, muss es sein.* Was soll aus dir werden, wenn du mit vierzehn ein Kind hast? Du musst zur Schule gehen. Du bist selber noch ein Kind. Du kannst nicht auf dich aufpassen und auf ein Kind. *Aber die Eltern könnten aufpassen.* Aber ihre Mutter hat ja nicht gesagt, dass sie ein neues Kind braucht. Nein, so früh schwanger finde ich nicht gut. Manche Achtzehn-, Neunzehnjährige kann das nicht aushalten, wie will es eine Vierzehnjährige aushalten? *Was meinst du mit aushalten?* Ein Beispiel: Wenn die Mutter von meiner Freundin arbeiten geht, aber das Kind nicht mehr bei meiner Freundin sein will, wird es weinen. Meine Freundin muss dann die Windeln wechseln, Essen geben, einkaufen gehen, sie wird Termine haben und Untersuchungen. Wäre sie nicht so eine Faule, wäre sie ja nicht schwanger. Und deswegen glaube ich, sie wird das alles nicht schaffen. *Stell dir vor, wir zwei, ein Kind, mit vierzehn!* Kopfschuss! *Ja, niemals!* Und wenn du vergewaltigt worden wärst? Dann würdest du's abtreiben, oder? *Klar! Ich bin siebzehn!* Bei Vergewaltigung würde ich abtreiben, hundert Prozent. *Wie viele Fragen gibt es denn noch? Oje! Darf ich schnell aufs Klo gehen? Wo ist es?* Pass auf dich auf, vielleicht ist da eine Katze drin. *Ich hab keine Angst vor Katzen.* Dann halt eine Schlange. Wie ist Ihre nächste Frage, bitte? Oder sollen wir auf Barbara warten?

Yes! Ich wollte, dass mich eine Person auf Snapchat added und die Person hat's gemacht. Sie kennen Snapchat nicht? Warten Sie, ich erklär's Ihnen. *Was erklärst du ihr?* Wenn du nicht auf dem Klo gewesen wärst, wüsstest du's. Ich spiele Ihnen ein Video vor. Jetzt werden Sie gleich die Stimme von den Jungs hören: Was hab ich gemacht, Alter? Mann! Was hab ich gemacht, Alter? Mann! *Das sind Dokan und Markus.* Was hab ich gemacht, Alter? Mann! Markus und Dokan sind beste Freunde, und Markus ist mein bester Freund. Männliche Freunde finde ich ganz normal. Ich finde, man sollte einen besten Freund oder eine beste Freundin, oder nicht nur die besten, man sollte alle lieben, und man sollte sich gegenseitig helfen. Lieben und helfen, das ist das Wichtigste.

Derzeit suche ich eine Lehrstelle, ich möchte ins Reisebüro. Eigentlich möchte ich Air Hostess werden, Stewardess, oder Flugbegleiterin, aber damit ich dorthin komme, muss ich vorher ins Reisebüro. Bald melde ich mich beim Arbeitsamt, ich glaube, die können mir schneller helfen. *Wir haben einen Jugendcoach in der Schule, Montag und Freitag, die machen mit uns Berufscoaching.* Nach der Schule will ich jedenfalls einen Job. *Ich werde in die Abendschule gehen.* Ich will auch in die Abendschule gehen, aber davor mache ich drei Jahre Lehre. *Ich will auf jeden Fall in die Abendschule gehen, bis zehn in der Nacht. Am Tag will ich Friseur sein. Ich weiß nicht, warum, aber Friseur machen mehr Frauen als Männer. Ich finde, ein Mann soll das auch machen dürfen.* Die meisten Friseure sind schwul. *Ich weiß, Vlad zum Beispiel.* Dass Vlad schwul ist, sieht man, wenn er redet. *Das stimmt, man sieht es und hört es. Warum sich schwule Männer Friseur mehr trauen als andere, weiß ich auch nicht.* Vielleicht weil schwule Männer viele Mädchen als Freunde haben. Weil sie schwul sind, wollen sie lernen, wie Mädchen sind und was Männer mögen. Ich finde, Friseur sollte sowieso nur der Mann machen. *Wieso das?* Wenn du als Mädchen in einen Friseursalon gehst und ein Mann macht dir die Haare, dann macht er sie dir so, wie es ihm gefällt. Und wie es ihm gefällt, gefällt dann ja auch den anderen Männern. *Wenn ich einmal Friseur bin, kommst du nicht zu mir!* Nein, ich gehe zu Vlad. Aber es ist doch so. Jungs ziehen eine Hose an: fertig. Die Frau muss auf ihre Haare schauen, auf ihr Make-up, auf ihre Kleider, das nervt!

Manchmal wünschte ich mir, ich würde in Ghana wohnen. Mädchen, die dort zur Schule gehen, brauchen keine Frisur. Die müssen ihre Haare ganz kurz abschneiden, wie die Jungs. Jetzt zum Beispiel brauche ich bald neues Make-up. Ich wundere mich, wo ich das Geld dafür herkriegen soll. So kann ich doch nicht in der Schule auftauchen! Wie, Sie verwenden kein Make-up? Gar keins? Aber schauen Sie, wie viele Pickel ich habe. Na hoffen wir, dass sich das auswächst! Wir Frauen müssen sowieso schon so viel leiden. *Wir müssen uns schminken.* Wir müssen hohe Schuhe tragen – okay, die müssen wir nicht tragen, aber wir wollen. *Wir müssen shoppen gehen.* Wir müssen die Regel bekommen. *Wir müssen das Kind bekommen.* Die Frau und der Mann machen Liebe. Aber wer muss leiden? Nur die Frau. *Ich würde mir sofort wünschen, dass der Mann das Kind kriegt.* Sofort! Das wäre viel besser für mich. *Das wäre besser für uns alle.* Aber die Männer würden eine Geburt nicht aushalten, die haben nicht diese Kraft. Die Männer sagen zwar immer: Ich bin viel stärker als du. Richtig stark ist aber die Frau. Nicht wegen Sachen heben, Maschinen, Sport, Waffen, Krieg durchziehen und so, die Frau ist einfach stärker als der Mann. *Ich würde mir trotzdem wünschen, dass der Mann das Kind kriegt. Das würden alle Frauen wollen. Insgesamt find ich's aber schön, eine Frau zu sein, Frauensachen sind viel schöner als Männersachen.* Und Frauen sind intelligenter als Männer.

Gleichberechtigt? Frauen? Nein, das sind wir nicht, das zeigt sich zum Beispiel beim Bundesheer. Mädchen ladet man gar nicht ein, Soldat zu sein. *Soldatin.* Für mich ist das egal, weil ich brauch so was eh nicht, aber für die, die Soldatin sein wollen, ist das unfair. Außerdem kriegen Männer in der Arbeit mehr Geld als Frauen. Woher ich das weiß, weiß ich gar nicht, ich glaube, aus der Schule. *Ja, wir wissen das aus Deutsch.* Von unserer Deutschlehrerin, genau! Ich spüre nicht jeden Tag, dass Frauen nicht gleich behandelt werden, aber ich werde es spüren, wenn ich zu arbeiten beginne. Zum Beispiel: Ich hab einen Arbeitskollegen und wir arbeiten gleich, aber er verdient mehr als ich. Wieso sollte er mehr verdienen? Weil er ein Mann ist? Nein, so sollte das nicht sein! Ich werde meine Kinder gleich erziehen, Mädchen und Jungen vollkommen gleich, und es wird Regeln geben. *Bei mir wird es auch Regeln geben, in die Schule gehen und kein Schwänzen.* Ich hab ein Mal im Leben Schule geschwänzt, genau da hat mich meine Lehrerin erwischt. Was machst du denn hier, Hillary? Äh. Am nächsten Tag hat sie gesagt – sie war nämlich eine nette Lehrerin: Ich will nicht, dass so etwas noch mal vorkommt, sonst muss ich deine Mutter anrufen. Seitdem sage ich zu meiner Mama, selbst wenn ich richtig krank bin: Ich will aber in die Schule gehen! Und nicht zu spät heimkommen, das wäre auch eine Regel von mir. *Ich komme immer spät heim. Aber meine Oma sagt nicht: Komm um diese Uhrzeit, Barbara. Bei mir ist das egal.* Meinen Kindern würde ich nicht so viel erlauben. Manchmal sitze ich so und denke: Ich versteh meine Mama. Meine Mama ist nämlich schon streng. Deswegen wollte ich auch, dass Sie sie anrufen und ihr sagen, dass ich wirklich bei Ihnen bin. *Meine Oma ist nicht streng, und mein Papa wohnt in Serbien, aber streng ist er auch nicht. Ja, Sie dürfen schon fragen, aber viel weiß ich über meine Mutter auch nicht. Ich war drei Monate alt, da ist sie weggegangen.* Wenn deine Schwestern jetzt achtzehn und neunzehn sind, hat es deine Mutter zwei Jahre ausgehalten. *Ja, aber erinnern können sich meine Schwestern trotzdem nicht an unsere Mutter. Sie waren ja erst eins und zwei. Vermisst? Nein, vermisst hab ich sie nie.* Geht das überhaupt? Das geht doch gar nicht, oder? Wenn ich ein Mal jemanden auf der Straße sehe, kann ich die Person danach doch auch nicht vermissen. *Nein, das kannst du nicht.* Bei meiner Mama denke ich manchmal, vielleicht ist sie so streng, weil sie in ihrer Kindheit auch mal was gemacht hat, was sie nicht machen hätte dürfen. Deshalb will sie jetzt nicht, dass ich dasselbe mache. Ich weiß ja, was ich mache – und dass meine Kinder das machen, will ich nicht. *Was machst du?* Eh nix Schlimmes. Brav bin ich halt nicht. *Hillary geht immer mit Jungs.* Wohin soll ich bitte mit Jungs gehen? *Weiß nicht.* Ich hab halt viele Jungs als Freunde, aber normal. Manche sind blöd, die wollen mich anfassen, aber dann sag ich: Wenn du das machst, sind wir keine Freunde mehr! Nein, ich lass mir nix gefallen, aber mein Kind, mein Mädchen, haltet das vielleicht nicht so gut aus. *Gib mir mal dein Handy, ich will ein Foto machen.* Dürfen wir ein Foto machen vom Essen? *Nicht vom Essen, vom Interviewgerät.* Wir posten alles auf Snapchat, wissen Sie. *Vergiss nicht, meinen Namen dazuzuschreiben.* In unserer Klasse hatte noch nie jemand ein Interview, wissen Sie, wir sind die Ersten. *Hey, du hast Barbaro geschrieben, warum hast du Barbaro geschrieben? Wer ist Barbaro? Ich heiße Barbara!* Okay, okay! Wie ist Ihre nächste Frage bitte?

Das weiß ich, das weiß ich, das war schrecklich! Meine Mama ist auf Urlaub gefahren und wir Kinder haben bei einer Freundin von ihr übernachtet. Wie ich aufgewacht bin, war mein zwölfter Geburtstag – und ich hatte ins Bett gemacht, Blut. Das war so peinlich für mich! Aber die Freundin von meiner Mama hat gesagt: Du hast jetzt deine Regel, Hillary, sei stolz, das ist etwas Schönes! Was die Regel ist, wusste ich natürlich, aber ich wusste nicht, dass *das* die Regel ist, ich dachte: Hilfe, ich blute, ich muss zum Arzt! Die Freundin von meiner Mama hat gesagt: Geh erstmal duschen und gib das hier in deine Unterwäsche. Dann hat sie mir gezeigt, wie ich mit so einer dicken Binde zwischen den Beinen überhaupt gehen kann. Als meine Mama zurück war, hat sie sehr viel gelacht. Sie fand es aber gleichzeitig schade, sie hatte die Regel nämlich erst mit sechzehn. Dabei hatte meine große Schwester sie sogar mit zehn. *Ich war vierzehn. Ich bin gerade aus Serbien hierher gekommen und ein Monat später hatte ich die erste Regel. Meine Oma hat mir auch gleich eine Binde dagegen gegeben.* Am Anfang hab ich zwei Mal am Tag geduscht, weil ich das alles so eklig fand. Jetzt finde ich es ganz normal. Man gewöhnt sich daran, ich hab's ja schon vier Jahre. *Wir werden sie noch bis zweiundfünfzig haben.* Warum bis zweiundfünfzig? *Meine Oma hatte sie bis zweiundfünfzig.* Als ich sie bekommen habe, hab ich mich sofort älter gefühlt. *Ich mich auch, so wie zwanzig, oder?* Jedenfalls erwachsen. Ich dachte: So bin ich jetzt, eine Frau. *Das dachte ich auch!* Ich glaube, das ist normal, das denken alle.

Was heißt Privilegien? Sie meinen, wo es uns überall gut geht? So was wie Vorteile? Sagen Sie ein Beispiel. *Geld? Nein, also wirklich nicht!* Geld kommt nicht in Frage! Mein Vorteil ist, dass ich eine nette Person bin. Und mir ist die Meinung von anderen wichtig, ich lasse nämlich nicht nur meine gelten. Jedenfalls weiß ich von mir, dass ich freundlich bin. *Ich bin auch freundlich, und ich ignoriere einfach alles oder steh auf und geh raus.* Ignorieren ist manchmal sehr gut. Wenn jemand dich provoziert, du ihn ignorierst und er so weitermacht, steht er am Ende selber blöd da. Aber ich bin für Respekt vor älteren Menschen. Nicht nur vor älteren, vor allen anderen auch. Nur, dass meine Kinder Angst vor mir haben, das will ich nicht. *Wieso Angst?* So was gibt's. *Welche Nachteile wir haben?* Also wo es anderen Leuten besser geht als uns? Geld! *Ja, auf jeden Fall Geld!* Ich denke nicht ständig darüber nach, ich steh nicht in der Früh auf und sage: Guten Morgen, liebes Geld. Aber manchmal braucht man welches, das man nicht hat. *Mit Geld würde ich shoppen gehen. Ich würde ein Auto kaufen, Audi A7, ein Haus, ein großes Haus mit Schwimmbad, und Fitnessgeräte.* Ich würde sparen. Man weiß nie, was noch alles passiert im Leben. Es kann alles passieren, und für das brauche ich Geld. *Und einen Mann.* Ein Mann kommt von alleine, wenn er dich liebt. *Ich will mit Dokan zusammen sein.* Aber Dokan liebt dich nicht. *Markus liebt dich auch nicht!* Na und? Ich ihn ja auch nicht! *Ich liebe Dokan auch nicht.* Wieso bist du dann mit ihm zusammen? *Keine Ahnung.*

Außerdem ist der Körper ein Nachteil. *Ja, das ist er.* Der Körper könnte besser sein. *Ich finde, ich bin fett, ich muss sechs Kilo abnehmen.* Ich sage mir immer: Heute nur Obst und Gemüse! Aber spätestens am Nachmittag muss ich wieder was Normales essen. Abnehmen ist anstrengend! Ich hab es bisher nur ein Mal geschafft. *Zwei Tage, oder was?* Nein, ehrlich, wie ich in Ghana war. Zwei Monate hab ich es geschafft. Vierzehn Kilo hab ich abgenommen. Ich hab einfach nichts gegessen. Nur zwei Äpfel am Tag. Dass das ungesund ist, weiß ich. Ich hatte ja auch Schmerzen und war beim Arzt. Der hat gesagt, wenn ich nicht regelmäßig esse, kriege ich diesen – wie nennt man das, Jo-Jo-Effekt? Vor kurzem habe ich auf Facebook einem Fitnesstrainer geschrieben. Er hat mir einen langen Text geantwortet und gemeint, dass er mich noch anrufen wird, weil er mir sagen kann, wie es weitergeht. *Ich will jedenfalls noch sechs Kilo abnehmen.* Einmal hatte ich einen Traum, in dem ich ganz dünn war. Wie ich aufgewacht bin, hab ich mich im Spiegel angeschaut und dachte: Nein! Wieso bin ich bloß aufgewacht?!

Du willst ausschauen wie Beyoncé. Ja, ich liebe sie einfach! Aber wie Beyoncé ausschauen, das hat auch mit Geld zu tun. Sie ist trotzdem toll, und gar nicht arrogant.

Ich schaue öfter Interviews mit ihr an, deshalb weiß ich das. Beyoncé hilft kranken Menschen und vielen Schulen, sie hat eine gute Stimme, sie ist eine hübsche Frau und ihre Lieder passen immer zum Leben. Zum Beispiel: Ich bin in einen Jungen verliebt und weiß, das wird nie was. Dann hat Beyoncé für mich ein Lied: Du bist *strong*, vergiss ihn, lieb dich selber! Das hilft mir dann. Ach, ich mag sie einfach! Eine Sängerin will ich aber nicht sein. Ich will eine ganz normale Person sein. Berühmt sein ist okay, so großartig aber auch wieder nicht. *Manche mögen dich nicht, wenn du berühmt bist, die sind dann eifersüchtig. Und du kannst schneller umgebracht werden, auf der Bühne oder vor deinem Haus.* Was hat sie auf die Bühne geschrieben? »Feminist«? Was heißt das? Aha! Na, sag ich ja: Beyoncé ist einfach toll! *Ich würde gern Rihanna sein.* Du kannst nicht Rihanna sein, Rihanna ist Schwarz. *Na und? Aber sie ist geil.* Außerdem hat sie ganz andere Gedanken als du, sie kommt nämlich aus Jamaika, nein, Barbados, glaube ich. *Egal. Geld wäre jedenfalls schön.* Stimmt. Mit Geld kannst du leben, wie du willst, und wenn du leben kannst, wie du willst, ist das Glück. *Und wenn du mit der Familie zusammen bist.*

Wenn ich nach dem Sommer aus Serbien zurückkomme, vermisse ich meine Familie und meine serbischen Freunde sehr. In Beograd gehen wir immer ins Kaffeehaus oder in die Disco, oder wir gehen spazieren. Aber ich will bei meiner Oma sein, und meine Oma wohnt jetzt hier. Am glücklichsten bin ich, wenn ich mit meiner ganzen Familie sein kann. Wie mein Papa noch nicht weg war und wir einmal alle gemeinsam essen waren, war ich richtig glücklich. Ich vermisse ihn manchmal. Außerdem ist Glück, wenn du nicht irgendwo alleine wohnen musst, wenn du nichtbehindert bist, wenn du das hast, was jeder Mensch zum Leben braucht, und wenn du jemanden hast, der dich liebt. *Ja, wenn du einen Mann hast.* Aber der Mann sollte nie seine Frau schlagen. *Wie Matthias.* Ein Junge aus unserer Klasse hat Barbara geschlagen. *Nein, er wollte mich schlagen, aber dann ist Doki gekommen. Hillary wollte er auch eine Watsche geben.* Stattdessen hab ich ihm eine gegeben. Ich lass mir nämlich nix gefallen. Ich lass mir nie was gefallen.

Manchmal höre ich auf der Straße blöde Kommentare. Ich kann mich an so viele erinnern. *Das kann ich auch.* Das kann fast jeder. Wie geht noch mal dieses Pfeifen. *Dieses Nachpfeifen?* Genau, das! *Sie kennen das auch?* In der U-Bahn bin ich mal von einem Mann angetatscht worden. Ich hab gesagt: Hören Sie sofort auf! Alle haben hergeschaut, aber geholfen hat niemand. Ich bin Schwarz, wissen Sie, da ist es manchmal so. Als dieser Mann nicht aufgehört hat, wurde es mir zu viel, ich hab mich umgedreht und klatsch – das war so peinlich! Ja, ihm war es peinlich, und mir auch. Aber was soll ich machen, wenn niemand hilft? Ich hab doch keine Wahl! Zum Beispiel hab ich mal was Ähnliches gesehen bei einem *weißen* Mädchen. Da ist ein Mann aufgestanden, zu diesem anderen Mann hingegangen und hat gesagt: Hören Sie auf, das Mädchen will das nicht! Bei mir sind alle sitzen geblieben. Da kann ich mir ja denken, dass es wegen meiner Hautfarbe ist. Ich werde manchmal dafür beschimpft. Wie ich in diese U-Bahn eingestiegen bin, hat eine alte Frau sogar noch gesagt: Jaja, immer diese Schwarzen Leut! Ein anderes Mal hat mich eine Frau einsteigen sehen, ist aufgestanden und ausgestiegen. *Das stimmt, da war ich dabei.* Und nicht dass sie die Station vergessen hat, sie ist wegen mir ausgestiegen. *Das hat die Frau sogar mit einem Blick gezeigt.*

Wenn ich in Ghana bin, sagen die Leute immer: Das Mädchen aus Europa ist wieder da. Für mich ist Akan dasselbe wie Deutsch. Ich verwende beide Sprachen. Im einen Moment sage ich: Kann ich Wasser trinken? Im anderen: *Meti mi anum ensuo?* Das ist ganz normal. Auf Akan kann ich etwas sagen, was man ganz schwer auf Deutsch übersetzen kann. Es hat auch etwas mit Frauen zu tun: *abadaye.* Das ist ein Gefühl, das Frauen haben. Zum Beispiel: Wenn eine Frau schwanger am Straßenrand sitzt und bettelt, geht ein Mann einfach an ihr vorbei. Er kann nicht wissen, wie es dieser Frau, die sogar betteln muss, geht. Aber eine Frau gibt ihr zehn Dollar.

Wie einen Brotlaib scheißen

Ruth, 45, Scheidungsanwältin

Ich nehme es nicht persönlich, wenn jemand stirbt. Logisch bin ich traurig, aber ich akzeptiere, dass Menschen sterben. Wenn ich sage, die Trauerfeier eines Freundes war eines meiner schönsten Erlebnisse, klingt das sicher seltsam, aber so war es. Wir waren eine große Gruppe von Freunden, die ihn begleitet hat, bis er starb – und er starb, wie er wollte, was tröstlich für uns war. Vielleicht hat es seine Eltern glücklich gemacht, so viele Leute zu sehen beim Abschied ihres Sohnes. Bei der Beerdigung meines Vaters dachte ich ja auch: Toll, wie viele Leute für ihn gekommen sind! Und was die für Geschichten kannten! Dass mein Vater sehr aufmerksam war in Faschismusfragen wusste ich, aber dass er Neonazi-Juristen bei der Kammer angezeigt hat, hatte ich bis dahin nicht gewusst. Ich glaube, dass meine Familie keine Nazivergangenheit hat, ist schon ein Privileg.

Ich habe sehr viele Privilegien. Ich komm eben aus einem Bürgerhaushalt, ich hatte alle Möglichkeiten. Groß ein schlechtes Gewissen habe ich deswegen nicht, aber sehe das schon: liebende Eltern, Musikstunden, Konzerte, Theater, Lesungen, Gymnasium und Studium. In Deutschland wird, wenn du zehn bist, schon nach der vierten Klasse Grundschule also, entschieden, wie deine restliche Schullaufbahn aussieht. Während meiner Schulzeit gab es Kinder aus anderen Kreisen, die nach der Vierten in niedrigere Schulen geschickt wurden, damit sie in eine Ausbildung gehen und Geld verdienen, mit fünfzehn, selbst wenn sie super Noten hatten. Bei mir zu

Hause war klar: zuerst Gymnasium, dann studieren. Erst kurz vor dem Abitur habe ich mich gefragt, warum das eigentlich so selbstverständlich ist bei uns.

Mein Vater war Richter, meine Mutter ist Hausfrau. Ich sage das so, weil sie das auch immer so sagt, aber eigentlich ist sie sehr emanzipiert. Viel Energie in den Haushalt gesteckt hat sie nie. So wie einige andere Frauen ihrer Generation hat sie Grundschullehrerin gelernt. Entweder man heiratete, dann war man Frau Sowieso, oder man blieb Lehrerin und unverheiratet, dann blieb man ein Leben lang ein sogenanntes Fräulein. Während meiner Kindergarten- und Grundschulzeit, und auch bei meinen Kindern, gab es ausschließlich Lehrerinnen und Erzieherinnen. Ich weiß nicht, warum so wenig Männer in diesen Bereich gehen, ich glaube, es gibt mehrere Gründe. Zum Beispiel melden sich, sobald ein Mann als Bewerber ins Auge gefasst wird, die besorgten Eltern zu Wort. Im Kindergarten meines Sohnes hatten wir einmal einen männlichen Bewerber, leider für die Leitung. Als Erzieher hätten wir ihn gern gehabt – aber der erste Mann gleich als Chef? Als Chef aller Erzieherinnen, die selbst super kompetent waren? Zu schräg!

Mein älterer Bruder Klaus und ich wurden von meinen Eltern relativ gleich erzogen. Sobald wir bei unseren Verwandten im Allgäu zu Besuch waren, habe ich aber gemerkt, wie unterschiedlich man erzogen werden könnte: Meine Basen und ich mussten in der Küche helfen, während Klaus freigestellt wurde. Das habe ich absolut nicht eingesehen, dagegen habe ich mich gewehrt. Klaus und ich trugen auch die gleiche Kleidung: Hemd und Hose, Jeans und T-Shirt. Auf die Idee, mich deswegen nicht als Mädchen wahrzunehmen, wäre nie jemand gekommen. Wir waren Hippiekinder, wir waren wild. Ich konnte sogar früher Rad fahren als unser großer Bruder,

der lieber auf seinem Zimmer blieb. Typische Buben und Mädchen waren wir also nicht. Nur zu festlichen Anlässen wurden wir geschlechtertypischer gekleidet.

Mit zwölf Jahren hatte ich meine jetzige Oberweite, ich fand das lästig, genauso wie die Regel, die ich bereits mit neun bekam. Ich habe mich früh in Schlabberpullis versteckt. Zu der Zeit bin ich viel geritten und beim Reiten sind Brüste total im Weg, trotz Sport-BH. Notwendig fand ich Brüste nicht. Eigentlich braucht man nicht einmal zum Stillen welche: Eine Freundin hat null Brüste und selbst sie hat ihre Kinder gestillt. Seit etwa zehn Jahren hat sich meine Beziehung zu meinen Brüsten verändert, seit Mitte dreißig finde ich sie toll. Dieser Wandel hatte mit Sex zu tun. Sex mit Frauen, ja, Sex mit Männern aber auch. Nach der Geburt meines zweiten Kindes habe ich irgendwie angefangen, mich wohlzufühlen als Frau.

Mein Selbstbild sehr geprägt hat, dass meine Mutter mich immer zu dick fand. Richtig war: nicht dick sein. Will sie etwas Nettes sagen, kommt heute noch: Hast du abgenommen? Neulich hat sie gefragt: Meinst du nicht, du solltest mal abnehmen? Frieda, meine Tochter, hat geantwortet: Nee, lass ma, Oma, die Mama hat zwei Kinder gekriegt, die kann sein, wie sie will. Bei meinen Kindern – vor allem bei meiner Tochter – habe ich darauf geachtet, dass sie Essen nicht als etwas Unangenehmes, Schwieriges, Verbotenes ansehen. Ich möchte, dass sie gerne essen. Frieda ist ein wenig dicker als andere in ihrem Alter und findet sich gut, fertig! Weil's in den Läden kaum Kleider in Größe 42 gibt, bestellen wir für den Abschlussball demnächst im Internet. Die probiert sie in Ruhe auf ihrem Zimmer durch und keiner kommt in die Kabine gelaufen und demütigt sie, weil ihr was zu klein ist.

Wenn ich Klamotten kaufen bin, stört mich mein Gewicht – ich finde, das liegt aber nicht an meiner Figur. Wenn du mich fragst: Die Klamotten werden kleiner. Heute habe ich in einer Boutique ein Kleid anprobiert, bei dem ich mir sicher war, dass es passt. Ich habe die Verkäuferin gefragt, ob sie mir hinten bitte den Reißverschluss schließen würde – es war so ein Kleid mit Reißverschluss und Haken am Rücken –, aber sie wollte das partout nicht machen. Das Kleid ist Ihnen zu klein, hat sie gesagt. Aber das Kleid war mir nicht zu klein! Der Blick der Frau hat gesagt: Ich will nicht, dass du meine schönen Kleider anziehst. Wenn ich passende Klamotten habe, finde ich mich schön. Derzeit habe ich ein Kleid mit einem extrem tollen Schnitt – das nähe ich mir nun selbst nach, in Schwarz, für elegantere Gelegenheiten.

Kinder wollte ich immer schon, ja. Deshalb bin ich ja auch so früh da reingerutscht – dreiundzwanzig war ich beim ersten. Meinen Exmann Robert mochte ich sehr gern. Ich mag ihn nach wie vor. Dass wir geheiratet haben, lag aber weniger daran, dass wir uns so wahnsinnig liebten, als daran, dass wir uns Kinder miteinander vorstellen konnten. Während der Schwangerschaft fand ich mich ausgesprochen nicht zu dick. Mein Bauch war so eine schöne feste Kugel! Allerdings waren die Geburten schrecklich, jedes Mal ging etwas schief.

Bei Leo war die Nabelschnur zweimal um den Hals gewickelt, er wurde mit einer Saugglocke geholt, obwohl sein Kopf noch viel zu hoch dafür lag. Seine Schultern waren außerdem zu breit. Eigentlich hätte er mit einem Kaiserschnitt geholt werden müssen. Als er endlich aus mir draußen war, war er dunkellila und machte keinen Mucks. Ich war bloß froh, diese Geburt hinter mir zu haben, aber für Robert war das traumatisierend – nach fünf Minuten war Leo dann eh topfit. Bei Frieda waren ebenfalls die Schultern zu breit – wovor ich ohnehin schon Angst gehabt hatte. Als ich die Vermutung äußerte, dass es daran liegen könnte, sagte die Hebamme: Nein, nein, keine Angst, dieses Kind ist ganz klein. Als Friedas Kopf draußen war, wurde die Hebamme ganz hektisch und sagte: Alles in Ordnung … ich hole nur mal schnell die Oberärztin. So, dachte ich, Super-GAU! Denn wenn das Kind steckenbleibt, müssen sie beide zerschneiden. Aber auch diese Geburt ging am Ende gut aus. Es gab aber noch einen Grund, warum ich bei Frieda viel mehr Angst hatte als bei Leo: Ich befand mich bereits auf Rückzug aus der Ehe – und dieses Kind wollte ich nur für mich. Ich habe mich egoistisch und ein bisschen schuldig gefühlt. Aber zudem war mir klar: Wenn ich jetzt kein Kind bekomme, kriege ich das nicht mehr aus dem Kopf bis zu den Wechseljahren – also lieber jetzt.

Wenn jemand wissen will, wie das ist, ein Kind zu bekommen, sage ich immer: Wie einen Brotlaib scheißen – es ist eigentlich gar nicht möglich. Das Wesen in meinem Bauch und das Kind in meinem Arm passten für mich von den Proportionen her absolut nicht zusammen. Ich dachte: Wie soll *dieses* Kind aus mir herausgekommen sein? Außerdem braucht der Körper immer einige Wochen, um sich von der Geburt zu erholen. Man kann nicht husten, nicht niesen, nicht lachen, weil das Zwerchfell, das sich während der Schwangerschaft spannt, plötzlich durchhängt und im Bauch alles ganz leer wird. Dafür kann man die Monate davor besonders gut singen, weil das Zwerchfell so straff ist. Nach Leos Geburt sagte der Arzt zu mir: Legen Sie mal Ihre Hand auf Ihren Bauch und drücken Sie da rein – fühlen Sie die Gebärmutter? Dass er mich darauf hinwies, fand ich toll. Nach einer Geburt müssen nämlich erst wieder die Organe an ihren Platz zurückrücken. Das weiß man aber auch erst, wenn man das erste Mal aufsteht und alles in sich runtersacken fühlt. Überhaupt weiß man im Vorhinein sehr wenig.

Dass Spätabtreibungen von behinderten Kindern so leicht gemacht werden, dass Frauen direkt dazu gedrängt werden, finde ich richtig, richtig schlimm. Das sind Kinder, die voll entwickelt und lebensfähig sind. Bei Frieda war ich quasi spätgebärend und mein Frauenarzt sagte zu mir: Ich *muss* Ihnen pränatale Diagnostik anbieten, das ist meine Pflicht, aber wenn Sie nicht die Konsequenzen ziehen wollen, brauchen Sie es nicht zu machen. Er kannte mich ja bereits, und mir war klar, ich würde jedes Kind nehmen. Selbst wenn ich ungewollt schwanger geworden wäre. Ein bisschen anti Abtreibung bin ich schon eingestellt. Ich habe Frauen bereits sagen hören: Bevor ich die Pille nehm, treib ich lieber einmal im Jahr ab. Schrecklich! Für mich ist das sehr wohl ein Leben. Selbstverständlich muss es die Möglichkeit des legalen Abbruchs geben, und ich weiß auch, dass es Frauen gibt, die in einer ausweglosen Lage stecken, aber es sollte die Ausnahme bleiben. Ich würde Abtreibung jedenfalls nicht ganz freigeben wollen.

Darüber, dass unser erstes Kind ein Junge war, war Robert recht froh, glaube ich. Mädchen haben ihm anfangs ein bisschen Angst gemacht. Aber an Leo hatte er schon auch andere Erwartungen als an Frieda. Leo ist wirklich intelligent, aber seinen Schulkram bekam er nie ganz auf die Reihe. Robert, der aus einem Arbeiterhaushalt kommt, durfte erst nicht aufs Gymnasium. Seine Eltern fanden das unnötig, obwohl seine Grundschullehrerin dafür war. Dann haben die Lehrer auf der Hauptschule eingegriffen: Der Robert *muss* aufs Gymnasium und studieren! Aus dieser Geschichte heraus hat Robert kein Verständnis für die Verschwendung der eigenen Fähigkeiten und Möglichkeiten. Leo hatte jedoch Schwierigkeiten in der Schule. Er hat sich herumgetrieben, getrunken und gekifft, schon mit dreizehn. Heute kriegt er seine Sachen gut geregelt, ist selbstständig, wir haben ein gutes Verhältnis zueinander. Damals hat Robert sich aber immer gefragt: Was haben wir bloß falsch gemacht? Dann hat die Kinderpsychologin etwas zu uns gesagt, das uns geholfen hat: Wenn der Dachstuhl brennt, können Sie nicht damit anfangen, den Keller aufzuräumen. Das entsprach ganz meinem Charakter: Hilft nichts, weitermachen, Hauptsache, das Kind überlebt!

Einmal habe ich mit Leo mehrere Monate Auszeit genommen, bei meiner damaligen Freundin Adriana in Rom. Frieda blieb zu Hause bei Robert. Was ich mir da anhören musste im Freundeskreis! Du lässt deine Tochter im Stich? So egoistisch kannst du sein? Dabei habe ich mein Kind gar nicht im Stich gelassen, das war doch beim Vater! Wäre es umgekehrt gewesen, hätte Robert mit Leo eine Auszeit genommen, hätten alle gesagt: Schau mal, wie toll *der* sich um sein Kind kümmert!

Wer die wahren Freunde sind, merkt man, wenn es schwierig wird. Die meisten meiner Freunde haben nichts mit den Kindern zu tun, die hatte ich schon davor. An Babyschwimmfreundinnen war ich sowieso nie interessiert. Nur eine einzige Freundin habe ich übers Kind kennengelernt. Sie hatte damals auf der Uni ihr Baby dabei, was es bei den Juristen sonst nicht gab. Deshalb habe ich sie angesprochen. Wir haben miteinander fürs Examen gelernt und uns mit dem Bringen und Holen unserer Kinder abgewechselt.

Manchmal sage ich zu meinen Kindern, ich sei eine Rabenmutter – dann lachen sie. Das war schon bei meinen Eltern ein Running Gag: Wir waren Rabenmutter, Rabenvater, Rabenkinder – alle vollkommen gleichberechtigt. Auf dem Gymnasium meiner Kinder waren die meisten Mütter Hausfrauen. Sie wuschen, kochten, packten Turnbeutel. Bestimmt hätten meine Kinder das auch bequem gefunden, aber sie sahen so etwas durchaus kritisch. Sie sind heute viel selbstständiger als andere, und ich vertraue ihnen voll. Nur wenn sie was machen müssen, was ihnen nicht gefällt, maulen sie – ihre Wäsche waschen zum Beispiel. Ich war immer der Meinung, dass sie sich, sobald sie groß genug sind, um ihre eigenen Sachen selbst kümmern sollen. Würden *sie* es nicht machen, müsste es ja trotzdem jemand machen. Und wer macht es meist? Die Mutter. Nein, meine Kinder sollen nicht lernen, dass das Frauensache sei.

Ich habe meinen Sohn und meine Tochter nicht gleich erzogen, nein, das habe ich sicher nicht. Man hat ja mit jedem Kind andere Ziele. Zum Beispiel möchte man nicht, dass der eigene Sohn Mädchen belästigt. Ich wusste bereits beim Stillen, dass ich Leo nicht beibringen will, dass Frauen jederzeit körperlich verfügbar seien. Leo habe ich abgestillt, als er mir das Hemd hochzuschieben begann und es von sich aus einforderte, das war mit zehn Monaten. Manche Mütter stillen ihre Kinder noch in der Grundschule. Ich finde, das ist ein Missbrauch dem Kind gegenüber. Grundsätzlich empfand ich Stillen als überraschend positiv – trotzdem verstehe ich Frauen, für die das eine körperliche Zumutung ist, denen das körperlich schwerfällt. Ich würde es keiner Frau abverlangen, die's nicht freiwillig macht.

Was meine Tochter betrifft, war ich nie so eine Mutter, die sie nicht rauslässt, und das hat sich auch mit der Kölner Silvesternacht 2015 nicht geändert. Sexuelle Belästigung ist kein Problem, das es vor Köln nicht gegeben hätte. Das war eine Art organisierte Kriminalität, denke ich. Dass es eine neue Kultur wäre, so mit Frauen umzugehen, das sehe ich nicht. Als Frieda anfing abends wegzugehen, war mir recht egal, wann sie wieder zu Hause war. Ich habe gesagt: Hauptsache, du fährst nicht allein zurück. Die Kinder dieser Generation machen bereits ab dem Kindergarten Selbstbehauptungstrainings, und zwar Mädchen und Jungen. Sie lernen zu schreien und jemandem in die Eier zu treten. Jedenfalls war's bei meinen Kindern so.

Manchmal frage ich mich, ob ein früheres Coming-out besser gewesen wäre – dann kucke ich mir diese zwei Kinder an und denke: Nee, absolut nicht! Ich glaube, auch Robert ist froh und dankbar darüber, dass es war, wie es war. Dass man unkompliziert schwanger werden kann, ist ein großes Privileg heterosexueller Beziehungen. Man verhütet nicht mehr, fertig. Dass man in einer homosexuellen Beziehung nicht schwanger werden kann, ist gleichzeitig die schlechte und die gute Nachricht. Die Möglichkeit schwanger zu werden geistert einer Frau beim Sex mit Männern ständig im Kopf herum, jedenfalls war das bei mir so. Diese Verantwortung geht man einfach ein. Ob ich versucht hätte anderweitig schwanger zu werden, hätte ich von Anfang an lesbisch gelebt, weiß ich nicht. Ich war früher schon etwas konservativ und dachte: Wenn es nicht auf normalem Weg geht, muss man sich halt damit abfinden. Aber um ehrlich zu sein: Ich glaube, ich hätte viel versucht. Ich wollte die Kinder doch sehr. Aber mit Samenbank hätte ich mich schwergetan. Das fände ich sowohl dem anonymen Vater gegenüber komisch als auch meinem Kind. Vielleicht hätte ich klein beigegeben und gesagt: Die Natur hat das für mich nicht vorgesehen. Oder ich hätte eine Lösung im Bekanntenkreis gesucht, wer weiß.

Erinnerst du dich an diese Aussage von Sibylle Lewitscharoff vor ein paar Jahren? Als sie Menschen, die aus künstlicher Befruchtung hervorgehen, als »Halbwesen«

bezeichnete? Ich verurteile künstliche Befruchtung überhaupt nicht, aber man muss sich Gedanken darüber machen. Als ich mit Frieda schwanger war, erzählte mir die Hebamme, dass eine ihrer Kundinnen nach Holland gefahren sei. Dort gibt es angeblich ein Geburtshaus, in dem die frischgebackenen Väter um eine Samenspende gebeten werden, weil sie in diesem Moment vor Testosteron nur so strotzen. Lesbische Paare oder alleinstehende Frauen können sich dann damit befruchten lassen. Ein cooles Modell eigentlich – aber wie erklärt man das dem eigenen Kind? Wir sind zur Samenbank gefahren und haben dich abgeholt? Es ist kein unlösbares Problem, klar, aber es ist anspruchsvoll.

Zwei Freundinnen von Adriana haben gemeinsam mit einem schwulen Paar ein Kind bekommen. Das Baby wechselte, als es noch relativ klein war, jede Woche die Familie. Einmal war es bei den Müttern, dann wieder bei den Vätern. Auch schwierig. Kinder kommen mit allem klar, womit die Eltern klarkommen, mit jeglichem Orts- und Zeitkonzept: Kinder wechseln die Wohnung, Eltern wechseln die Wohnung und so weiter. Aber bereits als so kleines Baby? Die leibliche Mutter kam damit sehr schwer zurecht, und dann ist es sicher auch schwer fürs Kind. Vielleicht bin ich heute noch ein bisschen konservativ, kann sein, aber in so einem Fall fände ich einen gemeinsamen Haushalt – Väter, Mütter, Kinder unter einem Dach – schon besser. Robert und ich haben das nach meinem Coming-out so gemacht. Mit welchem Recht hätte ich ihn außerdem bitten sollen auszuziehen? Zudem hat er viel gearbeitet, weswegen er unsere Kinder ohnehin selten sah. Ein wenig habe ich mich auch verantwortlich gefühlt. Nicht schuldig, verantwortlich. Schuldgefühle hat Robert mir nie gemacht, im Gegenteil: Er hat sich sogar sehr gut mit Adriana verstanden.

Vielleicht bin ich bi, weiß nicht, eigentlich aber nein. Ich finde Frauen tatsächlich toller und schöner und anziehender. Nach meinem Coming-out hatte ich noch einmal ein Verhältnis mit einem Mann – es war aber klar, dass ich ihm nicht das geben konnte, was er haben wollte: als Mann begehrt werden. Als er mich fragte, wie lesbisch ich auf einer Skala von 1 bis 10 sei, war meine Antwort: 9,5. Ohne überlegen. Ich fand Frauen immer schon anziehender. Dass es Frauen gibt, die Männer geiler finden, war überraschend für mich. Ich dachte lange, Frauen seien rein objektiv gesehen anziehender. Ich hatte ja lange gar keine lesbischen Rollenvorbilder. Meine Kinder haben's da leichter als ich. Ich wusste bloß, dass ich sicher nicht sterbe, bevor ich nicht mit einer Frau zusammen war. Damit, auf eine Frau zuzugehen, wenn ich nicht sicher weiß, dass sie lesbisch ist, tu ich mich heute noch schwer.

In meiner Jugend, aber auch später, hatte ich nie das Gefühl, mit irgendwelchen Einschränkungen leben zu müssen, weil ich eine Frau bin. Natürlich habe ich ein paar Sachen gespürt, aber trotzdem habe ich mich gleichberechtigt gefühlt, ich glaube aus einem bequemen Grund heraus: Ich befinde mich in einer Position, in der ich mich wehren kann. Ich kann mich daran erinnern, wie die *taz* gendergerechte Sprache eingeführt hat. Zuerst fand ich das hässlich und kompliziert, und unnötig auch. Heute sehe ich das anders. Mit der Zeit ist mir immer mehr aufgefallen, welche Macht Sprache hat, was das macht, wenn Frauen bloß »mitgemeint« sind. In der Mediation spreche ich das Ehepaar, das vor mir sitzt, immer mit Namen an. Statt »Sie beide« sage ich »Frau Kegele« und »Herr Kegele« – die finden das absolut nicht albern, im Gegenteil. Die schauen mich dann ganz aufmerksam an. Erreicht oder beseitigt ist für Frauen noch immer nicht alles, das sehe ich, aber ich sehe auch Nachteile, die Männer haben.

Ich beneide zum Beispiel keinen Mann um seine Rolle als Alleinverdiener – ich beneide auch keine Frau darum, falls sie diese Rolle hat. Bei Robert und mir war er der Hauptverdiener und ich war mehr bei den Kindern. Ich habe eine typische Frauenerwerbsbiografie: bei den Kindern geblieben, nebenbei gearbeitet. Früher war die Regelung bei Scheidung so, dass jenes Elternteil, das zu Hause bei den Kindern war, bis zur Rente Unterhalt bekam – wegen des Ausgleichs ehebedingter Nachteile. Und das finde ich auch nur zum Teil richtig. Dass das Leitbild »Frau bleibt zu Hause, Mann geht arbeiten« allmählich verschwindet, finde ich aber gut. Wobei es mir auch recht egal ist, wenn das heute noch jemand so machen will. Ich bewerte das nicht. Überhaupt ist das Schlimmste, wie Frauen sich gegenseitig bewerten. Gehst du als Mutter arbeiten, ist es falsch. Gehst du als Mutter nicht arbeiten, ist es genauso falsch. Bist du kinderlos, heißt es: Wieso hast du keine Kinder? Du weißt doch gar nicht, wie das Leben funktioniert, wenn du keine Kinder hast! Wie Frauen mit Kindern Frauen ohne Kinder und wie Mütter andere Mütter bewerten, finde ich eines der Hauptprobleme von Emanzipation. Meine Vermutung ist: Frauen bewerten mehr als Männer, weil sie sich ständig vor sich selbst rechtfertigen müssen.

In Deutschland gibt es die Regelung von zwölf Monaten Elterngeld. Gehen beide Elternteile mindestens zwei Monate in Elternzeit, bekommen sie zwei Monate drauf. Deshalb bleiben endlich auch mehr Väter zu Hause, mindestens diese zwei Monate. Auch das Mobbing für Väter in Elternzeit wird, denke ich, weniger. Die Väter in meinem Bekanntenkreis hatten immer riesige Pläne für diese Zeit: Dann verlege ich mal so richtig schön Fußboden, dann schreibe ich ein Buch … So etwas. Plötzlich sind die zwei Monate um und sie wundern sich, dass sie nichts geschafft haben. Sonst sind die halt auf der Arbeit, spüren wegen der neuen wirtschaftlichen Belastung zusätzlichen Druck, kommen abends heim, kriegen von der Frau das Kind in die Hände gedrückt und denken sich: Was hat die eigentlich den ganzen Tag gemacht? Dabei weiß man selbst nicht, was man den ganzen Tag macht, wenn man mit einem Baby zu Hause ist. Man ist schon froh, es gegen Mittag unter die Dusche zu schaffen. Väter, die in Karenz waren, fühlen sich verantwortlicher. Ist ja auch schwierig: Am Anfang ist das Kind nun mal mehr bei der Mutter, meistens jedenfalls. Außerdem ist es nicht gerade so, dass Mütter ihre Rolle nicht auch verteidigen würden …

Eine Frau, die von Altersarmut betroffen sein wird, bin ich nicht, nein. Ich habe einerseits einen Rentenanspruch aus meiner selbstständigen Tätigkeit als Anwältin – allerdings nicht besonders hoch bisher. Ich habe eine Eigentumswohnung, in die ich in der Rente ziehen werde. Robert hat sehr gut verdient und bei der Scheidung haben wir geteilt. Ich wohne in einem eigenen Haus, das kann ich im Alter verkaufen. Hätte ich all das nicht, wäre Altersarmut aber durchaus Thema, ja. Mit der Erziehungszeit kommt man bei zwei Kindern nicht einmal auf die Mindestzeit, um gesetzliche Rente zu bekommen. Meine Mutter hat einen Rentenanspruch von siebzehn Euro, also so gut wie nichts. Das deutsche Scheidungsrecht ist genau dafür gemacht, so etwas auszugleichen. Jedenfalls ist es für die meisten Konstellationen einigermaßen gerecht geregelt. Wer in der Ehe die höheren Rentenansprüche angesammelt hat, muss dem Partner bei der Scheidung die entsprechenden Rentenpunkte abgeben, die werden direkt auf das Rentenkonto des anderen übertragen. Die Ehe ist eben eine wirtschaftliche Institution – ich sehe das völlig unromantisch.

Wegen des Sorgerechts für die Kinder muss man heute nicht mehr heiraten, zum Glück. Früher war bei unverheirateten Müttern erstmal automatisch das Jugendamt Vormund des Kindes, das musste man zuerst aufheben lassen. Der Vater ging hin, hat die Vaterschaft anerkannt und die Mutter bekam das Sorgerecht zugesprochen. Ein gemeinsames Sorgerecht für Unverheiratete gab es nicht. So etwas hat ja zwei Seiten. Wie oft hat die Schule bloß mir eine Nachricht geschickt, wenn was mit den Kindern war … Absurderweise kommen diese Nachrichten oft von Lehrerinnen, die selbst berufstätige Mütter sind. Ich habe immer gleich reagiert: Nehmen Sie bitte auch meinen Mann – später: meinen Exmann – in Ihren Verteiler auf!

Selbstständige Anwältin wäre ich ohne Kinder nie geworden, die Selbstständigkeit liegt mir nicht, ich bin nicht gut in Eigenwerbung. Aber während die Kinder klein waren, hätte ich als Angestellte nicht genug Zuverlässigkeit bieten können. Jura wollte ich aber immer machen. Nein, nicht *wegen* meinem Richter-Vater, *trotz* ihm. Ich habe einfach riesigen Spaß an dieser sprachlichen Ebene, daran, so eindeutig wie möglich zu formulieren. Diese alten Gesetze, die heute noch gelten, finde ich wahnsinnig kunstvoll. Meine Arbeit krankt aber oft daran, dass manche Anwälte meinen, sie könnten etwas Aussichtsloses zugunsten ihres Mandanten hinbiegen, wenn sie es nur auf diese oder jene Art formulieren würden. Das ist Quatsch! Wenn etwas aussichtslos ist, sagt ein guter Anwalt: Lassen Sie's lieber bleiben! Ein schlechter Anwalt sagt: Das kriegen wir irgendwie hin! Ich glaube, ich bin eine ganz gute Anwältin. Mir macht es nicht so viel aus, Leute zu enttäuschen.

Was ich nicht so gut kann, ist, meine Kanzlei wirtschaftlich sinnvoll führen. Ich berate zu lange, mache viel Schriftverkehr mit dem gegnerischen Anwalt, telefoniere mit dem Jugendamt und anderen Stellen. Die meisten Leute haben aber kein Geld für Rechtsberatung und kriegen vom Gericht einen Beratungshilfeschein. Dann kann ich um die siebzig Euro abrechnen, ganz egal, wie hoch der tatsächliche Arbeitsaufwand war. Würde ich was verdienen wollen, müsste ich jeden Fall vor Gericht bringen. Manche Anwälte tun das, aber ich bin der Meinung, man sollte es lassen, wenn es den Leuten nicht hilft. Viele Anwälte merken nicht, dass so etwas den Scheidungsprozess bloß verschlimmert. Dann gehen die Eltern aus dem Gerichtssaal raus, sind völlig am Boden und müssen so ihre Kinder gemeinsam erziehen. Um wenigstens die Kanzleimiete zu halbieren, teile ich sie ab nächstem Jahr mit meiner Kinderfreundin aus dem Studium. Ich bin gespannt ... Wir sind nämlich recht unterschiedliche Charaktere. Sie ist der Good Cop, der immerzu glaubt, die Mandantinnen retten zu müssen. Ich bin der Bad Cop und sage: Irgendwann hat die den geliebt und hat ihn geheiratet, jetzt muss sie da rauskommen, das kannst *du* ihr nicht abnehmen.

Zu mir kommen nicht ausschließlich Frauen, nein, absolut nicht. Ich habe schon viele Männer vertreten, auch muslimische Männer. Warum ich das so hervorkehre? Weil ich es ziemlich interessant finde, dass sie zu einer Anwältin gehen – die außerdem mit Beratung für homosexuelle Paare und Familien wirbt. In jedem dieser Fälle war dem Mann seine Frau zu konservativ. Und: Das waren recht moderne Männer. Sie wollten wissen, wie eigentlich die Rechtslage sei und es im Prinzip dann auch so machen. Trotzdem kam immer der Punkt, an dem sie gefragt haben: Und was, wenn ich meine Frau einfach verstoße? Scheidung durch Verstoßung, das hast du noch nie gehört? Man sagt drei Mal: Ich verstoße dich! Schon ist man geschieden. Dazu ist aber nur der Mann berechtigt, die Frau nicht. Je nachdem, wo die Ehe geschlossen wurde, sagen wir mal Marokko, wird auch vom deutschen Gericht marokkanisches Recht angewendet – soweit es nicht unseren Grundsätzen widerspricht. Zum Beispiel geht im deutschen Recht das Kindeswohl vor. Das Gericht würde keine Sorgerechtsentscheidung nach islamischem Recht treffen, wenn es nicht auch die beste Lösung für das Kind wäre.

Familienrecht ist ein ziemliches Frauending, vor allem wenn es zusammen mit Mediation angeboten wird. Mit Mediation wird man auch nicht reich, aber ich finde spannend, was die Leute alles erzählen – und sie können mir echt alles erzählen. Vor kurzem hatte ich ein Paar, wo er sie immer Fotze geschimpft hat. Das war aber wohl der übliche Umgang zwischen den beiden, sie wirkte durchaus nicht schwächer als er. In so einem Fall greife ich auch nicht ein. Mit nach Hause nehme ich nichts von diesen Sitzungen. Ich bin ziemlich gut darin, Distanz zu halten. Ein ausgesprochen schönes Erlebnis hatte ich mit einem Paar, das während seiner Trennung bei mir gewesen war. Die Frau völlig fertig, der Mann zerfressen von Schuldgefühlen. Ein paar Jahre später kamen die beiden noch mal, um zusätzliche Sachen zu regeln – und sie waren richtig freundschaftlich miteinander. Ich hatte auch schon viele alte Frauen, die sich von ihrem Mann scheiden lassen wollten. Eine kam zum ersten Mal vor fünf Jahren, um sich beraten zu lassen. Sie ist von Jahr zu Jahr selbstbewusster und irgendwie auch jünger geworden. Dieses Jahr hat sie es durchgezogen, mit Mitte siebzig.

Bei Scheidungen geht es hauptsächlich um Emotion. Klar, manche haben auch extreme Existenzangst oder

Angst, die Kinder nicht mehr zu sehen. Vor allem ist eine Trennung aber ein emotionales Trauma. Es gibt Frauen, die partout kein Geld von ihrem Exmann wollen, weil ihnen danach ist, es alleine zu schaffen. Dann sage ich: Stellen Sie sich Ihre Situation in einem Jahr vor – der Ärger ist weg, das Geld fehlt immer noch. Natürlich gibt es rechtliche Grenzen, auf Unterhalt für das Kind könnte man zum Beispiel gar nicht verzichten. Auch auf den Rentenausgleich sollte nicht verzichten werden, der ist einfach existenziell. Aber wenn das jemand will, muss ich es auch akzeptieren. Ich muss in meiner Arbeit den Spagat schaffen, die Leute ernst zu nehmen und trotzdem weiter und mehr zu sehen, als sie selbst gerade sehen können. Ich glaube, ich sehe immer mehr die Zukunft, die Möglichkeiten, die die Leute haben, auch wenn gerade noch alles scheiße auf sie wirkt. Denen bricht in diesem Moment die ganze Welt zusammen. Trotzdem: Trennung ist keine Katastrophe. Und: Keine Beziehung geht aus heiterem Himmel kaputt. Irgendwann fühlen die sich befreit und können etwas Neues beginnen.

Bei der Trennung von Adriana habe ich mich noch im selben Moment befreit gefühlt. Im Nachhinein denke ich, das hatte auch etwas von einer Gewaltbeziehung: Dauernd entschuldigt man sich dafür, dass der andere so böse werden muss mit einem. Adriana hatte irre viel Empfindlichkeiten. Und weil ich es immer so leicht hatte und sie so schwer, habe ich eben Rücksicht darauf genommen. Als ich gemerkt habe, dass ich mich andauernd bei ihr entschuldige, für Sachen, die ich entweder nicht gemacht habe oder gar nicht falsch finde, zog ich die Reißleine. So eine Beziehung passiert mir, glaube ich, nicht noch einmal.

Ich kann gut allein sein. Mit mir wird mir nie langweilig. Ich muss auch nicht mehr zu allen Veränderungen bereit sein. Ich bin nun mal ein Nachtmensch, ich bin fünfundvierzig Jahre mit meiner Unordnung zurechtgekommen und ich mag meine Freunde aus dem Internet. Ist so. Für Adriana war es schwer, dass ich Freunde im Internet habe. Aber das ist es auch für die Freunde aus meiner Nähe, die, seit sie Familie haben, aber sowieso nur mehr auf ihr Nest konzentriert sind. Ich bin eben so was wie ein Digital Native, ich war schon früh im Internet unterwegs. Mein Bruder hat das Internet erfunden. Na gut, er hat es nicht allein erfunden, aber er hat daran mitgewirkt, dass das Internet für alle zugänglich wird. Internet wird einmal *das* Ding, hat er Anfang der Neunziger gesagt, irgendwann werden das alle haben! Auf seinen Rat hin haben Robert und ich in jedem Zimmer unseres Hauses einen Netzwerkanschluss eingerichtet – dass so schnell alles kabellos funktioniert, hat mein Bruder nämlich nicht vorausgesehen. Damals gab es einen Chat, in dem ich viele Freunde gefunden habe. Von dort kannte ich auch den Freund, von dem ich dir ganz am Anfang erzählt habe. Dieser Chat war total heterogen, da waren Werberinnen, Handwerker, IT-Leute, Gagschreiber und so weiter. Wir haben zusammen Fußball geschaut und online das Spiel kommentiert, solche Sachen. Noch heute verabrede ich mich mit Leuten im Internet. Oder ich fahre meine Internetfreunde spontan mit dem Zug besuchen.

Das Internet hat meine Welt geöffnet. Im Internet findest du einfach alles: dasselbe seltsame Hobby, dieselbe seltene Krankheit oder Menschen, die ebenso pervers sind wie du – obwohl du immer dachtest, du wärst der einzige Mensch auf Erden, der so tickt, und müsstest dich dafür umbringen. Mein Coming-out hätte ich ohne Internet sicher auch gehabt, aber viel, viel später. Und ich hätte mehr gehadert. Im Internet gab es eben Geschichten wie meine. Plötzlich war das gar nicht mehr merkwürdig, erst eine normale Familie zu haben und dann ein Coming-out. Lustigerweise kommen die Ehepartner in solchen Beziehungen oft drauf, dass sie selbst homosexuell sind – so wie Robert.

Eines macht das Internet leider auch: Es hängt Leute ab, die sich schriftlich nicht so gut ausdrücken können. Klar, Jugendliche erzählen einander bloß mit Emoticons die komplexesten Geschichten, aber das Internet bleibt ein Medium der Schriftsprache. Wie viele Leute werden wegen Rechtschreibfehlern angegriffen … Dabei sagt deine Rechtschreibung nichts darüber aus, wie geordnet deine Gedanken sind. So viele Legastheniker schreiben coole Bücher! Es gibt schon Leute, die ich im Internet lieber nicht treffe, aber mit Rechtschreibung hatte das nie etwas zu tun. Mit manchen Leuten gehe ich eben lieber einen Kaffee trinken, als dass ich zum hundertsten Mal auf Facebook lese, dass sie gerade schick essen gehen. Aber die nutzen dieses Medium eben anders als ich.

Bei den Jugendlichen ist Facebook sowieso out, die kommunizieren über andere Kanäle – Snapchat, Instagram, WhatsApp, das Neueste ist Jodel. Das ist ein bisschen wie Twitter, aber anonym und auf die regionale Umgebung beschränkt. Letztens habe ich mit Frieda da reingekuckt und einer hat geschrieben: Zu Weihnachten wünsch ich mir 'ne neue Freundin und Zwiebelfleisch. Die Frieda so: Das ist doch der Leo?!

Is' okay, wie du bist

Helen, 45, Informatikerin

Çatalhöyük, sagt dir das was? Das ist eine neolithische Siedlung und eine der ältesten Städte, die je ausgegraben wurde. Ich habe eine Studie darüber gelesen. Das Interessante ist: In dieser Gesellschaft waren Männer und Frauen gleich groß. Die Erklärung dafür war: dieselbe Ernährung. Dass Menschen, die in der Kindheit weniger zu essen bekommen, kleiner bleiben, ist ja erwiesen. Jetzt steige ich gleich voll mit Nerdscheiß in das Gespräch ein, typisch! Jedenfalls hat mich Çatalhöyük daran erinnert, wie ich als Kind als Junge behandelt worden bin. Meine Mutter und Großmutter haben sich mordsmäßig gefreut, wenn ich viel aß. Das ist ein großer Unterschied dazu, wie beim Essen mit Mädchen umgegangen wird. Und das ist bereits einer von vielen Mechanismen, die eben diese Geschlechtertrennung herbeiführen, die als natürlich angesehen wird. In einer anderen Studie ging es um Säuglinge. Ich erzähle nichts von mir, ich erzähle nur von Studien, oder? Die Eltern sollten ihre Kinder eine Schräge hinaufkrabbeln lassen – das Ergebnis war: Mädchen wurden viel früher gestoppt als Jungs. Jungs wurden ermutigt, Risiken einzugehen. Das waren jetzt zwei wissenschaftliche Belege dafür, dass Geschlechterunterschiede konstruiert sind. Mir ist die Aufteilung in Männer und Frauen zu simplizistisch.

Aber okay, zu meiner Kindheit: Ich wurde als Waise im Dschungel ausgesetzt und von Faultieren aufgezogen. Nee, was soll ich sagen, wenn ich über meine Kindheit rede? Ich war ein Junge? Ich war ein Mädchen? Im

Wesentlichen habe ich ein Leben geführt wie ein Junge. Dieses Leben ist *nicht* mehr mein Leben und *trotzdem* mein Leben. Ich habe Eckdaten im Kopf, aus denen ich mir Ereignisse rekonstruieren kann, aber mein Erinnern fängt nicht mit Ereignissen an. Ich glaube, es geht vielen trans*Leuten so, dass sie ein bisschen versuchen, ihre Kindheit zu vergessen. Als Kind habe ich mir eine Traumwelt zusammengebastelt, dass ich ja adoptiert sein könnte. Auf jeden Fall war da ein deutliches Gefühl der Entfremdung. Meine Eltern waren durchaus liebevoll. Sie waren nicht, gerade in meiner Kindheit nicht, reich, aber bürgerliche Mittelschicht. Wir hatten halt ein Haus, wie in den Siebzigern auf dem Land, irgendwie alle 'n Haus hatten. Und Westdeutschland, ja, das ist außerdem ein wesentlicher Teil meiner Biografie. Als ich zum ersten Mal Leute sah, die nicht *weiß* waren, war ich bestimmt schon zehn Jahre alt. Es war eine tamilische Flüchtlingsfamilie im Dorf untergebracht worden, die aber aus der Dorfgemeinschaft ausgeschlossen wurde – also schon 'ne ziemlich eingeschränkte Sicht auf die Welt.

Ich hatte eine behütete Kindheit – was mich allerdings nicht vor sexuellen Übergriffen geschützt hat. Das ist auch so ein Teil meiner Geschichte, den ich noch nicht aufgearbeitet habe, aber gut möglich, dass du so etwas nie vollständig aufarbeiten kannst. Ich war ein einsames Kind, vielleicht damals schon aus eigener Wahl – soweit ein Kind diese Wahl überhaupt freiwillig treffen kann. Natürlich hat mich das Einsamsein zur Verzweiflung getrieben, aber letzten Endes war ich eben doch lieber allein. In der Schule war ich unter den zwei Besten in der Klasse. Es gab noch 'n Mädchen mit besseren Noten als ich, aber am Ende hab ich Physik studiert, sie ist Grundschullehrerin geworden. Jungs werden ermutigt, Wissenschaftler zu werden – aber du, Mädchen, du kannst kleine Kinder erziehen! Insofern hab ich davon profitiert, als Junge aufgewachsen zu sein. Ich weiß nicht, ob ich die Nerven gehabt hätte zu machen, was ich gemacht habe, wäre ich als Mädchen gelesen worden. Die eigene Kinderfrage ist für mich so belanglos, dass ich mich noch nie über die rechtliche Lage informiert habe. Als ich als Erwachsene den Umgang mit Kindern über Freund*innen und Mit-bewohner*innen kennengelernt habe, dachte ich zwar, ich könnte es mir vorstellen, aber ich wäre nie so weit gegangen zu sagen, dass ich eigene Kinder will. Würde mein Partner oder meine Partnerin eins mit in die Bezie-hung bringen, könnte ich mit einem Kind leben, es auch als mein eigenes annehmen – eine genetische Verbindung ist mir egal –, aber eigentlich habe ich einen negativen Kinderwunsch. So, jetzt bin ich erstmal leer, kannst gerne nachhaken. Wie weit sind wir auf dem Fragebogen?

Nach dem Studienabbruch hab ich diverse Jobs ge-macht, mal bin ich Taxi gefahren, mal hab ich im Bio-laden verkauft. Dann bin ich ins Programmieren rein-geraten. Was heißt reingeraten, ich hatte schon als Ju-gendliche einen Computer. Programmiererin war also nicht so weit weg. Aktuell such ich 'nen Job. Jetzt könnt ich stundenlang rumnerden, wie die IT-Branche mit Frauen und Queers umgeht. Ich mache meine Arbeit wirklich gerne, weißte. Sie erfüllt mich, programmie-ren kann ich gut. Trotzdem stehe ich – wie viele andere Frauen auch – kurz davor, aus der IT auszusteigen. Wenn ich nicht bald 'nen Job kriege, mach ich Plan B: Fahrrad-kurier. Mein Geld ist bald alle. Wohnung suchen musste ich zum Glück schon länger nicht mehr, aber bei der Arbeitssuche erlebe ich den direkten Unterschied: Mit männlichem Namen bekam ich auf fast jede Bewerbung eine Rückmeldung, meist eine positive. Seit mein Name offiziell anders ist, ist die Quote in den Keller gegangen.

Ich habe es satt, mich zu fragen, ob das meine Schuld ist oder Zufall, inzwischen bewerte ich es als sexistisch oder transphob. Und das gibt es auch bei der Kommunikation in der IT. Inzwischen ist ja im Netz die Realnamenpolitik häufig. Selbst wenn du mit Pseudonym unterwegs bist, kann das männlich oder weiblich gelesen werden – und es ist frappierend, wie du je nachdem behandelt wirst. Beschreibst du ein Problem in einem Forum und fragst um Erfahrungswerte, kriegst du, wenn du männlich gelesen wirst, 'ne knappe, raue, aber brauchbare Antwort. Weiblich gelesen wird es super herablassend. Die Leute fangen an, dir zu erklären, wie man den Computer einschaltet, richtig *harassment*, und die Antworten sind unbrauchbar. Machst du mal 'nen Fehler – aber ich glaub, das ist nicht nur in der IT so –, wird dazugesagt: Is' halt 'ne Frau … Das ist wieder so ein Mechanismus: Frauen in der IT wird es schwer gemacht. Bei mir hat all das dazu geführt, dass ich mich aus den Foren zurückgezogen hab. Männern wird eine Unterstützungsstruktur geboten, das ist das klassische *old boys network* – wobei es in der IT ein *young boys network* ist, jedenfalls ein *boys network*. Als Frau wird es dir verunmöglicht, deine Aufgaben zu lösen. Und wenn eine Frau aufgrund all dieser Widerstände weniger »leistet« als ein Mann, der diese Widerstände nicht hat, heißt es: Frauen sind halt nicht so gut in Technik … Zu fragen, ob hier bewusst oder unbewusst gegen Frauen gearbeitet wird, macht keinen Unterschied. Wenn du mir 'n Klavier auf den Fuß fallen lässt, ist auch schon egal, wenn's keine Absicht war, gebrochen ist mein Fuß trotzdem. Immerhin ist die Art, wie ich von Leuten behandelt werde, mit denen ich umgehe, nicht schlechter geworden. Aber die Leute, mit denen ich zu tun habe, such ich mir ja auch aus – und zwar danach, wie sie mich behandeln.

Wie ich an andere Konzepte von Gender rangekommen bin? Hm ... ja wie eigentlich? Mit meinem mangelhaften Episodengedächtnis fällt mir das gar nicht ein. Ich glaube, ich hab ziemlich viel selbst erfunden. In den Achtzigern las ich die *taz* – was am Land damals radikal war. Die musste ich mir auf dunklen Kanälen besorgen. Und ich hab mich für Punk interessiert. Was heißt interessiert, das war mein Ding! Über den Punk nahm ich Entwicklungen wie Feminismus wahr. Außerdem gaben mir meine Eltern ein großes Bewusstsein für Gerechtigkeit mit. Ohne alle Mechanismen gekannt zu haben, war mir früh klar, dass es zwischen Männern und Frauen *nicht* gerecht abläuft. Inzwischen würde ich mich als feministisch sattelfest bezeichnen.

Was Aufklärung betrifft, muss ich zur *Bravo* rüberzeigen – wobei Homosexualität darin nicht wirklich Thema war. Keine Ahnung, ob das heute anders ist. In Bio halt Verhütung, sexuell übertragbare Krankheiten auch irgendwie und die Zeichnungen von primären und sekundären Geschlechtsmerkmalen. Aber das war mir alles zu theoretisch und zu weit weg. Bei der Beat Poetry, mit der ich mich auseinandergesetzt hab – Burroughs und Kerouac – kam schließlich auch Homosexualität vor. Und ein Blog fällt mir ein, das ich seit mehr als zehn Jahren mitverfolge, von Melissa McEwan, auf *shakesville* – das ist *das* feministische Blog. Sie ist meine Vorstellung von Heldin. Sie hat mir so viel an Achtsamkeit gegenüber anderen beigebracht, schaut mit klarem Blick auf Unterdrückungsmechanismen, hat viel Wut – und trotzdem ein unglaubliches Mitgefühl. Als Feministin im Netz ist sie Unmengen an *harassment* ausgesetzt: Vergewaltigungsandrohungen, Morddrohungen ... Die hat echt Mut und Nerven. Und es gab ein wichtiges Buch für mich. Wobei, da war ich bereits als trans* und Feministin *out. Whipping Girl* von Julia Serano, 2007, zu einer Zeit, wo ich bereits offen war für das, was da drin stand. Dass Transfeindlichkeit benannt wird, war nicht neu, aber Femininitätsfeindlichkeit in der feministischen Szene in einen runden Kontext zu stellen, gut argumentiert, war für mich so ein: Ja! Ja! Ja! Das wollte ich schon immer sagen und jetzt hat's mal wer gesagt!

Das Internet war auch ein Fortschritt. Ende der Neunziger fing das an. An der Uni war ich zwar schon Mitte der Neunziger im Internet unterwegs, aber als Naturwissenschaftlerin bekam ich die akademischen Diskurse in Gender oder Soziologie natürlich nicht so mit. Was heißt natürlich, jedenfalls bekam ich sie nicht mit. Dass es im Internet andere Stimmen gab – trans*, feministische und antirassistische – und Standpunkte, war wichtig für mich. Überhaupt: Zu sehen, dass es andere trans*Menschen gibt, hat es für mich normalisiert.

Trans* sein, einen Namen dafür finden, damit zurechtkommen, das alles war ein unglaublich zäher Kampf für mich. Große Teile meiner Zwanziger habe ich dagegen gekämpft und Energie damit verbrannt. Darunter hab ich gelitten, klar, aber unter dem Nicht-sein-wer-ich-bin eben auch. Mit meiner männlichen Rolle hatte ich mich lange arrangiert. Seit ich das nicht mehr tu, hab ich einen tieferen Einblick in Ungerechtigkeiten. Viele Männer sind privilegienblind. Vielleicht war ich früher auch so ein *ally*. Kennste nicht, 'n Alliierter? Von meinem Feminismus hab ich viel aus dem Englischen. Verglichen mit dem, was weltweit abgeht, ist der Diskurs im deutschsprachigen Raum nämlich echt klein. Jetzt schwimmt mir schon ein bisschen der Kopf ... wie war die Frage noch mal?

Aber hallo! Ja! Ich hab auf viele Privilegien verzichtet! Wobei, vielleicht hab ich's nicht so schlecht gemacht: Ich war ja schon älter, als ich mein Coming-out hatte, hatte mir bereits mein Leben aufgebaut, hatte das Programmieren – *self taught* zwar, aber ich hatte Aufträge. Mir war klar, was heißt klar … mir war abstrakt klar, dass es schwer werden würde. Und es wurde schwer. Es ist noch immer schwer, nicht nur beruflich. Es ist schwer, damit zu rechnen, mehrmals wöchentlich *harassment* auf der Straße zu erleben. Es ist schwer, 'ne Partnerin zu finden.

Ich bin femmesexuell. Ja, das hörst du ganz bestimmt zum ersten Mal, weil ich das Wort erfunden habe. Es geht mir seit längerem durch den Kopf. Ich steh auf Frauen, auch *nonbinarys*, aber eher aus dem weiblichen Spektrum. Ich bin quasi von Cis, männlich, heterosexuell zu trans*, weiblich, homosexuell gewechselt. Ich hab nämlich 'nen Dickkopf, weißte. Ich kann nicht ein Leben leben, das falsch ist. Vielleicht ist das auch gar nicht meine Dickköpfigkeit, ich kann's jedenfalls nicht. Ich glaube, das ist der Punkt: Dass ich mit mir im Reinen bin, ist wichtiger für mich, als diese Privilegien zu haben – die zudem vollkommen unverdient sind.

Viele Bekannte aus meinem Umfeld, die zwar weiblich sozialisiert wurden und als weiblich gelesen werden, sind mit der Bezeichnung »Frau« für sich unzufrieden. Die beanspruchen ein anderes Gender für sich. Ich trage die Bezeichnung mit einem gewissen Stolz, weil ich dafür, »Frau« für mich beanspruchen zu können, viel aufgegeben habe. Ich fühle mich als Femme und als Frau. Klar gibt es Räume, wo ich mehr das eine oder das andere verwende. Außerhalb der queeren und/oder feministischen Szene bezeichne ich mich als Frau, um den Leuten nicht ewig erklären zu müssen, was Femme bedeutet – das ist ja nicht unkomplex und das queere Zurückerobern von Femininität auch bloß ein Aspekt davon. Und Frau stimmt für mich ja auch. In der queeren Szene komme ich sowieso selten in die Situation, sagen zu müssen: Ich bin keine Frau – ich bin eine Frau. Nach meinem Pronomen werde ich gefragt. Das ist klar, das ist »sie«. Mein offizielles Gender ist *weiblich*. Beziehungsweise heißt es auf diesen Formularen nicht »Gender«, sondern »Geschlecht«. Aber weil ich das gerade relativiert habe, muss ich es noch mal wiederholen: Ich habe viel dafür gekämpft und deshalb geht es mir mit der Bezeichnung Frau total gut.

Ich hab mich viel damit auseinandergesetzt und immer noch keine Meinung dazu gefunden, ob das Frausein, das trans*Sein, mir angeboren, mir irgendwie inhärent ist, oder ob ich es mir ausgesucht habe. Es entzieht sich meinem Denken, warum ich so sein will. Das ist halt meine Identität. Dieses »Wir können halt nicht anders, wir müssen halt so sein«, dieses *born this way* finde ich, politisch gesehen, 'ne schlechte Argumentationsweise, das ist eigentlich *respectability politics*. Ich vertrete: Ich will so sein, wie ich bin, und das ist verdammt noch mal gut so.

Der Entschluss, dass ich offen Frauenkleidung trage, war mein erster Schritt. Das war, bevor ich sicher war, wo ich hinwollte, aber wusste, irgendwie bin das ich. Das erste Mal in Frauenkleidung auf die Straße zu gehen, war die Hölle! Ich hatte so sehr Angst davor … Ich dachte: Jeder wird mich anstarren! Und dann voll die Antiklimax. Enttäuscht war ich nicht, nein, eher: Dafür hab ich so lange gebraucht? Der nächste Schritt war der Entschluss, dass ich 'ne medizinische Transition in Angriff nehme. Genaugenommen waren das mehrere Schritte, und alle waren wichtig für mich. Der erste war, dass ich zum Arzt ging und mich beraten ließ. Der nächste, dass ich eine verpflichtende Therapie anfing, um überhaupt 'ne Verschreibung für Hormone zu kriegen. Dann hab ich zum ersten Mal Hormone genommen. Das war ein großer und wichtiger und richtiger Schritt. Außerdem hab ich eine Operation im Gesicht machen lassen, *facial feminization surgery* heißt das, falls du's genau wissen willst. Da werden gewisse männliche Marker an 'ne rundere, weiblichere Form angepasst. Zwanzigtausend Euro. Die Schulden schränken mich heute noch ein. Insofern weiß ich nicht, ob die OP wirklich so toll war, aber es ist gut, dass ich es damals gemacht habe. Heute könnte ich mir das nicht mehr leisten. Damals konnte ich es auch nicht, aber ich hab mir das eben geleistet. Und meine offizielle Vornamens- und Personenstandsänderung war auch einer dieser Schritte.

Regel werde ich nie eine haben, da haste Recht, aber ich bin ja auch schon in den Wechseljahren. Nee, ernsthaft, ich kann nicht behaupten, dass ich darüber traurig wäre. Auch wenn's für mich eine zu körperliche Zuschreibung ist, aber die Regel ist etwas, was viele Frauen als Erfahrung teilen, auch als Diskriminierungserfahrung. Und damit möchte ich mich solidarisch erklären. Ich muss etwas nicht erlebt haben, um mich damit zu solidarisieren. Tatsächlich verstehe ich die Regel nicht als definierendes Merkmal dafür, eine Frau zu sein. Stimmt, es gibt Frauen, die durchgehend die Pille nehmen, damit sie keine kriegen. Und Frauen jenseits der Wechseljahre wären nach dieser Definition ja auch keine Frauen.

Das Einzige, was noch ein Problem für mich ist, ist die Stimme. Trans*Männer kriegen, sobald sie Hormone nehmen, eine tiefe Stimme, Testosteron verändert die Stimmbänder, ich glaube, Testo verhärtet sie. Aber die in der Pubertät passierte Verhärtung meiner Stimmbänder kann durch Östrogen nicht aufgehoben werden. Meine Stimme schafft mir auch Probleme: Viele gendern mich aufgrund dessen als Mann. Wenn du die Bank oder die

Versicherung am Telefon hast, kann das problematisch sein. Du sagst: Ich bin Helen Sowieso. Die sagen: Nö, sind Sie nicht, ich hör doch, dass Sie 'n Mann sind. Ich habe ein logopädisches Stimmtraining begonnen, aber dann ließ mich die Krankenkasse auf der Rechnung sitzen. Jetzt noch mal tausend Euro ausgeben kann ich nicht.

Scheiß was drauf! Warum soll ich überhaupt meine Stimme anpassen? Warum soll ich so sein, wie ich nicht bin, um als vollwertige Frau anerkannt zu werden? Ich will das nicht! Das is' für'n Arsch! Ich hab einen klaren politischen Anspruch: Ich muss mich *nicht* in diese Rolle einpassen! Ich hab verdammt noch mal das Recht, anerkannt zu werden, so wie ich bin! Nur ... manchmal möchte ich's halt ein bisschen leichter haben. Ich merke, dass mein Gehirn leerläuft, bald mal 'ne Pause wäre gut, aber eines ist mir noch wichtig: Nur weil ich mir eine Position nehme, die in die Genderbinarität passt, heißt das nicht, dass ich vertrete, dass alle das müssen. Und ich erwarte mir auch von anderen, dass sie mir nicht sagen, wie ich mich zu positionieren habe. Das ist allein meine Entscheidung. Außerdem ist meine Position nicht *ausschließlich* binär, die Femme-Position liegt ja außerhalb. Femme wird oft vorgeworfen, die Binarität zu stärken, das ja, aber das hängt mit der generellen Femininitätsfeindlichkeit zusammen. Und die kann ich einfach nicht als feministisch lesen. Wie kann man in Anspruch nehmen, die Rechte der Frau zu vertreten, wenn man Femininität als schlecht deklariert? Mein Eindruck ist sowieso, dass dieser Vorwurf mehr an trans*weibliche als an trans*männliche Menschen gerichtet wird. Der Vorwurf an sich ist schon Ausdruck von Ahnungslosigkeit und Unterdrückungsmentalität. Mein eigenes Wünschen und Handeln versuche ich nach zwei Prinzipien auszurichten: Respekt und Freiheit. Was mich noch antreibt, ist, zu wissen und zu verstehen. Sollen wir uns einen Kaffee holen?

Wir waren beim Vorwurf, trans*Frauen würden die Genderbinarität festschreiben, und ich wollte gerade klar machen, warum das Bullshit ist. Es ist in meinen Augen nur ein weiterer konstruierter Grund oder eine Ausrede dafür, Feindlichkeit gegenüber trans*Weiblichkeit ausdrücken zu können. Da gibt es bereits diverse Sachen: trans*Frauen seien Schwule, die mit ihrer Homosexualität nicht klarkämen. Oder, ganz böses Beispiel, gerade aus feministischen Kreisen: trans*Frauen seien Männer, die sich bloß in Frauenkreise einschleichen wollten. Was macht das für einen Sinn? Leute, die das glauben, kriegen doch echt gar nichts mit! Ein großer Teil der trans*Weiblichkeiten steht noch nicht mal auf Männer. Außerdem haben trans*Leute viel mehr Schwierigkeiten als Schwule. Noch was fällt mir ein: die Autogynephilie. Das ist die Hypersexualisierung von trans*Frauen – ein sexueller Fetisch der psychiatrischen Praxis, für den trans*Frauen herhalten sollen. Du brauchst ja für den ganzen Prozess – Personenstandsregister, Hormone und alles – zwei unabhängige Gutachter*innen. Du brauchst eine psychiatrische Diagnose. Ich bin also zertifiziert geisteskrank. Dass ich das nicht so schlimm fand, liegt wahrscheinlich an meiner Leck-mich-Einstellung. Ich wusste, ich muss dieses blöde Spiel mitspielen.

Als ich nach Berlin zog, brauchte ich lange, um in queere Kreise reinzukommen – ich war ja nicht queer, ich war quasi Cis. Als ich beschloss, mich endlich als trans* zu definieren, hatte ich zum Glück bereits Leute, die mir sagen konnten, wo ich fürs Gutachten hinsoll, mit wem ich offen reden kann. Die Gutachter*innen sind ja Psychiater*innen – an sich schon ein übles Volk:

autoritär, von sich selbst überzeugt und eingenommen, wissen immer besser, was mit dir los ist, weil *sie* sind die Ärzte, *du* kommst zur Diagnose. Anfang der Nullerjahre gab es noch die Geschichten darüber, wie du dich beim sogenannten Alltagstest krummbiegen musst, wie du – um deine medizinische und rechtliche Versorgung zu bekommen – exakt jene Rolle spielen musst, die sie sehen wollen.

Politisch gut vertreten? Nein, fühle ich mich nicht, gar nicht. Berlin ist zwar bundesweit führend, was den Umgang mit trans* und Queers betrifft. Wir hatten halt einen schwulen Bürgermeister, weswegen in den Strukturen ein gewisses Bewusstsein existiert – was noch nicht heißt, dass alles trans*freundlich ist, aber trotzdem. Zum Beispiel hat Berlin eine Soko für Fälle homo- und transphober Gewalt – aber mein Verhältnis zur Polizei ist ohnehin vorbelastet. Vor kurzem ist mir etwas übel aufgestoßen. Wobei, »gar nicht« gut vertreten muss ich an dieser Stelle relativieren: Der LSVD, der Lesben- und Schwulenverband in Deutschland, forderte die deutsche Politik auf, das Attentat in dem LSBT-Club im Juni 2016 in Orlando nicht als *irgendein* Attentat anzuerkennen, sondern als eines, das explizit Lesben, Schwule, Bi und trans* angegriffen hat. Vorgestern hat Angela Merkel endlich gesagt, dieses Attentat sei ein Angriff auf Schwule und Lesben gewesen. Bi und trans* hat sie draußen gelassen … Danach hab ich auf Twitter geschrieben, dass mich das massiv ankotzt – null Echo. Ich mahne an, dass Merkel trans*Leute absichtlich nicht erwähnt, und niemand reagiert? Ich habe mich mächtig alleingelassen gefühlt.

Bei Sexismus und Transphobie gibt es eine Schnittmenge, und immer auseinanderhalten kann ich es nicht. Bei Kommentaren wie »Geiler Arsch!« kannst du davon ausgehen, das ist sexistisch. Bei Kommentaren wie »Du Schwuchtel!« weißt du, CisFrauen kriegen das nicht zu hören. In den allermeisten Fällen rufen mir Leute was hinterher, schreien mir was aus dem Auto zu oder grummeln was im Vorbeigehen. Was heißt Leute? Typen! *Harassment* krieg ich zu fast hundert Prozent von welchen ab, die sich – nehme ich an – als männlich lesen würden. Ich erinnere mich nur an drei Frauen. Eigentlich Mädchen zwischen zwölf und sechzehn, also in ihren Flegeljahren. Wie ich mich darauf vorbereite? Typische Vermeidungsstrategie würde ich sagen: Mit Scheuklappen durch die Gegend gehen. Ja, da haste Recht: Die Leute schauen ständig – und ich schütze mich davor, dass mir auffällt, dass sie schauen. Auf der Straße gehe ich mit niemandem Augenkontakt ein. Trotzdem habe ich ziemlich gut im Blick, wer scheiße sein könnte. Wenn da Wichser stehen, versuche ich, die Straßenseite zu wechseln. Wenn ich die Straßenseite nicht wechseln kann, gehe ich schnell vorbei. Natürlich kommt es vor, dass ich gar nicht angesprochen werde, es kommt aber auch vor, dass meine Einschätzung richtig war. Typen, die dir Schläge androhen, geht es aber nicht wirklich darum, jemanden zu verprügeln, die wollen Dominanz demonstrieren. Und haben sie dich vertrieben, sehen sie ihre Dominanz gewährleistet.

Natürlich geht es mir nicht gut damit, das Feld räumen zu müssen, aber zum einen muss ich auf mich aufpassen und zum anderen kann ich nicht sicher sein, dass ich Unterstützung von außen bekomme, wenn ich auf die Konfrontation eingehe. Selbst wenn die Gesellschaft sich total toll entwickeln würde – was ich im Moment nicht sehe –, ist es unrealistisch, dass sie innerhalb meiner Lebenszeit zu einem sicheren Raum für mich wird. Die Art, wie ich abgelehnt oder in Gefahr gebracht werde, kann ich aber nicht von anderen Diskriminierungsformen trennen. Es geht um Frauen, Queers, trans*, um neurountypische, behinderte und von Rassismus betroffene Menschen. Solange es welche gibt, die sich selbst für etwas Besseres halten und andere für falsch, kann ich nicht glauben, dass jemand *mein* Anderssein okay findet. Wahrscheinlich ist es die Aufgabe von mehreren Generationen, diese Vorurteile abzubauen – und Gesetze können helfen, eine Gesellschaft auf den Weg zu bringen. Eine diskriminierungsfreie Gesellschaft in einer kapitalistischen Gesellschaft zu erreichen, das kann ich mir allerdings nicht vorstellen. Im Kapitalismus werden Leute danach beurteilt werden, wie nützlich sie sind.

Wir alle haben Diskriminierungsformen gelernt und verinnerlicht. Darüber könnte ich eine Science-Fiction-Geschichte schreiben. Tu ich auch. Ich hab nämlich eine Science-Fiction-Sozialisierung. Kennste *Perry Rhodan*? Das war die erste, oder sogar einzige deutsche Pulp-Fiction-Serie in Heftform. Die hat in den Sechzigern angefangen, nach Vorbildern aus den USA. Oder Samuel Delany, ein schwuler Schwarzer Autor, bei dem ich erstmals Perspektiven für queere Lebensweisen gesehen habe. Zum Glück gibt es inzwischen mehr Science-Fiction, die von marginalisierten Leuten geschrieben wird. Von Frauen, *people of color*, Queers. Ich wünsche mir Leute, mit denen ich kollaborativ an so etwas wie einer queerfeministischen Version von *Perry Rhodan* schreiben könnte – für ein solches Projekt fände ich es wichtig, dass unterschiedliche Leute mit unterschiedlichen Standpunkten zusammenkämen …

Ein großer Konflikt in meinem Leben ist, dass ich meine Ruhe haben *und* mich zeigen will. Wieder so ein Dickkopfgedanke von mir … Aber ich finde es wichtig, Präsenz zu zeigen, den Leuten zu zeigen, dass es trans* gibt, *out and proud*. Auch um konstruierten Medienbildern von trans* etwas entgegenzuhalten. Das mache ich, indem ich bin, wer ich bin. Ich möchte meine Geschichte nicht leugnen und ich möchte nicht mit meiner Geschichte brechen. Ich hab halt einen Körper, der normalerweise als männlich gelesen wird. Dann gibt es wieder Tage, an denen ich ein Passing als Frau erlebe, als Frau *passe*, als Frau durchgehe.

Andererseits hab ich viele Privilegien: Ich bin *weiß*. Das ist das deutlichste und ein großes Privileg. Ich bin körperlich gesund. Ich bin größtenteils psychisch gesund. Mit Depressionen hab ich schon zu kämpfen, aber anderen geht es schlimmer als mir. Ich bin super gebildet – ich komme halt aus 'ner Mittelklassefamilie. Meine Eltern haben Bildung gefördert. Ich bin intelligent – und das ist nicht mein Verdienst. Was ich damit meine? Dass das bei mir gefördert wurde, als ich Kind war. Mein Verdienst ist vielleicht, es aufrechtzuerhalten, aber dass ich die Mittel dazu hatte, ist ein Privileg. *Weiß*, ableisiert, gebildet also. Mein Negativprivileg ist, trans*weiblich zu sein und mich nicht unbehelligt durch den öffentlichen Raum bewegen zu können. Und jung wäre ich gern. Ich merke zum Beispiel, dass mein Körper beim Sport weniger leistungsfähig wird.

Und dieses Älter-Aussehen ... diese Äußerlichkeiten ... ich fühle mich weniger wert, wenn meine Backen sacken – ich bin da nicht frei von. Ich falle ja bereits mit dem trans*Sein aus den typischen Schönheitsidealen raus. Jugendliche war ich zwar, aber eben nicht als Frau. Mein Altern ist also ein Abschied von etwas, das ich nie hatte: Schönheit, weibliche Schönheit, die ich gerne vertreten würde. Das nie haben zu können – und mir geht es nicht um Besitz, sondern um Verkörperung –, ist hart für mich. Damit bin ich aber nicht allein auf der Welt.

Wir alle müssen akzeptieren, dass Sachen, die uns wichtig wären, nicht drin sind.

Wenn du mich fragst: Glück ist mir leider ziemlich fremd. Innerlich sage ich mir: Is' okay, wie du bist, is' okay, wie du aussiehst. Die Leute, die das anders sehen – jetzt muss ich aufpassen, nix ableistisches zu sagen –, sind vom oppressiven System ins Gehirn gefickt. Und ich bin's auch. Vom Mentalen her finde ich Älterwerden aber klasse. Mein Gott, bin ich froh, dass ich nicht mehr zwanzig bin!

Hexerei ist eine Form sozialen Konfliktmanagements

Flora, 51, Wissenschaftlerin und
Selbstverteidigungstrainerin

Ich mache gern mit bei deinem Projekt. Ich kann nur nicht abschätzen, ob ich eine bin, die sich ihr Leben in den Antworten argumentativ zurechtlegt. Frigga Haug beschreibt in einer Studie, dass Frauen dazu tendieren, sich die Lebensentscheidungen, die aufgrund struktureller Benachteiligung getroffen wurden, als selbstbestimmt schönzureden, kennst du Frigga Haug? Seit ich fünfzig bin, denke ich verstärkt über meine eigene Geschichte nach, dabei ist mir das oft durch den Kopf gegangen. Ich denke, ich habe ein selbstbestimmtes Leben geführt, und glaube nicht, dass ich das schönrede, aber ich lass mich mal von deinen Fragen überraschen.

Ich bin einundfünfzig. Ich lebe mit einem Kind. Ich habe einen Lebensgefährten, aber meinen eigenen Haushalt. Ich bin die Vierte von sieben Kindern und die einzige mit Abitur, ich bin sozusagen ausgebrochen. Mit dem Begriff Frau geht es mir positiv. Die Wertschätzung durch Männer schätze ich auch, aber wichtig für mein Frausein ist mir die Anerkennung von Frauen. Frauen stärken mich. Ich habe mal wo gehört: Frau sein ist schön. Aber wer bringt es uns bei? Die Männer sicher nicht. Ich denke, es ist gut, in Frauenzirkeln über die eigene Identität nachzudenken. Vor dem Übergang von der Grundschule ins Gymnasium hat mein Deutschlehrer zu mir gesagt: Ein Kind, das Dialekt spricht, soll in die Knödelakademie gehen. Er meinte

aber nicht ein Kind, er meinte ein Mädchen, ein Bauern-
mädchen. Meine Eltern sagten, ich müsse selber wissen,
wo ich hinwill, und ich, zehn Jahre alt, sagte: Wo meine
Freundinnen hingehen, geh ich auch hin. Meine Eltern
vermittelten uns, den eigenen Kopf zu benützen. Ich hatte
intellektuell sensible Eltern. Im Gymnasium merkte ich,
dass es Kinder gibt, die zu Hause Bücher haben, ich besaß
gerade mal ein Märchenbuch. Heute sind zwei Zimmer
meiner Wohnung voll mit Büchern, ich habe alles nach-
geholt. Dieser Salat schmeckt übrigens total gut!

Meine Großmutter väterlicherseits wollte nicht, dass
mein Vater meine Mama heiratet, weil sie nichts mit in
die Ehe brachte, da ihre Eltern früh gestorben waren. Sie
war das ledige Kind einer Sennerin, und weil Sennerin-
nen ihre Kinder abgeben mussten, kam meine Mama von
der Brust weg zu einer Ziehfamilie. Ihren Vater hat sie
nie kennengelernt, der ist als Wilderer erschossen worden. Der Ziehvater ist im Krieg gefallen, die Ziehmutter
früh an einer Krankheit gestorben, übrig geblieben sind
die Kinder, die den Hof allein weiterführten, der Älteste
vierzehn, meine Mama sieben. Ihren eigenen Töchtern
hat meine Mama Selbstständigkeit vermittelt. Ihr müsst
schauen, dass ihr euer Leben selber erhalten könnt, hat
sie gesagt. Die Erbfolge unseres Hofs war vaterrechtlich
organisiert. Irgendwann war uns Schwestern klar, den
Hof übernimmt ein Bruder. Das ist klar patriarchal. Bei
der Auszahlung des Pflichtanteils wollten wir Schwestern
eine gemeinsame Wohnung in einem Nebengebäude er-
richten. Wir wollten, wenn wir zurückkommen, unseren
eigenen Raum haben. Unser Vater war dagegen – da hab
ich schön geschaut! Auch unsere Mama hat nicht zu uns
gehalten, sie ist in ihrer Haltung umgefallen. Dieses eine
Mal hat sie uns nicht unterstützt, sie sagte: Das ist halt so,
das muss so sein.

Mein Mädchensein in der Familie habe ich dennoch in guter Erinnerung. Ich hatte das Glück, dass meine Eltern liebende Eltern waren, auch miteinander, die mögen sich bis heute. Wir haben mitbekommen: Der Mann schätzt die Frau. Auch zu uns Kindern war unser Vater herzlich und warm, im Sinne von umarmen, aber nicht übergriffig, sondern so, dass ich das Gefühl habe, wir wurden emotional gut genährt. Irgendwie kam es, dass ich als Kind alleine dastand. Meine Schwestern waren keine unmittelbaren Spielkameradinnen für mich, eine war zu alt, die anderen waren zu jung, und meine Brüder waren mir zu brutal und herabwürdigend. Ich meine, ich wurde an den Marterpfahl gebunden und von ihnen angepisst, oder ich wurde bestraft, wenn ich bei etwas besser war als sie. Machtspiele: Was dürfen Jungen, was dürfen Mädchen. Auf dem Hof gab es eine Art Arbeitsteilung. Für die Jungen der Stall, für die Mädchen das Haus. Das Haus hat mich aber nicht interessiert, ich wollte das andere, nur kam ich da nicht hinein. Ab da habe ich mich totalverweigert. In den Ferien vorm Abitur bin ich zu einer Sennerin auf die Alm, habe Traktor fahren, melken, Butter machen gelernt, aber kochen kann ich bis heute nicht. Heute, als Mutter, würde ich gern mal einen Geburtstagskuchen backen, aber das überlasse ich meinem Lebensgefährten.

Nach dem Abitur habe ich mir verschiedene Studien angeschaut, auf Ethnologie kam ich über meine Lateinlehrerin, die habe ich geliebt! Sie hat mich gefördert, geschätzt, auf mich geachtet. Am Anfang der Uni hatte ich das Gefühl, dass ich, das Bauernkind, nie so schreiben und reden können werde wie all die andern um mich herum. Als ein Professor in einer Vorlesung seine sogenannte Sandlerstudie vorstellte, habe ich gemerkt: Das will ich! Nur will ich nicht *über* die Leute sprechen, sondern *mit* ihnen arbeiten! Ich bin zur Sozialarbeit gewechselt und – aus vielerlei Gründen – als Geschäftsführerin in einem Frauen- und Mädchenberatungszentrum gelandet. In der Sozialarbeit stellt sich für die meisten irgendwann die Frage: Wie weiter? Viele gehen ins Projektmanagement oder in den Therapiebereich, ich habe erneut Ethnologie aufgegriffen. Ich war bereits dreißig, aber es war eine Zeit, in der man sich noch trauen konnte, in so einem Alter und ohne Stipendium was Neues zu beginnen. Heute wird eine quere Berufsbiografie nicht belohnt, vielleicht siehst du das anders, aber mir scheint, das hat sich verschlechtert. Die Ethnologie liebe ich sehr, ich bin hoch identifiziert mit meinem Fach, selbst wenn ich seit der Dissertation nie wieder so gut verdient habe wie als Geschäftsführerin. Ich hatte das Glück, früh mit Feldforschung beginnen zu können – du musst mich bremsen, wenn ich zu ausführlich antworte, ja?

Es war so: Bei einer Vorlesung über Brasilien dachte ich, dem da vorne glaub ich kein Wort, Brasilien ist ein modernes Land, dort wird doch nicht Voodoo praktiziert! Also bin ich hin, und war, mit Pausen, mehr als zehn Jahre dort. Wegen der langen Auslandsaufenthalte werde ich zwar Mindestrente bekommen, aber Geld alleine war sowieso nie meine Motivation, mich haben immer Ideen angetrieben. Manchmal habe ich das Gefühl – wie soll ich sagen, früher war mir wichtig, dass meine Partner und ich gleichwertig sind, intellektuell, finanziell, in allem eben, in Wirklichkeit hatten sie aber mehr Geld als ich. Mit zunehmendem Alter muss ich mir die Frage stellen, ob ich mich dadurch nicht doch abhängig mache. Seit mein Forschungsantrag für die Habilitation abgelehnt wurde, konzentriere ich mich wieder mehr auf die Selbstverteidigung. Mein finanzieller Planungshorizont ist sehr kurz, aber es tut mir gut, zu gleichen Teilen Körperarbeit und Kopfarbeit zu machen. Natürlich merke ich, dass ich älter werde. Mein Körper verändert sich, ich bin im Wechsel. Aber soll ich mich herabgesetzt fühlen, wenn ein fünfundzwanzigjähriger Student mich nicht mehr als Frau wahrnimmt, sondern nur noch fachlich? Dass ich fünfzig bin, fühle ich nicht, ich fühle mich attraktiv und rund in meiner Körperlichkeit. Meine zentrale Frage fürs Altern heißt eher: Was mache ich in den nächsten zehn Jahren? Und zwar nicht nur: Was wünsche ich mir noch? Sondern auch: Was ist mir wirklich noch wichtig? Bis sechzig kann ich noch einiges realisieren und meinem Privat- und Beziehungsleben werde ich jedenfalls mehr Platz einräumen als bisher. Das Altern von Frauen wird ja oft negativ beschrieben. Warum? Weil die Frauen gefährlich werden, auch biologisch gefährlich. Wir haben keine Periode mehr. Wir brauchen uns nicht mehr an Konventionen zu halten. Wir können unsere Sexualität mit vielen Männern leben, weil wir nicht mehr den *einen* Vater für die Kinder suchen. Eine Kollegin, die das Habil-Stipendium ebenfalls nicht bekommen hat, warf mir letztens eine Wortmeldung hin: Warum ärgerst du dich, dass *du* abgelehnt wurdest? Schließlich hast du ein Kind, eine Beziehung und einen anderen Job, ich hingegen habe nichts davon – was willst du noch? Das hat mich gekränkt. Ich finde, es ist mein Recht, mich beruflich zu realisieren, dabei nicht auf mein Kind zu verzichten und auch nicht auf meine Hingabefähigkeit. Ob man mit Kind ist oder ohne, ist in der wissenschaftlichen Kolleginnenschaft noch immer Thema. Einige meiner älteren Freundinnen haben sich gegen Kinder entschieden. Mittlerweile hat sich das gebessert, aber es gibt noch genug Frauen, die sich entscheiden müssen. Die Männer, die ich kenne, mussten nicht überlegen, ob sie dem Kind oder der Karriere Vorrang geben. Am Anfang des Studiums hatte ich eine Abtreibung, weil mir damals klar war, dass ich kein Kind will. Man muss vielleicht dazusagen, ich bin mit Spirale schwanger geworden, weswegen die Unterbrechung eine medizinische Indikation gewesen wäre. Das städtische Krankenhaus wurde aber von konservativen Ärzten geführt und dass die mir nicht auf der sachlichen Ebene gekommen wären, wusste ich. Also entschied ich mich für einen privaten Eingriff im Ambulatorium und habe ihn selbst bezahlt. Ich kann mich an eine Demo an der Uni für das Recht auf Abtreibung erinnern, wo Abtreibungsgegner*innen das Podium unterbrachen, ich sage dir, die waren so militant, die waren radikalisiert! Meine Abtreibung hat mich nie belastet. Interessant ist aber doch, dass ich diesem Kind Jahre später in einem Traum einen Namen gab. Ich habe mich gefragt, wie mein Leben verlaufen wäre, hätte ich mit Anna gelebt. In meinen Zwanzigern und Dreißigern hatte ich keinen Kinderwunsch. Ich verstand nicht, wenn eine Freundin traurig war, weil sie schon wieder nicht schwanger war. Mit vierzig habe ich gemerkt, dass ich doch mit einem Kind leben möchte, mit zweiundvierzig habe ich es realisiert. In meinem Kolleginnenkreis haben mich viele beneidet, aber manche haben die Hände überm Kopf zusammengeschlagen und gesagt: Wirst schon sehen, was du davon hast, auf der Uni wird es jedenfalls nicht mehr weitergehen für dich.

Ich erzähl dir das jetzt, weil es echt interessant ist und mich selbst verblüfft hat, okay? In den afrobrasilianischen Religionen, wie dem *candomblé*, zu denen ich in Brasilien geforscht habe, wird viel mit einer Art Voodoo, Reinigungen und spiritistischen Sitzungen gearbeitet. Ich habe oft bei Riten zugesehen und manchmal wurde auch an mir was gemacht. Jetzt kommt's: Ohne dass ich das Kinderthema aufgebracht hätte, erhielt ich bei einem Ritus die Info: Du wirst demnächst schwanger werden. Als ich nach Deutschland zurückkam und ich und mein Freund Max das erste Mal nach der Reise miteinander schliefen, wurde ich schwanger. Ich hatte wohl entschieden, dass es in Ordnung war. Meine Vermutung ist sowieso, dass es passiert, wenn die Frau offen für die Empfängnis, fürs Kind ist. Natürlich ist es ein gemeinsames Tun, aber die Bereitschaft kommt von der Frau. Vielleicht gehe ich damit auch zu weit, aber bei mir war's halt so, ich hatte in mir drin entschieden, dass ich mit einem Kind leben wollte. Mit einem Kind leben heißt für mich teilhaben daran, dass jemand an meiner Seite groß wird.

Ich weiß nicht, ob Frauen dir erzählt haben, wie Gebären ist, bei mir hat die Geburt vierundzwanzig Stunden gedauert, als Spätgebärende kann das sein. Ich habe alles ausprobiert: anhalten, sitzen, Ball, Becken. Die Hebamme kannte ich schon, die Ärztin kam, als das Ärgste vorbei war, weil es ist ja so: Zuerst kommen die Wehen. Mühsam! Bei mir hat es ewig gedauert, bis der Muttermund aufging. Dann der Moment, wenn man das Baby rauspresst. Der Kopf muss an einem bestimmten Punkt über einen Knochen in deinem Becken drüber – da weißt du nicht mehr, wo dir die Sinne stehen, du vergehst fast vor Schmerz. Die Hebamme versucht zwar, dich mit Atemtechnik durch diese Presswehen zu bringen, aber du spürst jeden Futzimillimeter. Dann gibt es den Moment, wo du denkst, du brichst zusammen, und genau da hatte ich auf einmal das Gefühl: Ich schaffe das, ich habe die Kraft! Das ist die Adrenalinausschüttung. Wenn du über diesen Punkt drüber bist und der Kopf heraußen ist, ist es ein irres Gefühl. Vier Kilo aus mir rausgedrückt zu haben, rausgeatmet zu haben, diese Potenzialität kannst du dir vorher gar nicht vorstellen. Also ich war beeindruckt!

Max ist ein engagierter Vater. Falls es für das, was wir praktizieren, einen familienrechtlichen Begriff gibt, kenne ich ihn nicht, aber ich nenne es geteilte Elternschaft. Wir teilen alles zwischen uns halbe-halbe. Offiziell gelte ich als Alleinerzieherin, aber eigentlich bin ich Teilzeitmama. Maxi wohnt an zwei verschiedenen Orten, er hat ein Zimmer bei mir und eins bei seinem Vater. Eine halbe Woche ist er bei mir, eine halbe bei ihm, das funktioniert klaglos. Zwar würde ich mir manchmal wünschen, Maxi könnte länger bleiben, andererseits ermöglicht mir eben das sehr viel. Ich kann die drei Tage mit meinem Kind genießen und danach die Zeit für mich nützen, ich kann fortgehen, meine Freundinnen treffen, arbeiten. Trotzdem ist ein Kind eine große Verantwortung. Es ist Vollstress, es zehrt. Eine Freundin von mir bereut es, ein Kind bekommen zu haben, aber das ist so ein Tabu, dass man darüber gar nicht sprechen darf. Ohne Kind wäre ich heute wahrscheinlich Professorin. Da bin ich schon an meine Grenzen gestoßen – oder an die gläserne Decke. Nicht nur wegen dem Kind, auch von den Strategien her, trotz der Uni-Coachings für Frauen. Als Mann hätte ich mich wahrscheinlich von vornherein anders positioniert. Aber Aggression, dem Kind gegenüber, nein, damit halte ich mich zurück, das darf ich nicht, das wäre ungerecht. Das Kind kann nichts dafür, adäquat wehren kann es sich außerdem nicht. Das Kind hat das Recht, alles zu bekommen, was es braucht. Als das Baby neu für mich war, habe ich gar nichts gewusst, und eigentlich lernt man das nie – also ich hab's nie gelernt, vielleicht lernen's andere. Das, was Maxi und ich miteinander tun, ist Beziehungsarbeit. Ich bin mit ihm ein Beziehungsverhältnis eingegangen, denn durch dieses Verhältnis habe ich gelernt, eine Beziehung zu führen. Ja, mein Kind hat mir Beziehungskompetenz beigebracht.

Ein gutes Stichwort? Von mir aus. Lass uns über die Liebe reden. Ich kenne viele Rezepte für die Liebe. Beim *candomblé* gibt es Frauen und Männer, die mittels Hexerei versuchen, den anderen in sich verliebt zu machen. *Brujeria* heißt das übrigens im Portugiesischen, *brujo*, der Hexer, und *bruja*, die Hexe. Hexerei ist aber nicht nur Liebeszauber, es wird auch bei Jobbewerbungen oder Gerichtsverhandlungen angewendet. Hexerei ist eine Form sozialen Konfliktmanagements. Man verhandelt etwas unter Einbeziehung aller Personen innerhalb eines Systems. Da gibt es spektakuläre Sachen: Feuerriten, oder Trancen, in denen jemand, der gar keinen Salto kann, plötzlich einen macht, oder wo ein Ritualspezialist oder eine Ritualspezialistin Menstruationsblut, Hymen oder die Nachgeburt für die Riten verwenden. Weibliche Substanzen sind in der Hexerei mit einer bestimmten Stärke konnotiert. Auch für lesbische Frauen gibt es eigene Riten. Darüber gibt es ein tolles Buch aus den Vierzigern, in dem die Autorin das beschreibt. Eine heteronormative Begehrensform gibt es beim *candomblé* nicht. Ist eine Frau lesbisch, wird sie in den Kult für sie bestimmter Göttinnen eingeweiht, das gilt auch für schwule Männer. Anderssein bekommt in dieser Religion einen Raum – aber die höchste Priester*innen-Kaste können Homosexuelle im *candomblé* nicht erreichen. Genauso wie Schwule und Lesben ihren Platz haben, haben Advokaten und Prostituierte einen, jeder hat eigene *caminos*, also Wege, das ist wie im Römisch-Katholischen mit den Schutzheiligen, aber beim *candomblé* sind alle androgyn, und nie nur gut oder nur böse. Zum Beispiel *Oshun*: Ihre positive Seite ist die Liebeskunst, die Verführung. *Oshun* ist die Süße, die dir Honig um den Mund schmiert. Ihre negative Seite ist Prostitution. Offiziell ist in Brasilien Sextourismus verboten, ich habe einige Sexarbeiterinnen kennengelernt, die *Oshun* als Schutzheiligen verehrten.

Obwohl es mir immer wieder nahegelegt wird, bin ich selbst nicht initiiert. Als Ethnologin muss ich dazu eine Haltung finden: Schreibe ich mich in diese Religion ein, weil ich glaube, oder beschäftige ich mich damit, um Zugang zu Wissen zu erhalten? Mich einzuschreiben in diese Religion wäre Mittel zum Zweck. Ich kenne die Familien seit Jahrzehnten, daher darf ich ohnehin auch als Nicht-Initiierte überall dabei sein, sofern ich – und ich bemühe mich sehr, das zu tun – den Kodex einhalte. Eine Forschungskollegin, mit der ich eine Zeit lang in Brasilien zusammenwohnte, arbeitet ebenfalls zu afrobrasilianischen Religionen, zu Erinnerungstheorie, *slavery and memory*. Sie geht der Frage nach, wie das negative Erbe von Sklaverei und Zwangsarbeit erinnert wird, in welchen Riten es heute noch vorkommt. Aber wenn wir über Forschung reden, müssen wir einen eigenen Termin machen, sonst werden wir hier nicht fertig. Etwas vom Schönsten während meiner Forschungsjahre in Brasilien war übrigens, dass ich mich dort in einen Kollegen verliebt habe und wir gemeinsam forschten, lebten und liebten – toll!

Sex war für mich immer schon positiv besetzt, meine Eltern haben uns ja offen gezeigt, dass sie einander mögen. In meinen Partnerschaften sehe ich, wie unbeschädigt ich in dieser Hinsicht bin. In Bezug auf Sexualität habe ich schnell gemerkt, wenn mir was zu viel wurde, das hatte ich für mich ausgelotet, mir war klar, dass es stimmig sein muss, und so bin ich über Petting lange nicht hinausgekommen. Einmal habe ich mich sogar getrennt, weil ein Freund unbedingt mit mir schlafen wollte. Wenn er so sehr will, dachte ich, bin ich nicht die richtige Freundin für ihn. Mein erstes Mal war mit siebzehn, ein Jahr nach meiner ersten Periode. Über die hab ich mich übrigens echt gefreut, weil ich endlich mitreden, endlich auch mal nicht mitturnen musste. Wenn ich die Periode hatte, dachten mein Freund und ich damals, wir müssten uns nicht um Verhütung kümmern – das war unsere Zeit. Direkt eine Periode der Freiheit war das. Eigentlich haben alle Partner währenddessen mit mir geschlafen, nur einer wollte nicht, weil das Blut, sagte er, schmutzig sei. Und einen Freund hatte ich – ein Jahr älter, Schwarm der Schule –, der dann in Frankfurt zu studieren begann, wir haben uns nur am Wochenende gesehen. Mit dem lief alles außer miteinander schlafen. Ich dachte: Was ist mit mir los? Nach dem Abi zog ich mit ihm zusammen und es stellte sich heraus, der will gar nicht. Sowieso ein Wahnsinn, dass ich das erst so spät gemerkt habe, aber für den stand unverheirateter Sex nicht auf dem Plan, weil er so katholisch war. Als ich das hörte, bin ich aus dem Bett aufgestanden und gegangen. Konsequenterweise heiratete er später eine Frau, die kurz vor der Nonnenweihe stand. Mit der hat er heute vier Kinder und eine Apotheke, und ich habe mich Gott sei Dank schnell in einen anderen verliebt, in Max, der dann meine erste wichtige Beziehung geworden ist.

Nein, deine Erinnerung täuscht dich nicht, aber dieser Max ist nicht der Vater-meines-Sohnes-Max. Von meinen Lebensgefährten hießen sogar drei Max, also dachte ich: Dieser Name bringt mir Glück, ich nenne mein Kind auch so. Parallel zu meiner ersten wichtigen Beziehung mit dem ersten Max las ich mein erstes feministisches Buch, und dieses Buch hat mein Leben verändert. Ab da habe ich feministisch argumentiert, rauf- und runterdekliniert, alles habe ich in Max gesucht – und gefunden. Ich hatte immer Männer, die sich bemühten, Feminist zu sein, es ist ein Stück Attraktivität, wenn sie dafür ein Bewusstsein haben, deshalb hielt die Beziehung das wahrscheinlich aus. Nicht ausgehalten hat sie, dass ich damals in einem Frauenkollektiv arbeitete: Kunst, Kindergarten, Musik, Sozialarbeit, Tischlerei, gemeinschaftliches Budget, kollektives Gehalt und alles. Manche waren bi, manche lesbisch, manche experimentierten mit offenen Beziehungsmodellen, manche sagten: Selbstverständlich teilen wir auch unsere Männer! Ich wollte aber nicht teilen. Trotzdem – und das hätte ich mir ohnehin sparen können – experimentierte ich mit dem Mann einer anderen. Die Rache war, dass ich Max mit einer anderen im Bett fand. Ab da wusste ich, mir tut es nicht gut, wenn einer von uns andere Beziehungen hat, ich will serielle Monogamie. Meine Beziehungen hielten prinzipiell so lange, bis sie sich sexuell erschöpft hatten oder ich mich erotisch anderweitig orientierte. Nur als sich Maxis Vater von mir getrennt hat, war ich vollkommen parterre. Halt und Struktur gegeben hat mir intellektuelles Arbeiten, die Routine an der Diss, und ich durfte mich ja nicht ganz gehen lassen, wegen Maxi. Erst als er drei war, begann ich mich wieder für Männer zu interessieren. Alleine glücklich war ich nie, das entspricht mir einfach nicht.

Gerade musste ich dran denken, dass du vorhin meintest, ich würde meine Beziehungen und mein Sexleben so positiv beschreiben, ja? Tatsächlich habe ich in meiner sexuellen Selbstbestimmung positive Erfahrungen gemacht, und ich besaß immer das Selbstverständnis, dass ich das Recht habe, mich zu lösen, wenn es nicht mehr gut geht. Eher in Begegnungen im Beratungskontext habe ich so was wie Ohnmacht erlebt, es hat mich ohnmächtig gemacht, Zeugin davon zu sein, wie mies es Frauen gehen kann. Nicht weil *ich* missbraucht oder vergewaltigt worden wäre, begann ich nachzudenken, was unterstützend sein könnte, sondern weil ich nicht wusste, welche Hilfe ich anderen anbieten konnte. Ich selbst hatte wenige negative Erlebnisse: Eine damalige lesbische Freundin kam einmal einfach zu mir ins Bett, was ich absolut nicht korrekt fand und womit sie eindeutig zu weit ging, das war ein Übergriff. Und im Ferienlager, als sich ein besoffener Schulkollege, der einen anderen dafür Wache stehen ließ, zu mir ins Zelt schmiss. Hätte ich den nicht aus dem Zelt gebracht, der hätte mich vergewaltigt. Ich weiß gar nicht mehr, ob ich das gemeldet habe, aber ich weiß noch, dass mich empört hat, dass er sich herausnahm, er könne so etwas machen. Das habe ich sofort als Unrecht wahrgenommen. Danach begann ich mit Karate. Im entferntesten bayerischen Bergdorf gibt es ja nicht massig Möglichkeiten. Die Jungen dort wollten ständig Krafttraining machen, die wollten über die eigenen Grenzen gehen. Selbstbewusstsein gab mir das nicht gerade, es vermittelte mir eher, was ich alles nicht kann. Als eine Frau aus der Stadt einen Lehrer aus unserm Dorf heiratete, hat die einfach so, mitten im Nirgendwo, eine Ballettschule eröffnet. Das Tanzen bescherte mir ein gutes Gefühl für meinen Körper.

Auch bei der Selbstverteidigungstechnik, nach der ich trainiere, geht es um stärkende Gefühle. Selbstverteidigungstraining kann helfen, wahrzunehmen, was mir gut tut, wo ich zustimmen will und wo nicht. Es geht darum, bei sich zu bleiben, nichts zu tun, was über die eigenen Grenzen geht, und, wenn es eng wird, jene Freiräume zu nutzen, die bleiben, um wegzukommen. Auch wenn ich eine Situation nicht mehr kontrollieren kann, muss ich versuchen, an dem dranzubleiben, was es mir ermöglichen könnte, die Kontrolle wieder zurückzuerhalten und die Lähmung, wenn jemand über meine körperlichen Grenzen geht, in Handlungsfähigkeit zu transformieren.

Viele Frauen erzählen, dass sie nicht schreien konnten. Keine Frau weiß, was sie überhaupt noch zur Verfügung haben wird in einer Situation voll Angst. Es ist wichtig, sich gezielt anzuschauen, wie man als Mädchen und Frau sicher durchs Leben kommt und die Strategien, die man sich ohnehin zurechtgelegt hat, zu üben und zu erweitern. Egal, wie alt du bist und wo du wohnst, mit diesem Thema musst du dich beschäftigen. Heute hatte ich einen Kurs mit Frauen im Alter von siebzig plus. Viele konnten den Arm nicht mehr über den Kopf heben oder hatten Hüftoperationen hinter sich, die Frage ist: Was geht trotzdem? Aber selbst wenn eine Frau nichts tut: Die Frau ist nie schuld, es ist immer ein Unrecht, das an der Frau verübt wird. Zu behaupten, es gäbe ein Verhalten, das Frauen davor schützen könnte, vergewaltigt zu werden, ist falsch. Im häuslichen Bereich ist die Abgrenzung überhaupt schwierig, manchmal gar nicht möglich. Da kommt die sexuelle Annäherung von jemandem, den man gut kennt, das ist emotional hochgradig verwirrend. Dafür muss ich als Trainerin andere Strategien bereitstellen. Wenn ich etwas in meiner Umgebung beobachte, versuche ich, das nicht zu übergehen. Zum Beispiel in einer Nebenwohnung würde ich vorwarnen: einen Zettel unter der Tür durchschieben, dass man die Polizei ruft. Einfach damit eine Unterbrechung da ist, damit die Frau weiß, es wird bemerkt, damit der Täter weiß, es gibt Zeugen. Wenn ich von Schulen eingeladen werde, findet oft parallel zu meinen Mädchenkursen emanzipatorische Jungenarbeit statt. Die arbeiten dann an der Reflexion von Männlichkeitsbildern, an einem männlichen Selbstbewusstsein, das sich nicht an einer einnehmenden, dominierenden Männlichkeit orientiert.

Seit Köln ist die Nachfrage nach Kursen extrem, und bei der Vorstellungsrunde gibt es manchmal Wortmeldungen, dass ich mir denke: Die sind doch von der AfD! Am Anfang hatte ich das Gefühl, die wollen prüfen, wo ich stehe, und ich begann, dagegenzuhalten. Bei den nächsten Kursen wartete ich ab. Relativ rasch wurden die Aussagen von anderen Teilnehmerinnen ins richtige Licht gerückt.

Das ist ja alles Angstmache und Medienhysterie, die nicht der Wahrheit entspricht, die Polizeistatistik sagt was anderes. In Deutschland bei der #aufschrei-Debatte, oder in Österreich, als es darum ging, ob man einen Paragraphen gegen sexuelle Belästigung ins Strafgesetzbuch aufnehmen soll, haben dieselben Medien sexuelle Gewalt bagatellisiert. Das allein zeigt, wie manipulativ mit dieser Thematik umgegangen wird, und dass der öffentliche Raum nicht geschlechtsneutral ist. Der Status des Geschlechts wird ja auch über Körpersprache und Blicke verhandelt. Im öffentlichen Raum wird Macht ausgeübt, es gibt Hierarchisierungen: Wer nimmt sich wie viel Platz? Wer setzt sich wie wo hin? Ich bin seit zwanzig Jahren im Training und weiß, Übergriffe gab es immer. Frauen kennen Belästigung von Männern mit und ohne Migrationshintergrund. Statistisch gesehen sind es sowieso mehr Deutsche. Das nun Flüchtlingen umzuhängen, soll bloß rechtfertigen, dass man Flüchtlinge kontrolliert. Es ist eine obszöne Lüge, die für populistische Propaganda instrumentalisiert wird. Es ist Rassismus im Namen des Feminismus.

Vor kurzem habe ich Michel Houellebecqs *Unterwerfung* gelesen, über dieses Buch beginnst du nachzudenken. Es thematisiert, dass sich patriarchale muslimische Weltbilder und patriarchales rechtes Gedankengut treffen. Populistische Parteien und Medien arbeiten ja bewusst mit einem Feindbild, das sie selbst erschaffen. Aber die Themen Gewalt und Flüchtlinge muss man diskursiv trennen. Natürlich sehe ich, dass es verunsicherte Menschen gibt – dass geflüchtete Männer aus arabischen Ländern als aggressiv, weil uneinschätzbar wahrgenommen werden. Ich anerkenne Angst. Aber wie sich in den letzten Monaten die Stimmung verändert hat, wie beschimpft und bespuckt wird, welche Tabubrüche salonfähig werden, ist beängstigend. *Das* ist beängstigend. Wen muss man da vor wem schützen? Mittlerweile beziehe selbst ich Angst mit ein in meine Überlegungen, ob ich in der Nacht mit dem Rad oder Taxi heimfahre, das ist neu für mich. Angst wird sogar da produziert, wo nichts dergleichen erlebt wurde. Darüber, dass das auch bei mir wirkt, muss ich nachdenken.

Letztens erzählte eine Frau in meinem Kurs von *der* Bedrohung durch Ausländer und andere pflichteten ihr sofort bei. Später spielte die Tochter dieser Frau eine Bierzeltszene vor: Das Mädchen geht an die Bar, ein Typ greift ihr an den Hintern. Da sagte die Mutter tatsächlich: No jo, am Land tuan's doch alle so. Kurz zuvor war's noch ein Flüchtling, und alle waren sich einig, dass das sexistisch ist. Bei diesem Typen ziehen sie das plötzlich zurück? Kann Herkunft tatsächlich ein Kriterium sein, wenn es um Sexismus geht? Um was geht es hier wirklich?

Kind aus dem Käfig

Nehir, 28, Juristische Mitarbeiterin

Jahrelang hat Mama sich eine normale Wohnung gewünscht, eine zu der man hinauf statt hinunter geht, mit Tageslicht, aus deren Fenstern man einen größeren Ausschnitt von der Welt sehen kann als nur die Schuhe der Leute auf der Straße. Also habe ich sie befreit, indem sie mit mir schwanger wurde. Die Wohnung der Hausbesorgerin war im Keller. Ofen und Warmwasser gab es keines, die Kinder haben in der Küche gebadet, das Badezimmer meiner Eltern war die öffentliche Badeanstalt. Mit mir wurde die Wohnung zu klein und meine Familie zog in eine größere. Den Posten als Hausbesorgerin, den Mama neben Fabrik und Reinigungstätigkeit immer hatte, konnte sie behalten, die Kellerwohnung, die wegen des Zustands einen Minibetrag kostete, auch. Das Gefühl, jederzeit zurückkommen zu können, war Mama wichtig, und mein Papa war bei einem Streit schnell still.

Freitags wusch Mama das ganze Haus. An einem Tag bemerkte sie zwei Typen. Die Haustür stand offen. Mama wusch gerade den Eingang mit einem Wasserschlauch. Lange Rede, kurzer Sinn: Diese Herrschaften haben meine Mama angegriffen. Zum Glück ist sie eine starke Frau, auch körperlich. Mit dem Besen, den sie in der Hand hatte, zog sie dem einen eins über den Schädel, dann versuchte sie irgendwie aus der Tür ins Freie zu kommen und in die Textilreinigung nebenan. Die Betreiberin der Reinigung verständigte sofort die Polizei. Weil meine Mama ihre Arbeitsuniform getragen hatte, war klar, dass nicht Diebstahl das Ziel gewesen sein konnte.

Der Anklagepunkt durch die Staatsanwaltschaft lautete: versuchte Vergewaltigung. Vor Gericht verteidigte sich meine Mama selbst, aber die Angeklagten – perverserweise Vater und Sohn – hatten tatsächlich die Chuzpe, für den Schlag auf den Schädel Schadenersatz zu fordern. Der Richter fragte: Sie hatten vor, diese Frau zu vergewaltigen, und wollen dafür, dass sie sich gewehrt hat, Schadenersatz? Dann hat er diesen Trotteln klargemacht, dass das absurd ist. Darüber, dass Migranten derzeit als »die Vergewaltiger« hingestellt werden, regt sich meine Mama ziemlich auf, wo sie doch fast von zwei Autochthonen vergewaltigt worden wäre – mir ist übrigens wohler, wenn wir autochthon sagen, gebürtige Österreicherin bin ich ja auch.

Die Leute gehen davon aus, dass Frauen mit Kopftuch kein Deutsch können, dass sie sich bei ihnen mehr Frechheiten leisten können. Diese Erfahrung mache ich bei meiner Mama, bei meiner Schwester und bei Freundinnen. Wären meine Eltern strenger gewesen, hätte ich wohl irgendwann ein Kopftuch tragen müssen. Ja, wir nennen es Kopftuch, aber im politischen Kontext verwende ich beides, Kopftuch und Hidschab. Ich habe ein entspanntes Verhältnis dazu. Beim Beten habe ich eins oben. In der Moschee ist es nicht Pflicht, niemand dürfte dich zwingen, aber natürlich wird um entsprechende Kleidung ersucht, wie in der Katholischen Kirche auch. An einem spirituellen Ort nehme ich Rücksicht, außerhalb der Moschee ist mir scheißegal, wenn sich wer an meinen Haaren stört. Meine älteste Schwester begann das Kopftuch mit zwanzig zu tragen, aus religiösen Gründen. Im Büro hat sie es abgelegt, bis zur Karenz ihres ersten Kindes. Als sie zurückkam, kam sie mit Kopftuch zurück. Sie arbeitet als Ärztin, da muss sie sich doppelt behaupten, als Frau und als Frau mit Kopftuch. Aber sie ist

Feministin, sie bezeichnet sich auch selber so, von Männern lässt sie sich nichts sagen. Unser sogenanntes österreichisches Kind hatte Phasen. Bei ihr spielte vor allem die Identität eine Rolle. Sie hat sich mit fast dreißig ihren österreichischen Namen amtlich streichen lassen. Sie sagte: Eine Türkin heißt nicht Franziska. Deshalb war für sie das Kopftuch, das sie manchmal trug und manchmal nicht, eher die Mitteilung: Ich bin eine Türkin, seht her! Für mich war früh klar: Ich bin türkische Österreicherin. Meine Realität ist beides und ich nehme mir aus beidem, was mir gefällt.

Jede Familie hat ihre eigene Geschichte, jede Familie ist anders, aber jede prägt. Die Geschichte meiner Familie ist nicht dezidiert türkisch, das Türkische ist so pluralistisch wie alles andere auf der Welt auch. Ich definiere mich stark als Gastarbeiterkind, denn meine Eltern waren nicht irgendwelche Arbeiter, sie waren Gastarbeiter. Ursprünglich sind sie aus Rize und Giresun am Schwarzen Meer, aber von dort kennen sie sich nicht. Mein Vater ging mit zwölf, um eine Lehre beginnen zu können, nach Ankara. Noch heute müssen 70 % Prozent aller in Rize geborenen Kinder später auswandern. In Ankara war mein Vater der Nachbar meiner Mama, aber ihre Familien konnten einander nicht leiden – die Liebesgeschichte meiner Eltern ist Romeo und Julia ohne Tote. Meine Eltern beschlossen, ihre eigene Familie woanders zu gründen, weg von ihren eigenen Eltern, in einem anderen Bezirk der Stadt. Zwischenzeitig war der Bruder meines Vaters nach Wien gezogen und mein Vater wollte ihm nach. Zu der Zeit, 72, war es für eine Gastarbeiterin einfacher als für einen Gastarbeiter, Arbeit in Österreich zu finden, also ging meine Mama vor. Innerhalb eines Monats stand sie, knapp zweiundzwanzig, mit einer Dolmetscherin auf dem Amt, um einen Antrag für ihren Mann zu stellen. Der Beamte soll scherzhaft gesagt haben: Warum wollen Sie denn Ihren Mann holen, hier gibt es doch auch fesche Männer! Meine Mama hat losgeweint: Oh Gott, der will mich mit einem Mann verkuppeln, aber ich habe doch schon einen! Ich kann mir das schon vorstellen, es gibt eben Situationen, wo man emotional so allein ist, dass man nur angetippt werden braucht und man fällt um. Neun Monate nach der Ankunft meines Vaters in Wien konnten meine Eltern auch ihre zwei Kinder zu sich holen.

Meinen Vater habe ich als weisen Mann erlebt, und doch war er verspielt genug, um sich seine eigenen Kinder in der Reihenfolge seiner Geschwister zu wünschen: Mädchen, Junge, Junge, Mädchen. Folglich war das zweite Mädchen eine kleine Enttäuschung, nach seinen Berechnungen hätte ja ein Junge kommen müssen. Das dritte Kind – das war bereits das österreichische Kind – war wieder ein Mädchen. Ja, das nennt man wirklich so, das ist so ein Ding bei Gastarbeiterfamilien: Jetzt, wo wir vereint sind, machen wir noch ein österreichisches Kind. Anders als zum Beispiel in den USA herrscht in Österreich aber Blutrecht, Bürger und Bürgerin ist man hier nicht nach Boden, sondern nach Blut, und weil meine Eltern türkische Staatsbürger*innen waren, war es auch meine Schwester. Aber eines unterschied sie von uns, sie bekam einen deutschen Namen. Du musst dir das so vorstellen: Oft haben Gastarbeiterfamilien eine autochthone Person, die sich ihrer annimmt. Meist sind das ältere Damen, meist eine Nachbarin, unsere hieß Maria Franziska. Mein Vater, der ein sehr emotionaler und sentimentaler Mensch ist, wollte das österreichische Kind als Dankeschön an sie Maria nennen. Das kam aber für Mama nicht in Frage, Maria sei *der* christliche Name überhaupt – dabei hat Maria auch bei Muslimen und

Musliminnen einen hohen Stellenwert als vorbildliche Frau. Mein Vater konnte schließlich Franziska durchsetzen. Das vierte Kind, der einzige Sohn, war das Versöhnungskind nach einer Ehekrise. Für ihn haben meine Eltern, obwohl sie zwar gläubige, aber keine religiösen Menschen sind, gebetet, und siehe da: Gebete werden erhört.

Ich, das fünfte und letzte Kind, war der berühmte Unfall. Mama war einundvierzig, als sie mit mir schwanger wurde, was in den Achtzigern uralt war für ein Kind. Außerdem wollte sie keins mehr, sie überlegte sogar mich abzutreiben. Aber der Vorteil an mir war, aus der Kellerwohnung hinauskommen zu können. Mein Geschlecht war meiner Mama nicht verraten worden, oder man hat es auf dem Ultraschall nie genau genug gesehen, weshalb sie enttäuscht war, als sie ein Mädchen in die Hände gedrückt bekam – von einem Jungen hatte sie sich Rettung erhofft. Ehekrise und ungewollte Schwangerschaft hatten eine Depression bei ihr ausgelöst. Wahrscheinlich dachte sie, wenn schon patriarchale Strukturen, dann sollen mich wenigstens Männer aus dieser Situation retten. Die Depression hat Mama erst behandeln lassen, als ich achtzehn war. Während ihrer Jahre der Resignation sah ich sie nie ausgeglichen – wobei ich nicht weiß, ob sie es so nennen würde, aber ich interpretiere es als eine Resignation gegenüber dem Patriarchat. Während ihrer Resignationsphase hatte sie sogar die Machtunterschiede zwischen Männern und Frauen anerkannt, dabei ist sie normalerweise der Meinung, dass es zwar Geschlechterunterschiede gibt, diese aber keine Machtansprüche legitimieren. Ich habe lange das Gefühl vermittelt bekommen, ich sei eine Träumerin, manches sei für Frauen einfach nicht möglich, das habe sie erfahren und ich würde auch noch draufkommen.

Am längsten gesessen hat, dass ich nicht in einen Fußballverein durfte. Gerade jetzt, wo die Frauen-WM bekannter wird, denke ich wieder daran. Ich habe – so hat das früher geheißen – Fußball gespielt wie ein Junge. Die Buben, mit denen ich gespielt habe, meinten, so gut, wie ich sei, könnte ich in einem Verein spielen. Dass meine Mama fand, Fußball sei nichts für Mädchen, war aber nichts speziell Türkisches. Ich muss das natürlich betonen, eine Michaela oder Pia müsste das nicht. So eine bewusste Feministin bin ich geworden, weil ich als Mädchen an vielem gehindert wurde. Und ich glaube an Frauensolidarität. Wenn eine Frau sich diskriminiert oder sexistisch behandelt fühlt, solidarisiere ich mich mit jeder Frau, sogar mit einer Hillary Clinton oder Alice Schwarzer. Aber Frau sein allein reicht eben nicht aus. Wenn ein Mann die besseren Argumente hat, kann die Frau noch so viele Brüste haben, ich helfe trotzdem zu ihm.

Natürlich gibt es auch in der Türkei feministische Bewegungen. Viele der Frauen, die aufgrund des Kopftuchverbots ihren Job verloren haben, verstehen sich als Feministinnen. Spontan fallen mir die Theologin Hidayet Tuksal oder die Aktivistin Alev Erkilet ein. Hier in Österreich und Deutschland denkt man sich ja gern: Ja mei, sollen's halt ihr Kopftuch runter tun, wenn's studieren möchten. Auf muslimische Frauen wird in Europa lustvoll hingetreten, medial und tatsächlich. Du kannst dich als Frau der Mehrheitsgesellschaft viel freier bewegen als wir hier. In der Türkei können sich muslimische Frauen so bewegen, weswegen die muslimische Frauenbewegung in der Türkei viel freier und bunter sein kann. In Österreich werde ich viel öfter und intensiver mit meinem Frausein konfrontiert. Zum Beispiel besitze ich nicht den Luxus, unfeministisch sein zu dürfen, ich *muss* geradezu feministisch sein, weil sonst gelte ich als unterdrückt. Eine österreichische Frau gilt nie als unterdrückt. Dabei gibt es so viele Männer vierzig plus – egal ob Migrant oder autochthon –, die stolz darauf sind, dass sie ihre Frau gnädigerweise arbeiten gehen lassen. Vielleicht nicht Berlusconi und Trump, aber die meisten Männer im Westen haben gelernt, wie sie sich zu artikulieren haben, um ihren Sexismus zu verschleiern. Und diese Sexisten dürfen dann im Parlament davon reden, dass Österreich sich mit den sogenannten Flüchtlingen »Neandertaler« hereinhole, welche die Frauenrechte, die *wir* so hart erkämpft hätten, mit Füßen treten würden. Die Stimmung gegenüber Muslimen und Musliminnen wird auch außerhalb des Wahlkampfs aggressiver. Früher wurde meine Kopftuch tragende Schwester von dem typischen rückgratlosen Wiener angegangen, doch sobald sie sich wehrte, ging er überrascht und ertappt weiter. Mittlerweile passiert es öfter, dass jemand in ihrer Gegenwart über Kanaken herzieht und sobald sie antwortet, hört sie: Ja, da hast du ganz richtig gehört!

Mein erstes Kanaken-Erlebnis hatte ich in der Kindheit. Eine offenbar geistig verwirrte Frau stieg in den Bus ein und murmelte vor sich hin: Kanake, Kanake, Kanake. Bis dahin kannte ich das Wort gar nicht. Irgendwann hab ich's kapiert: Die meint meine Mama! Alle im Bus wussten es, alle schwiegen. Der Schriftsteller Oskar Maria Graf, der mit einer Jüdin verheiratet war, mit der Cousine von Nelly Sachs nämlich, sagt: Wer schweigt, macht sich mitschuldig. An diesem Tag habe ich mir von meinen älteren Schwestern erklären lassen, was Kanake bedeutet – wie soll man das einer Sechsjährigen erklären? Was ich daraus gelernt habe: Jemand kann geistig noch so verwirrt sein, an Rassismus, den man erlernt hat, erinnert man sich ein Leben lang. Vor kurzem beschimpfte ein

Typ meine Freundin, die Kopftuch trägt: Scheiß Kanake! Ich schrie beinhart zurück: Komm her, Alter, wenn'd dich traust! Nein, eine, die deeskaliert, bin ich nicht. Wenn der Rückgrat hat, sagt er uns das ins Gesicht – natürlich ist er aber nicht hergekommen. Ich habe es schon mal erlebt, dass jemand dann mich beschimpft: Du Vaterlandsverräterin! Warum hast du ein Problem damit? Um dich geht's ja gar nicht! Weil ich als die österreichische Freundin durchgehe. Wobei ich gar nicht weiß, wie man österreichisch aussieht, oder türkisch. Mein Großvater in der Türkei war blond und blauäugig, sein Sohn hatte rote Haare und grüne Augen, sein anderer Sohn braune Haare und braune Augen. Ich glaube, es ist wichtig, dass diese Rassisten und Rassistinnen sehen, dass es Menschen gibt, die die Beschimpften nicht alleinlassen, und dass sie nicht ungestraft pöbeln können.

Was ich oft erlebe, ist positiver Rassismus: Warum sprichst du so gut Deutsch? Heute antworte ich: Aus demselben Grund wie du. Oder: Du redest so akzentfrei! Ja Wahnsinn, du aber auch? Für uns Kinder aus dem Park war es nie Thema, dass wir Türkisch und Deutsch, Serbisch und Deutsch reden – es wurde aber zum Thema gemacht, vor allem in den Medien. Es gibt eine Serie, *Alarm für Cobra 11*, mit einem deutschen und einem türkischen Kommissar. Kennst du die? Zuerst dachte ich: Wie cool, ein Türke in einer Serie! Plötzlich kam ich drauf: Der spielt einen Türken, wie alle ihn sich wünschen: einen, der Alkohol trinkt, Liebesbeziehungen hat und kein Tamtam ums Essen macht, einen, den man akzeptieren könnte.

Meine türkische Identität habe ich ein Mal in meinem Leben verleugnet, na gut, eineinhalb Mal. In meiner Jugend gingen wir öfter in ein Lokal, weil es halt leistbar war mit Taschengeld. Manchmal hingen dort auch Burschenschaftler ab. Ich saß gerade mit einem Freund da, als ein paar Nazis inklusive Nachwuchs, kleine rasierte Kinder, daherkamen, sie grölten Nazilieder und fingen an, über Türken zu schimpfen. Mein Freund und ich wollten uns gerade schleichen, als einer herkam und von mir wissen wollte, wie ich heiße. Dazu muss ich kurz ausholen: In der Volksschule sagte die Lehrerin, ich würde Nelly genannt werden, weil Nehir kenne niemand, und Nelly hat sich dann verselbstständigt. Erst im Gymnasium habe ich mich dagegen gewehrt: Ich heiße nicht Nelly, ich heiße Nehir und ich will, dass ihr Nehir zu mir sagt! Nun ging mein Freund in dem Lokal her und griff darauf zurück: Nelly heißt sie. Eigentlich hat mich das enttäuscht, aber richtigstellen konnte ich es auch nicht, weil ich fühlte, dass ich mich in einer Gefahrensituation befand. Eh ein schöner Name, sagte daraufhin der Nazi und wollte uns auf ein Getränk einladen. Ich trinke aber nicht, aus religiösen Gründen, ja, also erklärte mein Freund: Die Nelly trinkt nicht, Schrumpfniere. Das zweite, also das halbe Mal, war wieder in diesem scheiß Lokal. Woher bist du? Aus Wien. Und woher sind deine Eltern? Was geht dich das an? Du bist keine Österreicherin, höchstens 'ne Jüdin, vielleicht noch Griechin. Dann bin ich, was du meinst, dass ich bin, weil was ich meine, gilt ja nicht. Und dann beginnt dieser Typ über Türken herzuziehen und fragt mich: Weißt du, was ich meine? Ich so: Ich meine, ich bin selber Türkin. Obwohl ich mich schlussendlich eh nicht verleugnete, habe ich gespürt, wie in mir schon so der Gedanke durchkam: Bin ich froh, wie eine Österreicherin auszusehen, kein Kopftuch zu tragen, oder nicht Schwarz zu sein! Ich wünsche mir nichts mehr, als dass meine Nichten und Neffen eines Tages so frei von rassistischen Zuschreibungen sein werden, dass sie nicht aus Betroffenheit, sondern aus Überzeugung antirassistische Parteien wählen können.

Lange hatte ich vollkommenes Vertrauen in Österreich als einen Rechtsstaat, aber als ich auf der MA 35 saß – das ist die Magistratsabteilung für Einwanderung und Staatsbürgerschaft –, hatte ich ein böses Erwachen. Trotzdem, ich habe den Beamten dort gezeigt, dass ich mich nicht wie den letzten Dreck behandeln lasse. Ich habe nämlich einen Auftrag: Ich muss meine Würde bewahren. Tieren hat Gott diese Würde nicht eingehaucht, uns Menschen schon, und deshalb muss ich sie bewahren, als Mensch, als Frau, als Partnerin, als Mutter, als Kind, als Arbeitnehmerin, als Antragstellerin. Am Gang der MA 35 sitzen geknickte Menschen, ständig beugt sich jemand über sie und sagt: Arschloch! Wenn ich auf ein Visum angewiesen bin, bin ich in der Regel gusch. Im Grunde könnten mir die Beamten mein Visum zwar nicht verweigern, aber das Gesetz könnte so ausgelegt werden, *dass* sie es könnten. Per Verfassung ist eine in Österreich geborene Person einer bereits seit Generationen hier lebenden Person gleichgestellt, aber die Beamten betonen sehr gern, dass nicht der Aufenthaltstitel begrenzt sei, sondern die Karte – und eben die muss alle paar Jahre verlängert werden. Einer hier geborenen Person dürfte das eigentlich nicht erschwert werden, aber das System ist so aufgebaut, dass man solche Informationen gar nicht erst erhält. Ich bin mit neunzehn österreichische Staatsbürgerin geworden, davor besaß ich bloß eine Niederlassungsbewilligung, die im Visum im türkischen Pass meiner Eltern vermerkt war. In den Jahren danach war ich oft mit meinen Eltern bei der MA 35, jetzt bin ich regelmäßig mit meinem Mann dort. Um miteinander in Österreich leben zu dürfen, müssen wir es, seit dem Fremdenrechtspaket 2006, gemeinsam schaffen, monatlich 1323 Komma irgendwas plus circa 130 Euro pro Kind zu verdienen, und zwar netto. Schaffen wir das nicht, muss Berat gehen – obwohl wir verheiratet sind, und sogar wenn wir ein Kind hätten. Außerdem muss er seine Deutschkenntnisse nachweisen, für die A1-Prüfung hast du, glaube ich, ein Jahr Zeit, für A2 zwei Jahre, und ich glaube, für B1 fünf.

Berat und ich haben uns in der Türkei kennengelernt, es war Liebe auf den ersten Blick. Als ich mich verlobt habe, fragte ein jahrelanger Schulfreund: Und, hast du ihn selber ausgesucht? Zuerst dachte ich, der macht einen Scherz, aber er ging noch weiter: Ich weiß ja nicht, wie das bei euch ist! Mir ist scheißegal, wie das bei uns ist, habe ich geantwortet, du kennst mich! Das war der Typ, dem ich in die Eier getreten habe, weil er dachte, er könne Mädels auf den Arsch greifen, das musst du dir mal vorstellen! *Der* fragt *mich*, ob ich mir meinen Mann selber ausgesucht habe, ernsthaft jetzt? Aber schon bei der Anmeldung fürs Gymnasium musste meine Mama sich anhören: Wozu soll Ihre Tochter aufs Gymnasium gehen? Sie wird doch ohnehin verheiratet. Jetzt erinnere ich mich noch an etwas, an eine Jobsuche während meines Studiums. Die Personalchefin meinte, ich sei ihr sympathisch, aber sie könne mich trotzdem nicht nehmen. Weißt du warum? Wegen ihrer Angst vor meinem Bruder! Sie habe, sagte sie, nämlich schon mal eine Türkin angestellt – und was weiß ich, was dann mit deren Bruder war, jedenfalls durfte ich das ausbaden. Damals war ich viel zu müde dafür, aber heute würde ich sie beinhart wegen Diskriminierung verklagen.

Normalerweise spricht man in der Arbeitswelt rassistische Handlungsweisen nicht aus. Am Ende wird eben zufällig die blauäugige Maria eingestellt – und gibt es die Wahl zwischen Maria und Max, kriegt Max den Job, weil Maria könnte ja schwanger werden. Letztens gab es ein Fußballspiel zwischen Österreich und der Türkei, ein Freundschaftsspiel, eh unwichtig, jedenfalls hat die

Türkei gewonnen. Am nächsten Tag sagt eine Kollegin zu mir: Jetzt musst du dir eine gute Ausrede einfallen lassen für *deine* Mannschaft. Ich habe die Erfahrung gemacht, wer dich einer Fußballmannschaft zuschreibt, schreibt dich auch sonst zu. Und zwar unabhängig davon, dass Nehir sich gar nicht über Nationalismen definiert, sondern über Religion oder Geschlecht oder die Anzahl ihrer Nasenbeinbrüche. Eine andere Arbeitskollegin, mittleres Management, kam mal auf mich, die Nicht-Kopftuchträgerin, zu, und mit Seitenblick zur Kopftuchträgerin in unserem Büro sagte sie: Wenn die das wenigstens runter tun würden! Und dann begann sie höchst eigenartig und stichwortartig zu sprechen: Stefan Zweig, großer Europäer, noch ein paar Namen berühmter Juden, dann ich: Und warum wurden diese großen Europäer trotzdem vergast? Sie: Wenn die paar orthodoxen Juden nicht so krampfhaft auf ihre Tradition beharrt hätten, wäre das Ganze nicht passiert! Eine andere Variante, die ich kenne, ist: Wenn die Juden sich assimiliert hätten! Alter? Deine Großeltern haben eine verdammte Nase gemessen, um zu beweisen, dass das Juden sind! Aber Hauptsache, die Israelitische Kultusgemeinde springt jetzt auf den Zug auf und meint, muslimische Geflüchtete brächten den Antisemitismus wieder nach Europa. Ich bin ein Kind, das mit Haider groß geworden ist. Ich war beim ersten Lichtermeer gegen Rassismus dabei. Ich habe das Ausländervolksbegehren nicht vergessen. Letztens sah ich in einer Fernsehdoku eine Zeitzeugin weinen, als sie erzählte, was für ein schönes Gefühl es gewesen sei, als die neue Pummerin nach der Zerstörung im Zweiten Weltkrieg zum ersten Mal wieder läutete. Sei mir nicht bös, aber diese Glocke ist *das* Symbol für Türkenhass. Die wurde aus den Kugeln der Türkenbelagerung gegossen. *Pummerin statt Muezzin* ist nicht einfach ein

Wortspiel von ein paar Idioten, das ist ein Wortspiel von Idioten, das auf Geschichte zurückgreift. Es ärgert mich jedes Mal, wenn so getan wird, als wäre Nationalsozialismus nur – unter Anführungszeichen – die systematische Ermordung von Menschen gewesen. Nein! Da steckte eine Idee dahinter, und die entstand nicht über Nacht. Juden und Jüdinnen wurden seit Jahrhunderten erniedrigt und verfolgt, es gab schon eine Zeitrechnung vor den Pogromen von 1938.

Ich weiß nicht, ob ich heute so politisch wäre, würde ich Michaela oder Pia heißen. Ich wurde politisch gemacht, weil ich zur Türkin gemacht wurde. Ich und meine Geschwister wären *die* Chance gewesen für Österreich. Mit uns unbelasteten Gastarbeiterkindern hättet ihr ein neues Österreich bauen können, aber Österreich hat uns lieber zu »den Anderen« gemacht. Wenn's darauf ankommt, bin ich die Türkin und die Muslimin. Zur Zeit höre ich öfter: Wie ist es bei euch in der Türkei, die ja keine Menschenrechte kennt? Ich frage dann zurück: Sprichst du von denen, die in Frankreich gerade ausgesetzt wurden? Die jetzt über den Hinterhof des Notstands umgangen werden können? Dann bekomme ich zu hören: Du findest also okay, dass Erdoğan Kurden massakriert und Journalisten verhaftet? Äh, nein – aber ein Hollande oder ein Kurz müssten genauso geohrfeigt werden, nicht nur ein Erdoğan. Ich möchte auch mal sagen dürfen, dass Österreich oft ein beschissenes Land ist, dass diese Demokratie oft eine scheinheilige ist und dass der Kapitalismus uns alle auffrisst. Eine Nadine Kegele, ein André Heller oder eine Barbara Stöckl dürften Kritik äußern. Ja, du hörst richtig, da ist Wut in mir, da ist sogar viel Wut in mir. Weil nämlich die Nationalratsabgeordneten meine Hilfsarbeiter*innen sind, nicht meine Vorgesetzten, so sieht es aus! Ich wünsche mir einfach, dass alle Kinder widerstandslos aufwachsen können. Widerstände ermüden, weißt du. Ich würde liebend gern auch mal einen anderen Kampf führen können als den antirassistischen, ich würde liebend gern auch mal aufstehen dürfen und fragen: Wo bist du ang'rennt, Alter, dass du jetzt Mindestsicherung streichst? Komischerweise darf ich aber nicht.

Aber ich kenne es, nicht nur als Türkin beschimpft zu werden, sondern auch als Frau: du Fotze, du Schlampe, und auch beim Kinderthema muss man sich als Frau ständig was anhören. Wollen Sie Kinder? Wann ist's denn bei dir so weit? Müsstest du nicht langsam dran denken? Berat muss sich diesen Scheiß nicht anhören, ich schon. Als eine Kollegin schwanger wurde, sagte ein Chef: Wir sollten uns nur noch Frauen ab vierzig nehmen. Bei einem Mann denkt niemand: Den nehmen wir nicht, die Gefahr, dass der bald Kinder kriegt, ist uns zu groß. Im österreichischen Kontext höre ich manchmal: Ich mag keine Kinder. Nicht mögen? Kinder können einem manchmal am Oasch gehen, aber nicht mögen, echt? Im türkischen Kontext – und das schätze ich sehr – gibt es keine Alternative zur Kinderliebe. Nein, nein, mit einer guten oder schlechten Behandlung hat das noch nichts zu tun, du behandelst dein Kind ja meist so, wie du's selber erfahren hast, aber feststeht: Du liebst Kinder.

Vergangenes Jahr fing es an, dass Freundinnen Kinder bekamen, natürlich habe ich dann auch über mich nachgedacht und ich wusste: Ich fühle mich noch nicht groß genug, ich fühle mich selber noch wie ein Kind, das einen Papa und eine Mama braucht. Vor kurzem habe ich meine Mama, die absolut nicht für die Mutterrolle erschaffen ist, gefragt, warum *sie* fünf Kinder gekriegt hat. Wenn's nur eins wäre, weil's dazugehört, okay, aber fünf? Ich habe zu ihr gesagt, dass ich jetzt seit Jahren sexuell aktiv sei und wissen würde, dass man, wenn man keine Kinder will, auch keine kriegt. Sie hat gelacht: Ja mei, vielleicht bist unfruchtbar. Da wiederum habe ich gelacht, weil ich nämlich hoch fruchtbar bin. Das weiß ich von einer Nierenuntersuchung, zufällig, der Arzt rief ganz begeistert: So ein schöner Hormonwert, Sie sind so fruchtbar, Sie könnten jederzeit! Heute können Mama und ich darüber reden. Ich habe auch nicht mehr die Vorstellung, Eltern müssten perfekt sein. Genauso wie ich mir herausnehme, Fehler machen zu dürfen, dürfen das Eltern. Meine Mama ist auch bloß ein Mensch, und sie darf uns Kinder auch mal nicht mögen. Was ich nicht verstehe, ist, warum mein Papa sich überhaupt einen Sohn gewünscht hat. Mädchen und Jungen haben andere Bedürfnisse und Themen in der Pubertät, und die Themen meines Bruders konnte mein Vater einfach nicht beantworten. Mit dem einzigen Sohn hat er sich überworfen. Zu uns Mädchen war er ein liebevoller Papa, er hat mit uns gekuschelt, uns umarmt, er war aufmerksam, ich habe mich wohlgefühlt bei ihm, und ich verstehe, warum meine älteren Schwestern ihn so lieben.

Ich und mein Papa haben eine andere Geschichte miteinander. Seit ich denken kann, ist mein Papa krank und pensioniert. Ich hatte ihn vielleicht noch zu zwanzig Prozent, aber er konnte mir das Gefühl vermitteln, dass er ein Vater ist, zu dem ich jederzeit kommen könnte, wenn er hundert Prozent gesund wäre. Zum Beispiel kenne ich es von anderen Familien, dass der Vater bitte bloß nichts von weiblicher Menstruation hören will, für meinen Vater war meine Weiblichkeit nie tabu, verstehst du? Er hat mir ein Kissen oder eine Tasse Tee gebracht, oder es – falls es ihm zu schlecht ging – zumindest organisiert. Einen Geschlechterkampf hatte ich perverserweise mit meiner Mama auszufechten. Sie war lange Zeit meine

Gegenspielerin, dabei müsste sie doch meine Verbündete sein. In meinem Vater hätte ich, wenn er präsenter sein hätte können, einen Verbündeten gefunden, mein Papa ist seiner Zeit voraus.

Es ist noch gar nicht lange her, da überraschte mich meine Freundin Mona mit einer Idee: Sie und Lenny seien jetzt so weit, und um nicht alleine zu sein, würde sie gerne mit mir schwanger werden. Erstmal musste ich schlucken – dann ließ ich mich drauf ein. Und irgendwann wurde ich doch nervös. In bester Vogel-Strauß-Manier habe ich gehofft, Mona werde es schon vergessen – als es ein kleines Malheur bei meiner Kalendermethode gab und ich eine Zeit lang unsicher war, ob ich eventuell schwanger bin. Ich sage immer: Wer alt genug ist zum Vögeln, ist alt genug für ein Kind. Oh ja, weil ich finde, Sexualität ist eine Verantwortung, dir selbst gegenüber und dem Partner oder der Partnerin gegenüber. Und wenn man meint, diese Verantwortung übernehmen zu können und Sex macht, hat man sie zu übernehmen.

Ich bin keine Abtreibungsgegnerin, ich bin Pro-Choice, jede sollte selber entscheiden können. Ich dürfte nur abtreiben, wenn mein eigenes Leben in Gefahr wäre, ja dann müsste ich sogar. Aber die Pille danach ist im muslimischen Kontext voll okay. Eine katholische Freundin von mir – und ich sage das deshalb so explizit, weil sie nicht nur Kulturchristin ist, sondern das katholische Wort ernst nimmt – ist der Meinung, die Pille danach sei ein Abtreibungsmittel. Wäre sie das, könntest du sie auch zwei Wochen nach der Befruchtung noch nehmen – kannst du aber nicht. Als ich nicht wusste, ob ich schwanger bin oder nicht, habe ich zu Berat gesagt, dass ich mir eine Woche Zeit nehme, um mir klar zu werden, ob ich jetzt ein Kind will. Ich habe keine Woche gebraucht, da wusste ich, ich bin groß genug, ich habe das

Potenzial, auch mit Kind wachsen zu können. Und ich wusste: wenn Kind, dann mit Berat. Sollte unsere Beziehung auseinandergehen – was ich mir aus heutiger Sicht nicht wünsche –, würde er sich, das weiß ich, immer um das Kind kümmern. Aber ich war nicht schwanger. Seit sechs Jahren bin ich jetzt verheiratet und war noch nie schwanger, das spricht doch für ein verdammt gutes Körpergefühl. Aber ich habe einen Vorteil: Ich bin die Tochter meiner Mutter und habe ihren verlässlichen Zyklus geerbt. Ich verhüte mit Kalender, mit Reinhören in meinen Körper, mit Coitus interruptus. Zur Zeit des Propheten wurde Coitus interruptus am meisten empfohlen, das ist einfach und fordert auch den Mann.

Als ich in der Schule aufgeklärt wurde, in der Volksschule nämlich schon, konnte ich gar nichts damit anfangen. Auch später, in der Pubertät, will man das doch nicht öffentlich besprechen. Ehrlich gesagt finde ich Sexualaufklärung in Europa missverstanden. Adam und Eva haben auch keine Theorie gebraucht. Wichtig und richtig finde ich Aufklärung im körperlichen Sinn: Warum haben wir Frauen die Blutung? Wie funktioniert die Befruchtung? Wie verläuft die Schwangerschaft? Die beste Aufklärung hatte ich sowieso im Park. Ich bin nämlich im Park groß geworden, ich bin ein Kind aus dem Käfig. Die Parkanlagen wurden von Sozialarbeiter*innen betreut, und von einer Sozialarbeiterin, einer früheren Krankenschwester, bekam ich Details, Details, Details. Ich musste mich nicht erst von einem Frauenarzt aufklären lassen, ich bin in die Ordination marschiert und habe gesagt: Diese, diese und diese Verhütungsmethode gibt es, welche schlagen Sie für mich vor? Unaufgeklärt kriegt man erstmal die Pille, ohne drüber zu reden, was die Pille ist und ob man das alles wollen würde. Ich habe nur kurze Zeit hormonell verhütet: Ich war grundlos depressiv, manchmal blieben meine Tage aus und meine Brüste waren so angespannt, dass sogar das Stiegensteigen wehtat. Danach ließ ich mir die Kupferspirale einsetzen, die hält drei Jahre. Heute würde ich die Goldspirale nehmen, die hält zehn.

Im Islam hat man Sex nicht nur, um sich zu vermehren, der Islam ist eine sehr lustzentrierte Religion. Wie soll ich sagen … der Orgasmus ist ein Vorgeschmack aufs Paradies, Sex ist ein Gottesdienst. Aber außerehelicher Sex ist verboten. Es kann natürlich patriarchale muslimische Gesellschaften geben, wo das anders praktiziert wird – wie in nicht-muslimischen patriarchalen Gesellschaften eben auch. Aber dieses Verbot gilt für den Mann genauso wie für die Frau. Mir war es immer ein Anliegen, dass auch mein Mann als Jungfrau in die Ehe geht. Wenn's von mir eingefordert wird, fordere ich's auch von meinem Gegenüber ein. Frauen, die sagen, sie möchten keinen Anfänger im Bett, verstehe ich nicht. Ich hatte vor Berat ein paar Knutschereien, aber Berat hatte tatsächlich gar nichts vor mir. Wir konnten gleichzeitig lernen, unser Sex war nie ein Lehrer-Schülerin-Verhältnis, wir waren immer gleichberechtigt. Mit der Zeit wurde unser Sex intensiver, vielfältiger, abwechslungsreicher und reifer. Ich bin befriedigt – vielleicht habe ich mir deshalb noch nie Sex mit jemand anderem gewünscht.

Im Islam wäre sexuelle Unbefriedigtheit ein Scheidungsgrund. Für beide, ja, es dürfte auch die Frau hergehen und sagen: Ich bin unbefriedigt, ich will die Scheidung. Und Ehe bedeutet auch nicht nur Trauschein. Ich zum Beispiel bin religiös schon viel länger verheiratet als standesamtlich. Das institutionelle Bekenntnis ist eher eine neue Erfindung, in der Türkei kam das mit dem modernen Rechtsstaat, der europäisch geprägt ist. Nach islamischem Verständnis ausschlaggebend sind einzig die Zeugen. Vor Gott bräuchte ich keinen Trauschein, ich bräuchte noch nicht mal einen Imam. Man ist verheiratet, sobald man sich in der Öffentlichkeit zueinander bekennt. Es gibt islamische Gelehrte, die sagen, dass in Europa viel mehr Paare verheiratet sind, als Paare es selbst angeben würden. Du und dein Freund bekennt euch öffentlich zueinander, oder? Dann wärt ihr nach islamischem Verständnis verheiratet.

Prinzessin mit Cape

Esther, 49, Tänzerin

Tut mir leid, ich bin so hetero! Ich kann mich in Frauen verlieben, aber ich habe noch nie dran gedacht es auszuleben. Nicht dass ich mich geniere, Sex will ich tatsächlich bloß mit Männern.

Meine Aufklärung war *learning by doing*. Außerdem habe ich viel nachgelesen, *Bravo* zum Beispiel, zwischen siebzehn und fünfundzwanzig allerdings erst. Ich war eine Spätzünderin. Die anderen aus meiner Klasse haben geschmust, mir hat vor dieser Schlatze gegraust. Sie haben mich »Die Prinzessin« genannt, ich galt quasi als Rühr-mich-nicht-an. Die anderen Mädchen hat das ganz narrisch gemacht: Zuerst geilst du die Buben auf und dann lässt du sie stehen?! Heute höre ich oft: Du lächelst zu viel! Du schaust zu offen! Ich mein, Oida? Kann ich schauen, wie ich will?

Als ich mit fünfundzwanzig noch Jungfrau war, dachte ich: Leute, so geht's aber echt nicht! Damals war ich in meinen Mitbewohner verliebt. Als gute Feministin dachte ich: Der ist der letzte Typ, mit dem ich schlafen würde. Als guter Macho dachte er: Die leg ich auch noch aufs Kreuz. Ein Jahr – und mein Widerstand war vorbei. Nach meinem ersten Mal habe ich uns eine Flasche Sekt geköpft: Das müssen wir feiern! Wenn der, der dich entjungfert, ein Lieber ist, nimmst du dieses Gefühl mit. Der Erste schreibt sich ein. »Entjungfern« ist eigentlich viel zu mechanisch, eine Außendefinition, du kannst dich ja auch beim Sport – siehst du, ich kann nicht mal einen g'raden Satz damit bilden. Dieses furchtbare Wort hat nichts mit mir zu tun. Das hat sich jemand ausgedacht. Und es steht für Gewalt, Genitalverstümmelung, den Beweis, dass eine Frau als Jungfrau in die Ehe geht. Ich weigere mich, da mitzutun, ich gewöhne mir dieses Wort ab!

Vor meinem ersten Mal dachte ich: Schlaf mit ihm und gut is'. Hat nicht funktioniert. Die Freundin meines Mitbewohners war so eine Liebe: Bist ganz allein, Esther, magst mit uns feiern? Dann haben die zwei auf Silvester-Schmusi gemacht und ich, die heimliche Freundin, saß daneben und habe um ein kaputtes Kondom gebetet. Das habe ich nie verschwiegen. Für die Verhütung bist du zuständig, weil ich will ein Kind, habe ich immer gesagt. Aber wenn ein Mann das weiß, passt er auf. Den besten Sex aller Zeiten hatte ich mit einem, in den ich schrecklich verliebt war. Okay, ich bin generell schnell verliebt, aber das war richtige Abhängigkeit. Den Absprung habe ich nur geschafft, weil ich so geizig bin. Er war Callboy, so hat er eben überlebt, als Sexarbeiter – was ich aber länger nicht wusste. Einmal hat er mir Geld gestohlen. Du stiehlst mir Geld? Ich habe doch selber so wenig, stiehl's jemandem, der mehr hat! Seine Antwort war: Ich bezahl ja eh! Der Sex war gut, da kann man nix sagen. Das hat mich so gekränkt …

Ich glaube, ich bin ein Macho, und das beschäftigt mich. Jemand sagt: Ich liebe dich. Ich denke: Beweis es! Ich glaube, ich fühle mich geliebt, wenn jemand mit mir schläft, weil mein Körper nicht dem Schönheitsideal entspricht – was dem Missbrauch Tür und Tor öffnet. Ich hatte One-Night-Stands oder Blind Dates über E-Mail – und eine Armee Schutzengel. Er: Ich wohne an dieser Adresse, kommst du? Ich, mitten in der Nacht hin. Das ist mir lieber. Wenn's nicht passt, kann ich gehen – was zwar nicht ganz stimmt … Logisch habe ich sicherheitshalber eine Freundin eingeweiht: Falls ich mich bis dann nicht melde, ich bin bei dieser Adresse. Dem jeweiligen Mann habe ich gesagt: Nur dass du es weißt, ich habe jemandem gesagt, wo du wohnst. Einer meinte, als ich tatsächlich vor seiner Tür aufkreuzte: Du kannst doch nicht zu einem fremden Mann nach Hause gehen! Ich habe bloß gestaunt: Super Wohnung, barrierefrei! Das klingt, als hätte ich total oft Sex, oder? Mir war's zu wenig. Und vorgeworfen wurde mir immer: Du bist zu leidenschaftlich! Du bist zu wild! Alles bin ich zu, zu, zu. Was soll das? Ich liebe Sex! Vielleicht weil ich so selten welchen habe.

Was ich oft schaffe, ist, die Zweitfrau zu sein. Doch das will ich nicht mehr. Ich will die Erste und Einzige sein, und aus. Meine offiziellen Beziehungen wurden beide Male mit Sex beendet. Eigentlich ohne Sex, weil die Männer wussten, dass ich es nicht aushalte, wenn sie nicht mit mir schlafen. Ich mein, was soll ich mit so einem? Freundschaften habe ich genug. Das ist auch so ein Problem: Als behinderte Frau soll ich für alle als Kumpel herhalten. Wie viel G'schichtln ich mir habe anhören müssen! Ich bin in eine verliebt, aber die will nicht, weil – wie super, dass ich dir alles erzählen kann, obwohl du eine Frau bist – bla, bla, bla. Nein! Entweder du gehst mit mir ins Bett oder du lässt dein Gesäusel!

Siehst du, Macho. Das willst du nicht hören, oder? Weißt du, mich musst du nicht überzeugen. Ich glaube an die sexuelle Selbstbestimmung der Frau. Zu einem Mann würde ich immer sagen: Wo ist das Problem … ich mache das, was ihr Männer schon immer gemacht habt?! Aber gespeichert habe ich andere Gefühle – und die emotionale Entwicklung ist nun einmal langsamer als die intellektuelle, bei uns allen. Als Jugendliche dachte ich noch, wenn mir einer nachpfeift, sei das ein Kompliment. Man wird ja nicht als Feministin geboren, man muss sich zu einer machen. Außerdem dachte ich: Ich brauche keinen behinderten Freund, behindert bin ich selber. Findet mich ein nichtbehinderter Mann sexuell attraktiv – so ging die Überlegung –, bin ich anerkannt in der nichtbehinderten Welt. Frausein war hier noch voll an den Mann gekoppelt – also in meinem Fall Mann, wegen hetero. Gott sei Dank verliebt man sich anders, als man plant. Einmal habe ich mich in einen hohen Querschnittler verliebt, der konnte bloß die Arme bewegen. Am Ende kommt immer das Leben dazwischen. Wenn sich jemand nicht zurückverliebt, denke ich sofort: Weil ich behindert bin! Das ist leichter als: Der mog mi afoch ned. Die Wahrheit ist: Viele verlieben sich in mich *wegen* meiner Behinderung. Voll psycho, ich weiß, aber das habe ich schon oft analysiert: Toll, da ist eine Frau, die meine Hilfe braucht! Hä? Die braucht gar keine Hilfe, die braucht meine Liebe? Vor allem unsichere Männer verlieben sich in etwas, was ich gar nicht bin – aber das passiert ja nichtbehinderten Leuten auch.

Mitte dreißig habe ich mich von meinem damaligen Freund getrennt, weil er keine Kinder wollte. Wie macht man ein Kind, wenn weit und breit kein Neuer in Sicht ist? Anhängen wollte ich keinem eins – es sollte niemand einen Nachteil davon haben –, also habe ich mir meinen Kinderwunsch selber erfüllt. Seinen Namen wollte ich nicht wissen, nach einem Glas plaudere ich nämlich alles aus. Ich nenne ihn Gabriel, wie den Erzengel.

Weil die Mutter gar nicht auf die Alimente verzichten könnte, weil die Alimente ein Recht des Kindes sind, muss sie in so einem Fall angeben: Vater unbekannt. Seit Johanna Dohnal darf keine Frau mehr gezwungen werden, den Namen des Vaters offenzulegen. Außerdem stimmt es ja, ich weiß nicht, wie Gabriel wirklich heißt.

Wir hatten eben Sex – und ich war schwanger. Mit neun-unddreißig! Nach einem einzigen Mal! Das mit dem Samenspender habe ich meiner Familie nicht erzählt, die war so schon schockiert genug. War's eh ka Schwoaza, hat mein Onkel gefragt. Oje, habe ich geantwortet, ich habe vollkommen darauf vergessen, mit einem Schwar-zen Mann zu schlafen! Meine Mama meinte: Warum tust du dir das auch noch an? Gebraucht hätte ich: Wie super! Stattdessen: Du bist behindert, alt und hast keinen Mann. Zu einer Abtreibung hätten meine Eltern mich aber niemals überredet. Dafür sind sie zu katholisch. Und später hat mich meine Mama angerufen: Entschul-dige, Esther, dass ich mich nicht freuen kann, ich mache mir halt Sorgen … Ich schätze sie sehr dafür, dass sie so etwas macht.

Der Name Libussa könnte dir was sagen, Grillparzer, nein? Ich habe nämlich auch mal Literatur studiert. Kurz zwar, weil mich die Barriere-Unfreiheit an der Uni schei-tern ließ, aber doch so lange, dass ich von der Königs-tochter Libussa gehört habe. Nach dem Tod ihres Vaters wird sie Herrscherin, aber das Volk, dem egal ist, dass sie für Gleichheit und Gerechtigkeit eintreten will, fordert einen neuen Herrscher. Libussa heiratet – und ihr Mann buddelt die alten patriarchalen Regeln aus. So oder so ähnlich hat mir meine Erinnerung den Namen meines Kindes ausgespuckt, als ich schwanger war. Meine Toch-ter ist also eine Gerechte.

Libussas Geburt war trotzdem schrecklich. Begonnen hat es mit dem Pfleger: Gehen'S da rüber! Ich kann nicht, ich bin behindert! Dann die Spritze, die sie mir rein-gejagt haben, ohne die Einstichstelle zu vereisen! Eine Spastikerin, die spürt eh nix? Ich mein, die erkundigen sich nicht mal, ob ich etwas spüre! Außerdem hatten sie die glorreiche Idee, meine Füße in Schlaufen zu hängen.

Das geht nicht, habe ich geschrien, ich breche mir meine Beine! Na ja, und außerdem – aber dafür kann niemand was: Mir graust vor schleimigen Babys.

Ich habe viele Bücher gelesen, und lügen ist das Schlimmste. Sobald Libussa es verstehen konnte, habe ich ihr die Wahrheit gesagt: Du hast zwei Papas, einen, der dich gemacht hat, und einen, der dich lieb hat. Mit dem sozialen Papa bin ich mittlerweile nicht mehr zusammen. Aber Piet kommt nach wie vor täglich in unsere Wohnung – Libussa und ich sind eher stammesmäßig orientiert. Ich bin überhaupt dafür, dass in Trennungsfamilien die Erwachsenen Wohnung wechseln, nicht die Kinder. Libussa hat Piet lange nur mit Vornamen angesprochen, warum weiß ich nicht. Piet hat mich oft gefragt: Wird sie mich je als Papa akzeptieren? Musst es dir halt verdienen, habe ich geantwortet. Stimmt ja. Genauso wie sich's viele biologische Väter erst verdienen müssten. Offiziell – und das finde ich schade – ist Piet gar nichts von Libussa. Wenn etwas mit mir wäre, hätte er, obwohl er ihr nach mir der Nächste ist, keine Rechte.

Der Sohn meiner Schwester ärgert meine Tochter manchmal – in unserer Familie gibt es die unterschiedlichsten politischen Richtungen, musst du wissen: Die Tante ist nicht verheiratet und du hast keinen Papa! Davon lässt sich Libussa nicht irritieren. Zu einer Freundin mit zwei Müttern hat sie richtig stolz gesagt: Ich habe *auch* zwei Papas! Was sie außerdem schon gesagt hat: Stell dir vor, Mama, der Jakob hat nur *einen* Papa! Derzeit wünscht sie sich ein Geschwisterchen. Frag halt den Papa, habe ich vorgeschlagen, und sie: Der Papa will nicht, Mama, fragst du den anderen? So etwas zeigt schön auf, wie Wirklichkeit konstruiert wird, oder? Weil nein, Kinder brauchen nicht Mama *und* Papa, sie brauchen liebevolle Bezugspersonen.

Mein Papa kommt aus einer Zeit und Familie, wo sogar die Kinder zum Arbeiten eingespannt wurden. Ein paar Jahre hat er unangemeldet gearbeitet, was nach der Pensionsreform von Schwarz-Blau zu seinem Verhängnis wurde. Er kriegt zwar eine Pension, aber was für eine! Meine Mama hat die Knödelakademie absolviert. So nennt sie selbst es immer, weswegen ich jetzt gar nicht weiß, wie das richtig heißt, aber ich glaube: Schule für wirtschaftliche Frauenberufe. »Frauenberuf« ist eigentlich schlimm. Später hat sie in Papas Werkstatt mitgearbeitet. Sie war siebzehn bei ihrem ersten Kind und fünfundvierzig beim letzten. Vor allem wir größeren Kinder haben manches vermisst. Heute versteht meine Mama, was wir damals gebraucht hätten.

Damals wusste ich, und das habe ich internalisiert: Groß und stark muss ich sein, um meine Mama zu schützen, weil wenn das Kind weint, weint die Mama und die Mama darf nicht weinen. Oft hat es geheißen: Die Esther ist so ein braves, stilles Kind! Dabei sollten Erwachsene, wenn ein Kind still ist, genau hinhören. Meine Kindheitsgeschichte könnte ich auch so erzählen, dass meine Mama schlecht wegkommt, aber das will ich nicht. Sie kommt ja auch aus einer Mutter und aus einer Geschichte heraus, und seitdem ich die Mutterrolle selber kenne, bin ich überhaupt nachsichtiger. So locker mit dir reden kann ich trotzdem nur wegen Psychotherapie, weil Kind sein war eigentlich furchtbar!

Jeden Morgen wurde ich von einem Fahrtendienst abgeholt, dann war ich bis zum Abend in der Schule. Zu Hause war ich selten. Ich weiß, dass meine Eltern das Beste für mich wollten. Das wurde ihnen auch so verkauft, als Service und Förderung und: Niemand wird hier zu Esther böse sein, weil hier sind alle behindert, bla, bla, bla. Ich habe mich ausgeliefert gefühlt, den Schulen, Ärzten,

Therapeuten, Sozialarbeitern und Pädagogen. Nein, das waren nicht alles Männer. In den oberen Etagen schon, aber die Sozialarbeiter und Pädagogen waren meist Sozialarbeiterinnen und Pädagoginnen. Die Sache mit den Tampons und Binden hat mir trotzdem ein Mann erklärt, ein Zivildiener. Der mochte mich ganz gern, also habe ich ihn befragt. Für meine Mama war die Regel nämlich tabu. Dabei war ich überglücklich, als ich sie bekommen habe. Endlich auch mal nicht mitturnen! Vorher habe ich mir die Regel manchmal erfunden, aber wenn man sich beim Zyklus nicht auskennt, wird das schnell peinlich.

Meine Rettung in den diversen Sonderschulen war, dass ich charmant und redegewandt bin. Die Betreuer konnte ich immer auf meine Seite ziehen. Wir gehen schwimmen, Esther, magst mit? Wir müssen uns halt rausschleichen, also pscht! In den Siebzigern und Achtzigern war's nicht so korrekt wie heute. Das waren Hippiekinder, die haben noch was riskiert! Die Kinder mit höherem Behinderungsgrad haben mich dafür gehasst, denn die habe ich damit verraten. Das war mein ständiger innerer Konflikt: Ich war nicht solidarisch mit meinen Peers. Doch es gab noch eine andere Welt und in die wollte ich auch. Dass meine Betreuer mir das ermöglicht haben, werde ich ihnen nie vergessen. Deshalb ist mir die Selbstbestimmt-Leben-Bewegung auch so wichtig und die unbedingte Achtung vor jedem Körper.

In meiner Vergangenheit habe ich so viel Ohnmacht erlebt! Persönliche Assistenz ist für das selbstbestimmte Leben von behinderten Leuten essenziell, und mitunter ist sie schwierig. Alle meine Assis wissen, dass sie nichts anderes tun sollen, während sie mir an meinem Körper assistieren. Früher, wenn sie Libussa gewickelt haben, wollte ich, dass sie mit ihr darüber reden, was sie machen. Ich nehme deine Füße in meine Hände, ich hebe dich hoch, ich lege die Windel unter deinen Popsch. Es zeugt von Respekt, wenn ich etwas, was ich an *jemandem* mache, nicht *nebenbei* mache. Selbstverständlich gilt das auch für ein Baby. Kinder erleben noch viel mehr Übergriffe als Erwachsene. Libussa hat derzeit totalen U-Bahn-Stress. Sie ist groß und blond ... was für ein süßes Mädchen, streichel, streichel! Wir haben uns eine Strategie ausgedacht, die ihr ein bisschen hilft, aber ich bin dafür, dass sie bald einen Selbstverteidigungskurs besucht, einfach für ihr Gefühl: Ich kann mich wehren! Wenn ich es schnell genug checke, schütze ich sie. Als sie in einem Gasthaus von einem Kellner gestreichelt wurde, habe ich gesagt: Das mag sie nicht! Tatsächlich hat er sich bei ihr entschuldigt. Das macht man nicht? Stimmt, das wäre noch richtiger. Muss ich mir merken, und üben. Ich übe jeden einzelnen Satz.

Über schwierige Momente habe ich mich früher drüberrationalisiert und drüberfantasiert, und ich habe – was mir mittlerweile im Weg steht – dissoziiert. Frauen, die vergewaltigt wurden, erzählen das oft: Ich kann mich nur an den Fleck an der Decke erinnern – ich habe auf diese eine Blume gestarrt. So etwas kenne ich. Du machst dich weg, damit du, was du gerade erlebst, nicht erlebst. Man will sich in einer bedrohlichen Situation schützen. Ich habe das bei Behandlungen und vor OPs gemacht, aber wenn mich heute jemand streichelt – und als behinderte Frau werde ich oft gestreichelt –, mache ich mich immer noch weg. Kriegt Libussa das mit, erinnert sie mich: Mama, du magst das nicht! Bist du narrisch, ja! Hören Sie gefälligst auf, ich mag das nicht! Manchmal hagelt es besserwisserische Vorwürfe von anderen Leuten: Wie, der hat dich gestreichelt und du hast dich nicht gewehrt? Früher habe ich mich dann schuldig gefühlt, heute denke ich: Ja, ich habe mich nicht gewehrt, und aus!

Jetzt, wenn ich mit dir rede, kommen mir ein paar Geschichten, die hier ist direkt lustig: Ich war zu Fuß mit meinen Stecken unterwegs, als mir ein Mann entgegenkommt, vor mir stehen bleibt und sagt: Schlafst mit mir? Kriegst fünfzig Schilling. Ich weiß nicht warum, aber aus meinem Mund kam: Des is' z'wenig. Er, völlig verdutzt: Ich frag ja bloß! Eine weniger lustige Geschichte ist, als ich verliebt war in einen, der bereits zwei Freundinnen hatte, parallel. Er: Schlafst mit mir? Nein, habe ich gesagt, ich mag nicht die Dritte sein. Weißt, was er geantwortet hat? Du bist sowieso keine richtige Frau. Dann hat er gegen meinen Rollstuhl getreten. Typisch für mich ist, dass ich nach so was an *mir* zweifle. Er ist der Depp und ich denke: Vielleicht hat er recht, besser schnell einen Kurs buchen!

Der Kurs hieß »Behinderung und Sexualität« und es ging um alles: Selbstverteidigung und sexuelle Orientierung, wie verschieden können Frauen sein, wie fühlt sich Mauerblümchen, wie fühlt sich Vamp an, welche Frau bin ich? Damals begann ich zu rauchen und zu trinken, das war wunderbar! Das war noch vor meinem ersten Mal und meine Unschuld habe ich leider nicht verloren. Immerhin verliebt habe ich mich. Aber in wen? In einen Rehabler, der eine nichtbehinderte Freundin wollte. Jetzt bringe ich dir ein bisschen Behindertenjargon bei, was? Ein Rehabler ist einer, der einmal nichtbehindert war und dann einen Unfall hatte. Übrigens gab's für die Fortsetzung dieses Kurses keine Subvention mehr. Die Geldgeber waren der Meinung, wenn man behindert sei, habe man bereits genug Probleme, da brauche man nicht auch noch Sexualität. *So* wird Sexualität nämlich gesehen: als Problem. Zumindest in den Achtzigern war es so. Dabei kann man niemandem Sexualität erlauben oder nicht erlauben. Ein Mensch, auch ein behinderter, ist ein sexuelles Wesen. Aber warum soll Inklusion gerade hier funktionieren? Sex ist ja nicht von der restlichen Gesellschaft abgekoppelt.

Ich hoffe, ich sage jetzt nichts Falsches, aber bei sexuellem Missbrauch von behinderten und nichtbehinderten Frauen sind nahe Verwandte und Bezugspersonen die erste Tätergruppe. Die nächstgrößere Tätergruppe bei behinderten Frauen sind behinderte Männer – und das hat einen Grund! Heißt es: Das war ein Übergriff? Nein, es heißt: Der Arme kann ja nicht anders … Natürlich – oder besser gesagt: kultürlich – greifen in der eigenen Peergroup dieselben Mechanismen ineinander wie überall sonst. Alle sind behindert, aber der Mann ist immer noch ein Mann. Jede zweite behinderte Frau ist von sexueller, also von sexualisierter Gewalt betroffen. Ein Wahnsinn! Mädchen wird nicht beigebracht, in diesen Kategorien zu denken. Ich sage immer: Wenn du sonst nicht Ja und Nein sagen kannst, kannst du's auch nicht in der Sexualität. Du musst es sehen und sagen lernen: Das *war* sexuelle Gewalt. Und dann musst du das verteidigen, denn es wird dir abgesprochen werden.

Mein Kindheitsgefühl ist: Ständig fummeln alle an mir rum. Ich empfand das als beschämend, eigentlich sogar als vergewaltigend. Splitternackt stehst du vor einem Haufen Ärzte und Turnusärzte, alle können deine Scheide sehen – was für ein Körperbewusstsein sollst du da kriegen? Als behinderte Frau bist du es mit der Zeit gewohnt, dass herabwürdigend über deinen Körper gesprochen wird. Du wirst defizitorientiert betrachtet, alles an dir sei falsch – dabei findest du dich selber schon nicht richtig. Aber das war nicht die Antwort auf deine Frage, oder? Du kannst mich jederzeit unterbrechen und woandershin führen, okay?

Eine Zeit lang war ich als Drag King unterwegs. Nein, nicht auf der Bühne, richtig im Alltag. Schön als Mann war: an der Bar lümmeln und mich breit machen – ich war ein eher traditioneller Mann. Aber: Bitte, ich brauch Hilfe, tragen'S mich die Stiege runter? Geht das? Bin ich noch ein Mann, wenn mich jemand trägt? Bei Frauen passt das zum Rollenbild, treppauf, treppab, über Türschwellen, ins Wasserbett, in jedem Film werden Frauen irgendwohin getragen. Nicht wegen dem Getragenwerden, aber tatsächlich bin ich lieber eine Frau, ich find's einfach leiwander. Und mir g'fällt mein Busen. Die Bi-Seite in mir mag nämlich Brüste. Außerdem habe ich als Mann zu wenig gelächelt.

Dabei wäre ich mit vierzehn gern ein Bub gewesen. Buben durften weniger sozial, wilder und lauter sein. Lauten Mädchen wurde gleich eine Störung angedichtet. Einmal habe ich eine Prinzessin gezeichnet, woraufhin meine Eltern zum Schulpsychologen mussten. Dabei wollte ich eh eine Prinzessin sein! Halt eine mit Superman-Cape. Aber da war Feuer am Dach: Hilfe, dieses Mädchen malt eine Prinzessin mit Cape, was machen wir mit dem, das findet nicht in seine Rolle!? Mädchen sollen aber Prinzessinnen mit Blumen im Haar und Kirschen hinterm Ohr sein wollen. Diese Geschichte sagt mehr über die Gesellschaft aus als über das Kind, das ich war. Fast widersprüchlich dazu ist, dass ich sonst nicht als Mädchen wahrgenommen wurde. Mein Geschlecht war »behindert«. Klingt komisch, ist aber so. Ich musste lange kämpfen, um als weiblich wahrgenommen zu werden. Heute sage ich: Ich bin eine queere Heterofrau. *Queer* ist überhaupt die Königsklasse, queer verwirrt und verweigert sich jeglicher Festlegung. Doch davor notwendig war für mich der Schritt zu »Frau«.

Es klingt paradox, wenn ich sage, dass erst meine Behinderung meine Befreiung aus traditionellen Rollen ermöglicht hat, oder? Man würde wahrscheinlich sagen, ich käme aus ärmlichen Verhältnissen, aber ich habe das damals nicht so empfunden. Wir hatten immer zu essen. Und dass sich die ganze Familie im selben Badezimmer wusch, fand ich lustig. Später erzählte meine Mama, dass wir deshalb keine anderen Kinder einladen durften, weil sie sich so geniert habe. Sie wollte eben nicht, dass andere Eltern erfahren, dass wir arm sind. Als das Haus, das wir auf Leibrente hatten, in den Besitz meiner Eltern überging, eröffnete mein Papa eine Autowerkstatt, er beschäftigte zwei Mechaniker und sogar eine Mechanikerin. Die Idee hinter seiner Geschäftsidee war: Wie kann Esther sich erhalten, wenn wir nicht mehr sind? Mit einem eigenen Unternehmen! Aus einer anderen Motivation heraus hätte dieses progressive Ernährermodell direkt als feministisch gelten können, aber ich musste mir anhören: Mann wirst eh keinen kriegen, also darfst du weiter in die Schule gehen. Damit war noch nicht mal die Matura gemeint. Die habe ich mir neben der Handelsschule – »sonder« selbstverständlich – erstritten. Zum ersten Mal allein im öffentlichen Raum, zum ersten Mal richtig in der Welt der Geher unterwegs war ich während der Maturaschule. Das ist übrigens wieder Behindertenjargon: Ihr seid's die Geher, wir sind die Roller. Dieses ganze verspätete In-die-Welt-Hinausgehen macht, dass auch alles andere später einsetzt: die Pubertät, das Finden der eigenen sexuellen Identität. Ein nichtbehindertes Mädchen kann sich viel früher dieser Frage widmen: Was will ich vom Leben?

Ich bin keine, die dir das alles in schönen Worten sagen kann. Einen universitären Bildungsweg hatte ich nicht, ich komme aus der feministischen Schule meiner Freundinnen und Freunde. Mich feministisch zu bilden, empfand ich als empowernd. Dabei hatte ich lange Angst vorm Feminismus. Noch nicht mal das Wort in den

Mund genommen habe ich. Weil: Das heißt doch lesbisch sein und dass man findet, Männer seien hormongesteuert und böse. Oder? Eine Freundin hat geantwortet: Es gibt nicht nur einen Feminismus – such dir deinen aus oder erfinde einen neuen.

Ich sage es hier auf Tonband, damit alle mich hören können: Ich bin keine Feministin, aber …, das geht mir dermaßen auf die Nerven! Ich bin eine Feministin, und aus! Männer können meiner Meinung nach ebenfalls feministisch sein, wenn sie erkennen, dass Feminismus die Torte einfach nur gerecht aufteilen will. Gesamtgesellschaftlich sind wir davon noch ein Jahrhundert entfernt. Alle geben sich wahnsinnig emanzipiert, aufgeklärt und alternativ – aber sobald ein Kind da ist, gibt's kein Happy End. Männer nehmen sich nicht gleichermaßen in die Verantwortung. Libussas sozialer Papa Piet ist Choreograph einer Tanzkompanie. Ich toure als Tänzerin mit meiner eigenen. Unsere Organisationskommunikation läuft so ab: Da, da und da kann ich nicht, sagt er. Ich antworte: Das war keine Diskussion, das war »Du sagst mir, wann ich zu können habe«. Die Arbeit des Mannes ist mehr wert als die der Frau? Die Mutter soll automatisch zurückstecken? Gleichberechtigung bedeutet gelungene Teilung. Wenn auch er weiß, wann das Kind Elternsprechtag hat, wenn auch er mal die Kinderbetreuung organisiert, falls beide nicht können. Selbst wenn wir im ersten Anlauf scheitern, im zweiten Anlauf kann ich das mit Piet ausdiskutieren. Sogar nach unserer Trennung. Er könnte ja auch sagen: Interessiert mich einen Schmarrn, *du* wolltest das Kind. Aber er sagt: Danke, dass ich Libussas Papa sein darf.

Als gehbehinderte Frau wurde mir nicht gerade nahegelegt, Tänzerin zu werden. Aber: Fürs Tanzen muss man nicht gehen können. Und: Wenn ich nicht tanze, bin ich hungrig. Abgesehen davon gilt in den Augen meiner Familie Kunst sowieso nicht als Arbeit: Kunst kann man machen, falls nach getaner Arbeit Zeit übrig bleibt. Den meisten ist Kunst nix wert, oft nicht mal denen, die selbst Kunst machen. Von einem künstlerischen Beruf, das weißt du wahrscheinlich selber, kann man nicht leben. Wäre ich nichtbehindert, würde ich kellnern, so verdiene ich mein Geld als Mediatorin, ich mache Einzelsettings und Gruppen. Mein Hauptberuf, mein Berufungsberuf ist aber das Tanzen.

Früher habe ich zu mir gesagt: Wenn du schon behindert bist, sei wenigstens was Besonderes. Also war ich tüchtig und fleißig wie meine Familie, in der du nur etwas giltst, wenn du arbeitest – und so habe ich mich regelmäßig überanstrengt. Wenn mir Job und Mutterschaft zu viel werden, reagiert mein Körper bis zur absoluten Bewegungsunfähigkeit. Nichtbehinderten Menschen ist ja auch mal was zu viel, ich muss dann gleich ins Spital: Infusionen und ein paar Tage Ruhe. Wir selbstbestimmten behinderten Leute mögen es gar nicht, Schwäche zugeben zu müssen, aber mit fast fünfzig habe ich gelernt, mir zu erlauben, müde sein zu dürfen. Zum Tanzen bin ich – wie auch sonst ... – über einen Kurs gekommen. Dieser Kurs war der Himmel auf Erden! Seit ich tanze, ist mein Körper etwas Positives! Er ist Arbeitsmaterial. Und – wenn auch nicht gut – ich werde fürs Angestarrt-Werden bezahlt. Auf der Bühne bewege ich mich in einem geschützten Raum. *Ich* gebe die Bedingungen vor, und zwar viel mehr als im Alltag, wo ich für die meisten bloß die bemitleidenswerte »Behinderte« bin. Ich bin nicht bemitleidenswert. Ich habe unendlich viele Privilegien. Wer weiß, vielleicht wäre ich ohne Behinderung nie Künstlerin geworden, und Künstlerin sein zu können, empfinde ich als Geschenk. Dann selbstverständlich, dass ich *weiß* bin in einer rassistischen Gesellschaft und ich die Staatsbürgerschaft eines hierarchisch hochstehenden Landes besitze. Und dass mich Menschen lieben, egal wie ich aussehe, mit Morgenmundgeruch, unfrisiert oder behindert.

Früher wurdest du als behinderte Person sofort institutionalisiert. Du musstest in einer Parallelwelt leben. Deshalb bin ich sehr froh, dass du für dein Buch auch eine Frau mit Behinderung befragst. Es ist nur zirka zehn Jahre her, dass die Frauenbewegung angefangen hat, behinderte Frauen mitzudenken. Dabei ist es wichtig, dass nichtbehinderte Frauen diesen Kampf mittragen. Und auch Männer. Und Geschichte ist wichtig: Welche Kämpfe wurden für mich ausgefochten? Es gibt wahrscheinlich kein Recht, das aus Einsicht und Zuvorkommenheit eingeräumt wurde. Alle Rechte müssen erstritten werden. Eigentlich absurd, sogar die Menschenrechte. Johanna Dohnal hat gesagt, dass Frauen für ihre Rechte selber kämpfen müssen, weil geschenkt werde ihnen nix.

Bis zur Familienrechtsreform Ende der Siebziger etwa hatte nur der Ehemann die Erziehungsberechtigung, »väterliche Gewalt« wurde das genannt. Grausig! Das hat Johanna Dohnal mitabgeschafft. Miteingeführt hat sie die Fristenlösung. Irgendwas drittes Wichtiges kommt auch von ihr, aber das fällt mir jetzt nicht ein. Johanna Dohnal unterstelle ich sowieso alles Gute: Alles Gute kommt von Dohnal, hundertmal Johanna Dohnal! Sie ist mein großes Vorbild. Als Frau, als politische Frau, als Vorkämpferin. Dabei hat mir ihr Name lange gar nichts gesagt. Ich komme aus einer schwarzen Familie: Lieber tot als rot. Solche Sprüche. Dohnal war eine Rote.

Mein zweites Vorbild ist meine Mama. Meine Mama lernt ständig Neues und verändert sich. Sie ist wach und fasziniert, und sie kann Fehler eingestehen. Meine Mama ist erst mit der Zeit eine Mutter geworden. Verspätet versucht sie, das auch mir zukommen zu lassen. Sie hasst Kochen, deshalb weiß ich, dass ihr Schweinsbraten eine Liebeserklärung an mich ist. Mama, ich bin auf Diät, sage ich dann, aber wenn ich zu dir komme, mache ich eine Ausnahme.

Gerade beim Gewicht dürfen wir Frauen nicht so streng sein mit uns selbst. Das Gefühl, dass wir uns zu dick fühlen, bekommen wir eingetrichtert. Bei mir ist das noch aus einem anderen Grund Dauerthema, seit ich sechs Jahre alt bin. Mein Papa hat immer gesagt: Du darfst nicht schwerer werden, Esther, wenn du schwerer wirst, kann ich dich nicht mehr tragen und dann musst du ins Heim. Heute weiß ich, dass das Spaß war, aber damals mein Herz so: Bumm, bumm, bumm, bumm! Seitdem ist gespeichert: Ich darf nicht dick werden! Ich darf nicht dick werden! Ich darf aber tatsächlich nicht zu schwer werden, sonst können mich meine Beine nicht mehr halten. Dass ich eine Mutter bin, die über Diäten nachdenkt, konnte ich vor meiner Tochter leider nicht verbergen. Gott sei Dank mag Libussa überhaupt nicht, wenn man sie als dünn beschreibt. Jetzt denke ich mir gerade: Ich gewöhne mir dieses Thema ab. Ich spreche nicht mehr über Gewicht. Es ist einfach nur lästig! Okay, wechsle du mal die Batterien und ich bestelle noch was. Soll ich dir einen Kaffee mitbestellen?

Was? Nein. Auf diese Frage will ich dir nicht antworten. Bisher habe ich ja nichts gesagt, was irgendwer nicht wissen dürfte. Und wer weiß, vielleicht findet mich ja einer deiner Leser toll. Ich finde überhaupt, dass dieses Buch Frauen *und* Männer lesen sollten. Aber diese Frage beantworte ich dir nicht. Solchen Leuten darf man keine Bühne geben! Die haben ja keinen Tau von nix! Als behinderte Person muss ich mir so viel anhören: Zu behindert fürs Wahlrecht – dich hätten's abtreiben sollen – damals hätten's dich vergast …

Behinderte Leute gelten als Randgruppe. Und warum? Weil man uns nicht Teil der Gesellschaft sein lassen will! »Randgruppe« ist vollkommen wörtlich zu verstehen. An einem Tisch wird jedes verdammte Mal der Stuhl an der Ecke weggeschoben, um meinen Rolli genau dort zu platzieren: am Rand. Dabei könnten auch zwei Stühle in der Mitte weggenommen werden. Ich fackel da nicht lange herum und quetsche mich demonstrativ dazwischen. Ich will Teilgruppe sein. In einer Gesellschaft, in der diskriminiert wird, wird auch mittels Sprache diskriminiert. Auch zu diskriminierungsfreier Sprache gibt es Kurse, und natürlich verschiedene Meinungen. Aber Sprache zu reflektieren ist jedenfalls wichtig. Wir alle gebrauchen und missbrauchen sie tagtäglich. Die kam ja nicht irgendwann aus dem Boden geschossen und ist seither unverändert geblieben. Einmal sind zwei Burschen an mir vorbeigegangen, der eine hat in dem Moment, aber ohne mich zu bemerken, den anderen angeschnauzt: Bist behindert oder was? Ich habe mich grinsend eingemischt: Klar bin ich behindert.

Das ist der erste Punkt: *Behindert* sollte bei *Behinderung* bleiben. Weiters hat man zu lernen, dass man »geistige Behinderung« nicht mehr sagt, genauso wenig wie »mongoloid« oder das N-Wort, diese Zeiten sind vorbei. Was gerade wieder kommt, und ich weiß nicht, warum niemand was dagegen sagt, ist »Handicap«. Während der ganzen Para-Olympics – die ich bewusst nicht nur Paralympics nenne – war zu hören: Sportlerinnen und Sportler mit Handicap. Dabei üben die diesen Sport in dem Moment aus, egal mit welcher Behinderung, warum also Handicap? Und *physical challenge*? Vergiss es! *Disability* finde ich ganz okay. Was gar nicht geht, ist »behindert«

im Hauptwort. Ich bin nicht »die Behinderte«. Ich bin ein Mensch, ich bin eine Frau – und ich bin, als Zusatz, behindert. Man könnte auch jeden und jede einzeln fragen, wie es ihnen lieb wäre, genannt zu werden. Ich *sitze* außerdem nicht im Rollstuhl, sondern ich *nutze* einen. Der Rollstuhl ist nämlich – wie alle diese Geräte – mobilitätsfördernd, nicht -einschränkend. Heute zum Beispiel hat er mir ermöglicht, in dieses Kaffeehaus zu kommen. Manche sagen, sie seien nicht *be*hindert, sondern würden *ge*hindert. Aber warum schönreden? Klar werde ich daran gehindert, irgendwo reinzukommen, wenn nicht barrierefrei gebaut wird, trotzdem habe ich eine Behinderung. Aber interessant und brauchbar finde ich verstörende Schreibweisen von Wörtern, die man bereits so gefressen hat, dass man nicht auf den ersten Blick sieht, was die noch so alles mittransportieren: von Schwarz und *weiß* bis beHindert und HERRschend. Oder auch ein gutes Beispiel: Deadline. Wer hat da jemals Tod herausgelesen? Der steckt ganz unverdeckt drin. Für mich ist das ein Wort, das man nicht verwenden sollte. Einen alternativen Vorschlag habe ich allerdings auch noch nicht. Wenn es bei der Gleichstellung von Menschen mit BeHinderung wieder mal eine Blabla-line gibt, denke ich: Immerhin gibt es diese *lines*. Das Problem ist eher, dass sie ständig nach hinten verschoben werden.

In Österreich hätte 2012 Barrierefreiheit in öffentlichen Gebäuden umgesetzt sein sollen. Aus 2012 wurde 2015, dann 2016, dann 2019 – inklusive tausend Ausnahmeregelungen. Wie sich das anfühlt? Beschissen. Aber man kämpft halt resigniert weiter und macht, so gut es geht, die Leute darauf aufmerksam: Sie sind zu Barrierefreiheit verpflichtet! Wenn ich mit meiner Kompanie durch die USA toure, bleibt mir überraschend viel Energie für den Alltag übrig. Das liegt daran, dass man dort so schnell

verklagt wird, weswegen darauf geschaut wird, barrierefrei zugänglich zu sein. Dort bleibt es nicht an *mir* hängen. Wir zwei haben im Vorhinein richtig recherchieren
müssen, bis wir heute hier sitzen können, oder? Komme
ich in dieses und jenes Lokal zur Tür rein? Gibt's ein Klo,
das auch ich erreiche? Das ich alleine benützen kann?
Dich hat das gestresst? Ja klar hat dich das gestresst! Aber
du bist nicht verantwortlich dafür! Das ist nichts Persön-
liches, das ist etwas Strukturelles, und wenn ich daran
denke, werde ich richtig grantig, *richtig* grantig.

Das Wichtigste ist weiterkämpfen. Und: Dass ich diesen Kampf nicht alleine führe. Für alle, die bis dahin
helfen wollen: Ich würde vorher gerne gefragt werden.
Wollen Sie eine Hilfe? Wollen'S a Hüf? Eh in den eigenen Worten, aber respektvolles Sie statt infantilisierendes
Du. Danach bitte meine Antwort abwarten. Kann ja sein,
dass ich sage: Nein, danke. Und falls ich Ja sage, bitte
nachfragen: Wie kann ich Sie unterstützen? Was wollen'S
genau, dass ich tu? Ich habe überhaupt nichts gegen Un-
sicherheit. Ich bin selber oft unsicher. Aber ich will gefragt werden und nicht überwältigt. Zu guter Letzt: Bitte
nur Hilfe anbieten, wenn man sie wirklich geben kann.
Weil wie soll mir jemand helfen, der auf keinen Fall die
Schnellbahn versäumen darf?

Fragst du dich gerade, ob ich religiös bin? Na, weil du
auf meine Halskette schaust. Das Kreuz trage ich, weil ich
noch keinen Fisch gefunden habe. Ich mag das Kreuz,
aber das Zeichen der Altkatholischen ist der Fisch. Mein
Grundsatz ist: Folge der Wahrheit, wann immer du ihr
begegnest. Kommt nicht von mir, kommt so oder so ähnlich von Gandhi. Römisch-katholisch *und* Feministin
ging sich für mich nicht mehr aus. Soll ich meiner Tochter predigen: Männer und Frauen sind gleich, aber weißt
eh, in der Katholischen Kirche sind Männer gleicher? Bei

den Altkatholiken dürfen gleichgeschlechtliche Ehen geschlossen werden und Frauen können Pfarrerinnen sein. Ich kenne auch sehr offene römisch-katholische Pfarrer. Als ich Libussa taufen lassen wollte, habe ich gesagt: Wissen'S eh: Vater unbekannt. Der Pfarrer hat geantwortet: Soweit ich weiß, wusste die Jungfrau Maria auch nicht, wer der Vater ist.

Dass bei den Altkatholischen patriarchale Machtstrukturen nicht wirken, behaupte ich gar nicht, aber das Wollen ist ein anderes. Die Prophetinnen werden aktiv besprochen und die Jünger waren nicht ausschließlich Männer, sondern eine Jüngerschaft. Das kannst du im Lukasevangelium nachlesen. Johanna, Maria Magdalena, Mirjam waren mit von der Partie. Ich habe mich schon als ich noch römisch-katholisch war mit feministischer Theologie beschäftigt. Aber wenn die das nicht umsetzen können, nützt es mir ja nix. Der Katholizismus ist patriarchal – vielleicht wie der Islam, oder auch nicht, ich kenne mich im Islam nicht aus –, aber das Patriarchale speist sich aus dem Gesellschaftlichen. Und das Gesellschaftliche schlägt sich eben auch in der Religion nieder.

Seit ich drei Jahre alt war, wurde ich nach Lourdes geschleppt. Die Erwachsenen haben mich immer nur enttäuscht. Eine ganze Kindheit lang habe ich mich gefragt: Warum liebt mich niemand, wie ich bin? Mit einem positiven Gottesbegriff sind *alle* Gottes Geschöpfe und damit bin auch *ich* gut so, wie ich bin.

Im Grunde ist das, was mich leitet, das Bewusstsein, dass ich endlich bin. Da stellt sich dann die Frage: Lebe ich nach meiner Wahrheit? Hier ist er wieder, der Gandhi. Und im *Weg der Künstlerin* heißt es: Sagen Sie nicht, Sie sind zu alt, denn tun Sie es nicht, sind Sie genauso alt. Nach meiner Wahrheit leben bedeutet für mich, dass ich nie zu alt bin, um mich zu verändern – schließlich verändern sich auch meine Wünsche. Mit vierzehn hieß ein gelungenes Leben für mich: ein Mann, drei Kinder, eine Autowerkstatt. Jetzt könnte man hergehen und sagen, ich solle zufrieden sein mit dem, was ich habe, aber so eine Einstellung bringt keine Revolution in Gang. Konstantin Wecker, einer meiner Lieblingssänger, sagt: Es geht ums Tun und nicht ums Siegen. Wecker ist auch so ein kleiner Macho. Dass ich so auf Machos steh, hab ich dir ja schon gebeichtet. Auf die ekelhaften steh ich eh nicht, aber selbstbewusste Männer, die in ihrem Körper angekommen sind, finde ich irrsinnig erotisch. Das kann genauso gut ein trans*Mann sein. Jetzt rede ich schon wieder über den Körper, mich haut es immer auf den Körper zurück, ich habe ihn einfach so gern …

Als Kind habe ich in der Bibel das Wort »entleiben« entdeckt und als ich mit dreizehn eine Phase hatte, in der ich dachte, ich würde sterben, oder ich müsse sterben, dachte ich immer: Ich muss mich entleiben, ich halt das nicht mehr aus! Nicht nur ein Mal bin ich zur Mama weinen gegangen: Ich will nicht sterben, Mama, ich habe so Angst! Tatsächlich war ich der Meinung, ich bräuchte einen Notar, weil ich bringe mich jetzt und dann um. Ein Testament hatte ich schon aufgesetzt: Meine Gedichte gehen an … meine Bob-Dylan-Kassetten gehen an … Du lachst, aber das waren wichtige Entscheidungen. Bob Dylan kommt für mich noch vor Konstantin Wecker. Musiker werden mich jetzt schimpfen, aber Bob Dylans Musik empfinde ich eher als die Begleitung seiner Texte. Bob Dylans Lieder kann man lesen! Wahrscheinlich muss er erst sterben, damit die Leute erkennen, dass er den Nobelpreis hätte bekommen müssen – nominiert war er ja echt schon oft jetzt. Aber ich schweife ab, wo waren wir? Todesangst. Im Nachhinein denke ich, der Auslöser dafür war, dass meine Familie jahrelang in einem einzigen Zimmer schlief. Bei der Vergrößerung des geerbten Hauses wollten meine Eltern uns etwas Gutes tun: Jedes Kind bekam ein eigenes Zimmer – ich konnte wochenlang nicht mehr schlafen. Als ich die Idee hatte, wenigstens bei meinem Bruder einzuziehen, erlaubten es meine Eltern – mit der Auflage, dass wir nicht im selben Bett schlafen dürfen. Na, frag noch! Natürlich war das etwas Sexualisiertes! Aber nicht von mir, von meinen Eltern! Ich mein, im seltensten Fall hat man Lust auf den eigenen Bruder. Ich wollte bloß nicht allein sein, ich wollte Nähe spüren. Meine Eltern waren körperfeindliche Menschen, jedenfalls sind sie es, wahrscheinlich aus Gründen, geworden. Irgendwann habe ich eingeführt, dass wir Kinder ein Gute-Nacht-Bussi bekommen. Ja, einfach so. Ich habe halt gemerkt, dass ich das brauche.

Ich kann und will nicht die Welt retten

Nora, 35, Sozialarbeiterin

Auf Großbaustellen habe ich mir regelmäßig blöde Meldungen anhören müssen. Als mich ein Lieferant das erste Mal gesehen hat, meinte er – das ist so arg, dass ich es fast nicht sagen will: Ihr habt einen luckatn Lehrbuam? Luckat – mit einer Lücke, mit einem Loch. Ich dachte mir nur: Du Trottel! Dass ich laut durch die Gegend schimpfe, gibt es nicht, dafür bin ich zu friedliebend, das interessiert mich einfach nicht. An meine Arbeitskollegen im Lehrbetrieb habe ich aber keine negativen Erinnerungen, die waren nett. An meinem Schnuppertag, auf den sie vollkommen vergessen hatten, mussten sie mich mitnehmen ins Puff, einen neuen Tresen bauen, mir hat das getaugt. Tischlerin bin ich geworden, weil meine Mama eine freie Lehrstelle sah.

Die Berufswahl war mir nicht so wichtig, ich hörte von meinen Eltern, ich würde mir doch eh so schwer tun in der Schule. Dabei wusste ich, dass ich nicht blöd war, geglaubt habe ich eben was anderes. Nach zehn Jahren habe ich die Berufsreifeprüfung gemacht, um studieren zu können. Deutsch, Englisch, Pädagogik waren kein Problem, aber Mathe: Hölle! Obwohl ich in der Hauptschule in der ersten Leistungsgruppe gewesen bin. Zweimal die Woche war ich bis elf in der Nacht in der Abendschule, neben einem Vollzeitjob, dann noch lernen. Die Matheprüfung habe ich sicher nur geschafft, weil ich einen Monat vorher meinen Job gekündigt habe. An der

Akademie aufgenommen war ich zwar noch nicht, aber ich war mir sicher, das wird was.

Meine Mama war Einzelhandelskauffrau, ohne Lehre, also angelernt, genannt hat sie sich kaufmännische Angestellte. Mein Papa war Vulkaniseur – das klingt super, oder? Von der Warte meiner Eltern aus war eine Lehre eine Errungenschaft. Mein Bruder ging direkt auf eine höhere Schule – er wurde als der G'scheitere von uns beiden angesehen. Dass ich eine Lehre mache, war von Anfang an klar. Ich glaube, meine Eltern wollten mich schützen, weil die Volksschule recht anstrengend für mich war. Dabei habe ich die Hauptschule mit einem sehr guten Zeugnis abgeschlossen. Dass sie keine Ausbildung machen konnte, war für meine Mama ein Leben lang Thema. Ursprünglich hätte ihre kleine Schwester auf dem Bauernhof bleiben sollen, aber meine Mama meinte, sie solle rausgehen und was lernen – weil meine Mama trotz allem ein großzügiger Mensch ist. Dass sie mich ein wenig klein gehalten hat, hat sie nicht böse gemeint, aus ihrer Geschichte heraus war sie, glaube ich, ganz einfach neidisch darauf, dass ich mich entwickeln kann, wie sie es eben nie konnte. Gleichzeitig war sie aber auch stolz auf mich, als ich die Abendschule geschafft habe und anschließend tatsächlich studierte.

Meine Eltern würden wahrscheinlich sagen, sie hätten mich und meinen Bruder gleich erzogen – während meine Mama jammern würde, wie ungleich sie selbst erzogen worden war. Es war nicht so, dass ich ständig hätte putzen müssen und mein Bruder nicht, aber mir wurde nicht so viel erlaubt, vor allem beim Fortgehen, weil was da alles passieren könnte! Ich hatte damals ein Moped, und einmal habe ich meinen Eltern vorgemacht, wie ich auf dem drauf sitze, nämlich so, richtig breit, als würde ein Mann drauf sitzen. Mir diesen Raum zu nehmen, männlich auf dem Moped zu sitzen, gab mir gleich ein anderes Gefühl.

Mit meinem Papa hatte ich weniger Konflikte als mit meiner Mama, was vielleicht an der Rollenaufteilung bei ihnen lag. Meine Mama hatte meinen Papa unter die Fittiche genommen, er war ein paar Jahre jünger. Das Familienoberhaupt war sie. Ich wuchs in einem Einfamilienhaus am Land auf. Dieses Haus war immer da, und irgendwie gab mir das große Sicherheit. Ich weiß nicht, ob ich diese Sicherheit meinem Kind bieten können werde. Ich mag extreme Neustarts, ich mag es, Wohnungen aufzulösen, woanders neu zu beginnen. Wie jetzt, wo wir unseren Umzug nach Berlin vorbereiten. Dass man mit einem Kind sesshaft werden sollte, liegt mir nicht. Zum Glück ist Wendelin recht unkompliziert, trotzdem ist die Frage nach einem sicheren Zuhause eine, die mich beschäftigt. Vielleicht kann so ein Zuhause auch nomadisch angelegt sein, immerhin hat man es dann jederzeit dabei, und so sieht Wendelin wenigstens was von der Welt, sieht verschiedene Realitäten.

Vor kurzem fiel mir auf, in welcher Blase ich selbst aufgewachsen war. Während meiner Volksschulzeit wohnte jedes Kind in einem selbst gebauten neuen Einfamilienhaus und hatte ein Geschwisterkind, fast wie in *Truman Show*. In der Hauptschule gab es bereits ein paar Scheidungskinder oder ledige Kinder, Patchwork gab es noch nicht, aber Kinder aus sozialen Wohnbauten, die als »aso« galten, das war eine ganz andere Welt als die Zwei-Kinder-ein-Haus-ein-Auto-Familien, die ich bis dahin kannte. Nicht-Österreicher lernte ich sowieso erst am Ende der Hauptschule kennen, mit Pawel, der aus Polen kam, und drei Kindern, die vor dem Jugoslawienkrieg geflüchtet waren. Wendelin wird die Heterogenität der Welt jedenfalls schon früher erleben können.

Mein Elternhaus gibt es immer noch, ja, es steht auf dem Grund des Bauernhofs, auf dem meine Mutter aufgewachsen war. Mittlerweile gehört der Hof meinem Cousin, davor gehörte er dessen Vater, also Mamas Bruder, und davor gehörte er meiner Oma. Die hatte zwar einen Bruder, aber weil der nicht zu seinem Kind stand, das er mit einer unverheirateten Frau hatte, wollte mein Uropa nicht, dass der Hof an ihn geht. Die räumliche Nähe zwischen der Familie meines Onkels und unserer hat ein engmaschiges Geflecht aus Verbundenheit und Schuldigkeit entstehen lassen, unausgesprochen, aber subtil vorhanden. Erst nach dem Tod meiner Oma haben sich für meine Mama diese Fesseln gelöst. Die Oma gepflegt? Das haben meine Tante und meine Mama erledigt. Außerdem gab es »Essen auf Rädern« und eine Frau vom Roten Kreuz.

Die Rolle des Mädchens hat mir prinzipiell gepasst, wobei es Phasen gab, in denen ich mit burschikos liebäugelte. Ich sah nicht übertrieben burschikos aus, aber doch so, dass zum Beispiel eine Frau in einer Warteschlange mal zu ihrem Mann sagte: Komm, lass den Buam vor. Aber mir hat das getaugt, ich war stolz, dass die dachte, ich sei ein Bub. Vom Kindergarten an hatte ich Burschenfreunde, wofür ich von den Mädchen manchmal gedisst wurde. An einem Morgen saßen sie geschlossen im Dirndl in der Klasse, mich hatte natürlich niemand eingeweiht. Ich hätt's eh nicht getragen, mir hat ja das Burschikose und Androgyne besser gefallen. Oder bei der Erstkommunion, wo alle Mädchen, nur ich wieder nicht, weiße Handschuhe trugen. Wir hätten keine tragen müssen, verpflichtend war bloß das weiße Kleid.

Über Geschlechterrollen nachzudenken begonnen habe ich, als ich einen Freund hatte, der trans* war. Dass er sich verändert, war für mich voll okay. Und einer meiner ersten Partner war auch recht androgyn. Er musste eben kein harter Kerl sein und konnte seine weibliche Seite zulassen – was von meiner Partnerauswahl her möglicherweise bereits ein unbewusstes Spiel mit Geschlechterrollen war. Damals hat meine Mutter einen Termin beim Frauenarzt ausgemacht, wegen der Pille, aber genauer erinnere ich mich nicht. An meine erste Regel erinnere ich mich – ist das interessant für dich? Also ich bin zur Mama und habe gesagt, dass Blut gekommen sei, dann hat sie mir gezeigt, was man zu tun hat, völlig entspannt, absolut nicht schambeladen. Aber in unserer Familie ist man sowieso recht offen. Wir hatten auch nie ein Problem damit, nackt im unabgesperrten Bad zu stehen.

Wenn du mich nach dem schönsten Moment im Leben fragst, müsste ich wahrscheinlich die Geburt meines Kindes nennen, oder? Was antworten die anderen? Das klingt jetzt sicher lieblos, aber die Mutterschaft ist nicht das Schönste in meinem Leben, vielleicht eher die ganze Erfahrung mit dem zweiten Bildungsweg, dass ich das tatsächlich durchgezogen habe. Unsere Elternschaft betreffend stärken Raffael und ich uns gern mit dem Gedanken, dass es schon einen Grund haben wird, dass Wendelin bei uns gelandet ist. Wir halten ihn eben aus. Dabei bringt er uns echt oft an unsere Grenzen. Ich bin eine recht ausgeglichene Person, ich schreie nicht schnell, aber seit Wendelin habe ich ein vollkommen verändertes Selbstbild. Was das Verhalten meines Sohnes alles in mir auslöst! Wenn ich immer wieder von ihm gehauen werde, berührt er Seiten in mir, die ich ohne ein Kind nie gesehen hätte. Ich will nicht schreien, ich will cool bleiben, aber manchmal ist das echt schwierig. Raffael auch schreien zu hören, finde ich wiederum beruhigend. Wir kennen uns schon so lange und gut, dass wir eine

Basis für solche Ausbrüche haben. Wir können miteinander reden, wenn wir Wendelin angestänkert oder uns wegen ihm gestritten haben, und zwar ohne dass es peinlich wäre. Es ist tabu, und ich kann das absolut nicht vor mir vertreten, aber ich habe Wendelin schon mal auf die Finger geklapst – danach habe ich versucht, mich vor mir selbst zu entschuldigen: Ist nicht so arg, er haut mich die ganze Zeit. Aber in meinem Wertungsrahmen ist dem Kind auf die Finger klapsen zu viel. Von meinen Eltern habe ich ein einziges Mal eine Watsche bekommen, und ich will mein Kind möglichst nie schlagen. Ich habe auch gar nicht vor, es jemals zu tun, aber selbst mit einer noch so reflektierten und pazifistischen Einstellung kann es Situationen geben, wo man und frau sich nicht anders zu helfen wissen. Mich hat auf jeden Fall die pädagogische Ausbildung gestärkt, und darüber bin ich froh.

Was ich nie mache, ist, die Beziehung zu meinem Sohn zu unterbrechen. Man kennt diese Geschichten von Eltern, die sich in Streitsituationen rigoros vom Kind distanzieren, die es dann allein lassen, nicht mehr mit ihm reden. Ein Grundsatz von Raffael und mir ist, dass wir weiterhin mit Wendelin in Verbindung treten. Wir reden mit ihm, fragen in regelmäßigen Abständen: Geht's wieder? Wenn er Anfälle hat, wo er nur auf dem Boden herumhüpft und sich ins Gesicht haut, oder er uns haut, sobald wir näher kommen, gibt es nämlich den Moment, wo er so entkräftet ist, dass er Trost braucht, und dann wollen wir für ihn da sein. Wendelin braucht und will diese Machtkämpfe, dabei widerstreben die mir sehr, mich interessiert das einfach nicht. Ein bisschen weniger kämpfen, das würde mir schon reichen. Hast du eigentlich noch viele Fragen? Weil entweder wir kippen ein paar oder Raffael holt Wendelin ein bisschen später ab. Wendelin sagt sowieso immer: Ich will noch ned heim, ich will noch dableiben! Er ist nämlich gerade in den Kitapädagogen verliebt.

Manchmal sagen wir: Sollte der Vater nicht berühmt werden, wird es der Sohn. Wendelin hält verbissen an seinen Zielen fest, er ist extrem willensstark, dabei trotzdem sehr sozial. Und er lebt recht intensiv in seiner eigenen fantastischen Welt. Er erfindet Geschichten, die er richtig lebt, und wir müssen die mitleben, egal um welche Uhrzeit. Derzeit ist er ein Pippihenderl und ich bin die Pippihenderl-Mama, dann kommen Fuchs und Hund und Katz und beißen ihn, dann beißt der Fuchs den Hund und die Katz und will sie essen. Das Abstraktionsvermögen, dass das keine Realität ist, hat Wendelin noch nicht. Außerdem kannst du ihm nie was glauben. Er erzählt der Kitapädagogin, dass Raffael ihn auf dem Weg geschlagen habe, er erzählt uns, dass die Kita-Pädagogin ihn geschlagen habe. Oder wenn ich ihn ins Zimmer schiebe, brüllt er: Würg mi ned! Ich meine, wenn das wer hört! Woher kennt er überhaupt dieses Wort? Wer würgt ihn leicht?

Wendelin ist wirklich ein so intensives Kind, dass ich mir oft denke: größten Respekt vor Alleinerzieherinnen! Raffael und ich leben nicht das traditionelle heterosexuelle Beziehungsmodell, bei uns ist es so: Ich gehe arbeiten, er ist der Hausmann. Für uns passt das wunderbar. Unmännlich fühlt er sich deshalb nicht, nein, ich glaube, er ist eher froh, dass er keine Freundin hat, die von ihm erwartet, dass – ich weiß nicht, es passt jedenfalls. Auch viele andere finden unser Modell super, oft kommt ein: Cool, dass ihr's umgekehrt macht. Vor allem von Jungvätern, die zwar gern mehr beim Kind wären, sich Karenz aber nicht vorstellen können, nicht selten, weil's ihr Arbeitgeber nicht will. Aber auch Jungmütter, bei denen der Partner nicht so präsent ist, finden es klasse, dass Raffael und ich bei vielem zu zweit sind. Davor war Raffael ebenfalls im Sozialbereich, wobei ich seit Wendelin denke, dass Kindergärtner auch gut zu ihm passen würde.

Raffaels Berufung ist aber seine Kunst. Zu akzeptieren, dass Künstler ein Beruf ist, und zwar einer, den er wirklich liebt, hat gedauert. Wenn er irgendwann berühmt werden würde – ich denke das nur mal laut durch –, wäre das einerseits super: Ruhm, Ehre, Geld. Andererseits muss man das erstmal aushalten, auch als Partnerin, weil ich will eigentlich nicht im Mittelpunkt stehen. Er könnte von mir aus ein bisschen berühmt werden, aber nicht zu berühmt. Wenn Raffael wegen einer Lecture oder Ausstellung mal länger weg muss und ich dann alleine bin, ist das ein irrsinniger Organisationsact. Wie tausche ich meine Dienste? Wer schaut wann auf Wendelin? Wie schaffe ich es drei Tage ohne jemanden? Wenn du alleine ein Kind hast und arbeitest, kommst du nie zu Atem, du funktionierst nur noch. Aufstehen, Kind abliefern, in die Arbeit, nach der Arbeit in die Kita, mit dem Kind heim, schauen, dass es isst und schnell schlafen geht, danach fällst du selber ins Bett. Das ist dein Tag, und so ist jeder deiner Tage.

Habe ich jetzt schlimm rumgejammert wegen dem Kind? Dass ich zufrieden bin mit meinem Leben, hat man nicht so rausgehört, oder? Das muss ich korrigieren: Mein Leben ist schön. Meine Arbeit macht mich zufrieden. Unsere finanzielle Situation ist so, dass ich mir keine Sorgen mache. Ich bereue es nicht, Mutter geworden zu sein. Wendelin war ein Wunschkind, von Raffael und mir. Trotz einer intensiven Elternschaft erleben wir auch irrsinnig schöne und lustige Momente. Wendelin ist wirklich liebevoll und witzig. Solche Phasen gibt es ja auch. Aber manchmal frage ich mich, ob er so ist, wie er ist, weil er sich nie frei bewegen kann. Er schläft jede

Nacht in dieser verkrampften Haltung, er hat gar nicht die Möglichkeit, sich zu entspannen.

Als wir die Diagnose hörten, konnten wir uns gar nichts drunter vorstellen, außerdem kam sie, weil wir gerade in London wohnten, auf Englisch daher: *club feet.* Pränataler Diagnostik stehe ich nicht ablehnend gegenüber. Wenn bekannt ist, dass es Erbkrankheiten in der Familie gibt, macht es Sinn. Aber Raffael und ich haben uns bewusst dagegen entschieden. Was wir nicht wussten, war, dass es in England einen Ultraschall gibt, der automatisch diagnostisch ist: Zuerst gehst du zum *dating scan* ins Krankenhaus, um zu wissen, wie fortgeschritten die Schwangerschaft ist. Danach gibt's noch einen einzigen Ultraschall um die 20. Woche herum, bei dem wird wegen Anomalien geschaut, und da haben wir es erfahren: Klumpfüße. Ein paar Tage lang hat uns das extrem beschäftigt, vor allem weil Klumpfüße ein Symptom für eine offene Wirbelsäule oder einen neurologischen Defekt sein könnten. In einem nächsten Ultraschall wurden die Herzklappen und Gehirnströme angeschaut, daraufhin hieß es: *This child is healthy.* Damit war's für uns gegessen. Es sind Füße, dachten wir, es ist nichts Lebensbedrohendes. Schlimmer war's für unsere Familie, die sich im Internet durch die Fotos geklickt hat. Raffael und ich haben Doktor Internet gar nicht erst befragt. Von der Klumpfuß-Ambulanz waren wir gut informiert worden, was nach der Geburt zu machen ist. Dass wir mit einem Kind nicht in London bleiben, war für Raffael und mich von vornherein klar. Wir wollten aber auch nicht nach Österreich zurück, also sind wir nach München. Die Eingliederung ins deutsche Sozialsystem hat gut geklappt, nur im Krankenhaus war ich fast zu spät dran. Das Keilen ums Kind beginnt ja bereits, bevor das Kind da ist: Krankenhaus, Hebamme, Tagesmutter, Krippe, Kita und so geht es weiter. Wahrscheinlich müssten wir jetzt schon wissen, welche Schulen Wendelin besuchen wird, um ihn früh genug einzuschreiben. Als ich in der 30. Woche zur Anmeldung ins Krankenhaus ging, sagten die mir, ich hätte mich schon vor Wochen anmelden müssen. Das ist doch absurd! Im Endeffekt muss dich aber jedes Krankenhaus nehmen, wenn du mit Blasensprung dastehst. Als es so weit war, sind wir abends rein und bekamen gesagt, wir sollten wieder heimgehen. Ich habe geantwortet: Ich gehe nicht! Irgendwie habe ich gefühlt, dass ich bleiben muss. Gnädigerweise haben sie mich aufgenommen, aber Raffael musste gehen. Ich wollte noch kurz unter die Dusche – plötzlich ging's los: extreme Wehen! Weil ich dachte, die sagen ohnehin wieder »Ist nix«, blieb ich aber im Zimmer sitzen. Irgendwann habe ich mich selber in den Kreißsaal geschleppt. Ob Raffael es rechtzeitig schafft, war mir zu diesem Zeitpunkt bereits egal, ich dachte nur noch: Jetzt geht's Richtung Geburt, mein Körper macht, was er will, wenn Raffael da ist, ist er da, wenn nicht, dann nicht. Er hat es geschafft.

Seitdem ich als Jugendliche auf der Kinoleinwand eine Geburt gesehen habe – der Babykopf stand richtig aus der Scheide raus – war ich so auf: Wäh! Wirklich? Wie soll da bitte ein Baby rauskommen? Die jahrelange Angst war totaler Blödsinn, trotzdem wäre es für mich voll okay, wenn auch ein männlicher Körper schwanger werden könnte. Bei mir – und ich hätte gehofft, dass das nicht passiert – ist der Damm gerissen. Ich wurde genäht und es hat Wochen gebraucht, um zu verheilen. Das war das Schrecklichste! Aber so schlimm sich jetzt alles anhört, mir hat die Geburt schon getaugt. Danach war ich riesengroß und dachte: Schaut mich alle an, was *ich* kann! Ein paar Tage danach traf ich unseren Vermieter und dachte: Merkt der nichts? Sieht der mir gar nichts an? Die Faszination dafür, was so ein Körper alles schafft, begann aber schon vor der Geburt. Ich meine, allein wie sich die Haut dehnt! Wie macht sie das? Außerdem finde ich spannend, dass ich nie babynarrisch war, Babys sind mir recht egal, aber am Abend vor der Geburt habe ich eins schreien gehört und plötzlich konnte ich es kaum mehr aushalten, auf meins zu warten. Die emotionale Grundlage hat sich vollkommen gewandelt während der Schwangerschaft, Sachen mit Familie und Kindern berühren mich heute viel tiefer und schneller. Wie das mit den Flüchtlingen anfing, hätte ich auf der Stelle losheulen können, wenn ich am Bahnhof Flüchtlingsfamilien sah. Darauf lasse ich mich aber gar nicht erst ein, sonst würde ich komplett aufbrechen. Oder solche Filme wie *Suffragette*, hast du ihn gesehen? Der Mann sagt zur Frau, die Suffragette geworden ist, dass eine Frau, die im Gefängnis war, nicht bei ihm bleiben könne. Das Kind wird dann dem Mann zugesprochen, weil es laut Rechtsprechung dem Vater gehört, die Mutter hatte keine Rechte. Und dann diese Szene, wie der Vater das Kind zur Adoption freigibt und die Mutter sich für immer von ihrem Kind verabschiedet ... Also bevor Wendelin da war, hätte ich im Kino nie losgeplärrt.

Als Wendelin endlich auf der Welt war, waren seine Füße absolut kein Thema, Raffael und ich haben noch nicht mal nachgesehen. Am zehnten Tag sind wir zum Eingipsen ins Krankenhaus gefahren, danach bekam er jede Woche einen neuen Gips. Als er sechs Wochen alt war, hatte er die erste Operation, dann bekam er wieder Gips, dann die Schienen. Wendelins Füße sind auch keine Klumpen. Es sind Füße mit mehreren Fußfehlstellungen, aber es sind stinknormale Füße, die eben langsam nach außen gedreht werden. Als Baby im Strampler hat man nie viel gesehen und als die Schienen-Zeit begonnen hat, mit drei Monaten war das, haben neugierige Leute vielleicht mal kurz nachgefragt, aber nichts Schlimmes. Recht interessant war, als Wendelin das erste Mal jemandem selbst davon erzählte. Meine Füße, sagte er, waren ganz verdreht und dann musste ich einen Gips bekommen und eine Schiene und die muss ich jetzt zum Schlafen oben haben. So erzählen es Raffael und ich auch immer, es war ja nie ein Problem für uns, und ich denke, deswegen ist es auch für Wendelin keins.

Die gemeinsame Verantwortung für ein Kind hat Raffael und mich zusammengeschweißt. Unsere Beziehung fühlt sich nicht so lange an, wie sie ist, und das liegt, glaube ich, daran, dass wir uns immer verändern konnten. Wir haben uns und dem anderen eine eigene Entwicklung zugestanden. Über den Partner definiert habe ich mich nie, weswegen ich gut alleine sein und das auch genießen kann. – Hast du die Tür gehört? Jetzt lernst du Wendelin kennen. Ach was, du brauchst keine Angst haben, nein, hörst du ihn laufen? – Hallo, Wendelin! Weißt, wer das ist? Das ist die Nadine aus Wien. Genau, du hast heute eine Kinderkommode gekriegt, magst sie der Nadine zeigen, wenn sie geht? Ich würde gerne noch ein bisschen reden mit ihr, weißt. Ja, das darfst, nimm den Schokohasen mit und iss nicht zu viel. – Und? Ja, er ist voll süß, er kann echt ein Engel sein, ausschauen tut er sowieso wie einer. Eigentlich wollte ich nie ein Einzelkind, aber derzeit will ich nicht schwanger werden und wieder in dieser Babyblase sein. Mit zwei Kindern könnte ich außerdem einen Job wie den, den ich machen will, nicht machen, und ich liebe meinen Job. Ich glaube, die Familienplanung ist für uns abgeschlossen.

Mein bisher bester Job war in London in einem Tageszentrum und Notquartier für wohnungslose Frauen – so etwas hätte ich gerne wieder, aber das gibt es nicht in jeder Stadt. In so eine Einrichtung kannst du kommen, dich wo hinsetzen und sie als Ruhe- und Rückzugsort nutzen. Dort gibt es Sessel, Sofas, Fernseher, Buffet, Duschen, Waschmaschinen, Spinde und Schlafbereiche. Die Einrichtung, in der ich gearbeitet habe, war recht niederschwellig, deren Angebot konnte anonym genutzt werden. Solche Anamnesebögen, wo man wirklich alles von sich bloßlegen muss, gab es bei uns nicht. Wenn die Frauen mehr erzählen wollten, war das ihre freie Entscheidung, ich weiß nur: Zu uns kamen auch Frauen aus feineren Familien, Frauen, die mal einen richtig guten Posten hatten, auch Drogenklientinnen verschiedenster familiärer Herkunft, die schon recht jung abgerutscht sind. Es kamen Frauen, die sich um nichts mehr gekümmert haben, weil sie psychisch so krank waren, oder andere, die keine *benefits* zur Unterstützung beantragen und nicht ins Jobcentre Plus, das englische Arbeitsamt, gehen wollten. Einmal kam eine trans*Frau zu mir, das Passing ist ja für trans*Frauen schwieriger als umgekehrt, weswegen ich es gleich bemerkt habe. Da das Notquartier ausschließlich für Frauen war, bedeutete das: null Penis. Im Tageszentrum wäre das, egal in welchem Stadium sich die trans*Person befindet, voll okay gewesen, aber eine Person mit Penis durften wir, selbst wenn es eine trans*Frau war, nicht im Notquartier bei den anderen Frauen unterbringen. Und ein andermal nahm ich eine intersex*Person auf, sie sah burschikos aus, hatte voll das Machogehabe, trug aber einen weiblichen Namen. Ich dachte mir: Ein junger Mensch, der noch gar nicht weiß, wohin, der noch austestet, also habe ich ihn aufgenommen, was schließlich ein großes Thema bei den Frauen wurde: *Who's* that *guy?* Solche Entscheidungen wurden im Team immer diskutiert, das muss man diskutieren, aber prinzipiell waren wir offen für trans*Personen.

Das Spannende an diesem Job in London war, dass ich nie wusste, wie mein Dienst aussehen wird, kein Tag war wie der andere. Manchmal besuchten uns bekannte Frauen, manchmal kam eine ganz neue Frau, die Beratung haben wollte. Bei uns konnte man auch bleiben, wenn man, beziehungsweise frau, akut psychisch auffällig war oder Drogen konsumierte. Es ging einfach darum, wieder mal einen eigenen Platz mit etwas Privatsphäre haben zu können. Dadurch funktionierte es bei uns für viele, denen die Regeln anderswo zu eng waren. Ich musste auch Erste Hilfe leisten können, wenn etwas war, aber das kam selten vor. In dem gemischtgeschlechtlichen Tageszentrum, in dem ich davor gearbeitet hatte, war Erste Hilfe an der Tagesordnung. Da gab's massive Alkoholiker, Asthmaanfälle und epileptische Anfälle, also die Epis waren wirklich –, ich will mich gar nicht erinnern, puh. Aber wenn du's jeden Tag machst, wirst du routiniert: stabile Seitenlage, *emergency call*.

Wichtig bei Wohnungslosenhilfe ist, dass man nie vergisst, dass diese Personen erwachsen sind, ganz egal, was der momentane Zustand ist, sie bleiben Erwachsene. Damit du in der Wohnungslosenhilfe landest, muss viel passiert sein – dann soll es in der Einrichtung weitergehen mit Entmündigung, Entwertung und Stigmatisierung? Ein neuer Ansatz in der Wohnungslosenhilfe ist, dass man nicht mehr vom Notquartier zum Übergangswohnen und erst irgendwann in eine Einzelwohnung kommt. Ich meine, Notquartier musst du mal aushalten können. Es ist viel sinnvoller, dass man, nachdem man die Wohnung verloren hat, gleich wieder, mit Unterstützung, aber selbstständig, in einer eigenen Wohnung weiterlebt – das sogenannte *housing first*. So geht die Wohnfähigkeit – grausiges Wort – nicht verloren. Ich finde es grausig, weil – weiß nicht, ist vielleicht eine Spur übertrieben, aber im Nationalsozialismus gab es auch für alles ein spezielles Wort, und ich glaube, da sollte man aufpassen. Was ist Unfähigkeit überhaupt? Wenn ich meine Rechnungen nicht zahlen kann? Wenn ich in meiner Wohnung nicht vom Boden essen kann? Was?

In Einrichtungen für wohnungslose Menschen kommt es immer wieder vor, dass Überengagierte denken, sie würden etwas Gutes tun, indem sie jemanden aufsammeln und dorthin bringen. Einmal hatte ich so einen Fall, wo ich sofort gesehen habe, diese Frau ist nicht freiwillig hier. Sie ist dann auch mitten in der Nacht wieder gegangen, den gemeinsamen Schlafbereich hat sie einfach nicht ausgehalten. Ein andermal war eine Frau bei uns, jenseits der sechzig, die einen immensen Leidensdruck hatte, wieder an die frische Luft zu kommen. In unser Haus, sagte sie, werde Gas eingeleitet. Wichtig ist, dass draußen auf der Straße Streetworker unterwegs sind, die die Personen ansprechen und informieren – kurz und zwanglos. Manchmal braucht es mehrere Anläufe, bis es jemand wieder aushalten kann, in einer Wohnung zu sein. Und: Man hat das Recht, auf der Straße zu leben. Für manche ist es aus der Entwicklung heraus das, was sie wollen, was ihnen vertraut ist.

Helfersyndrom habe ich zum Glück keines. Während meiner Arbeit gebe ich gerne alles, aber ich sehe es pragmatisch: Ich kann und will nicht die Welt retten. Natürlich könnte man mir Kaltschnäuzigkeit vorwerfen, wenn ich zur Tür rausgehe und alles hinter mir lasse. Es gab auch Fälle, die mich nach Hause begleitet haben, klar. Aber jeden Tag als psychisches Wrack heimgehen, das wäre schon recht aufopfernd.

Liebe Nadine!

Du hast eine Situation geschaffen, in der ich mich sehr öffnen konnte – zu sehr? Ich hoffe, und habe das Gefühl, dass meine Erzählung bei dir an einem guten Ort ist. Unser Gespräch hat stark in mir nachgeklungen. Falls dein Konzept vorsieht, dass nur das Tonband in den Text fließt, lass diesen Nachtrag einfach weg.

Nach deinem Besuch habe ich mir eine Frage gestellt: Warum sage ich nicht, wie stolz ich auf meine Entwicklung vom Lehrling zur Abendschule zum Studium bin? Das hat sich im Vorhinein unerreichbar angefühlt, richtig utopisch. Ich bin ja die Erste in meiner Familie, die einen akademischen Abschluss gemacht hat, aber sobald ich davon erzähle, klingt es in meinen Ohren abgehoben. Ich denke, du weißt, wie ich es meine.

Außerdem ist mir etwas aufgefallen: Die Unterscheidung in Buben und Mädchen dürfte ich als Kind viel mehr hinterfragt haben, als es mir bewusst war. Ich erinnere mich an die vielen Diskussionen mit meiner Mama darüber, ab wann eine Badehose für Mädchen verboten ist. Lange habe ich mich dagegen gewehrt, dass ich einen Badeanzug tragen muss, obwohl es am Oberkörper noch nicht mal was zu bedecken gab. Die dateline *für mich war Ende der Volksschule. Eine weitere Erinnerung ist Fußball im Turnunterricht, alle Kinder gegen den Lehrer, ich habe das geliebt! Es gab eine Schulfußballmannschaft, in die aber ausschließlich Jungen aufgenommen wurden. Ich habe den Lehrer nicht nur ein Mal angeraunzt, dabei sein zu dürfen. Heute wundere ich mich über meine damalige Vehemenz. Als selbstbewusstes Kind habe ich mich nämlich nicht in Erinnerung. Trotzdem scheine ich gewusst zu haben, was mir wichtig ist. Wer weiß, vielleicht hat Wendelin das von mir.*

Ein Wort habe ich noch zu erwähnen vergessen, das in

meiner Mutterschaft immer wieder Thema ist: Aggression;
meine und seine, und die überraschende Tiefe dieses Ge-
fühls. Zwei Dinge scheinen mir dabei wichtig zu sein: Ich
muss kein schlechtes Gewissen haben! Ich darf auf mich
schauen! Von einer Glucke, die sich so wichtig nimmt, dass
sie denkt, sie als Einzige würde ihr Kind verstehen, bin ich
weit entfernt. So wichtig nehme ich mich nicht als Mutter,
vielleicht weil ich mich, und damit auch mein Kind, als
Individuum ansehe.

Allet Liebe, frisch aus Berlin, Nora

P. S.: Lass dich nicht von kindlichen Engeln betören!

Die große klassische Vergewaltigung

Elena, 38, Unternehmerin

Das ist eine schöne Frage, und ich halte es gleich anonym. Aufgewachsen bin ich mit Vater, Mutter, Schwester, Hund. Ich erinnere mich an wenig. Keine Ahnung, ob da schlechte Erfahrungen gut verdrängt wurden. Manchmal fratschel ich meine Schwester aus. Zum Beispiel in welchem Ausmaß bei uns getrunken wurde. Denn ich habe ein Problem mit Alkohol. Konkret: Wenn meine Partner und Partnerinnen Alkohol trinken. Und wir reden hier nicht von jemand ist völlig hinüber, wir reden von der Lust, ein Bier zu trinken. So etwas verursacht mir innere Qualen! Und dann grabe ich. Aber auch Ursi erinnert sich an nichts.

Während meiner ersten zehn Lebensjahre waren meine Eltern zusammen. Als unsere Mutter meine Schwester und mich zur Scheidung befragt hat, haben wir gesagt: Ja bitte, lass dich scheiden. Warum, weiß ich nicht mehr. An ein Bild kann ich mich erinnern: Mein Vater kommt von der Arbeit heim und wäscht sich die Hände. Und an ein zweites: Beim Mittagessen sagen wir, er sei der Mistkübel, er könne den Rest essen.

Das Sorgerecht hat unsere Mutter bekommen. Es war lange Standard, dass die Frau das automatisch bekommt. Nach der Scheidung gab es sporadisch Kontakt. Ich bin mit der Erzählung aufgewachsen, dass das emotional so belastend sei und ich so viel weinen müsse, weil er so arg sei zu uns. Heute frage ich mich, ob es wirklich so war.

Die Version meines Vaters lautet: Er habe dauernd kommen wollen, aber immer habe es Ausreden gegeben. Die Version meiner Mutter: Er habe bei der Scheidung aufs Besuchsrecht verzichtet. Heute weiß ich, dass das gar nicht geht. Die Kinder können sagen, sie möchten keinen Kontakt, aber der Vater darf nicht sagen: Und tschüss, nie wieder!

Mir fällt schwer zu fassen, was alles wirklich war und was nicht, und das macht mich ganz verrückt! Ich bin sehr ambivalent aufgewachsen. Ich war die ohne Markenkleidung, deren Familie im Billigsupermarkt einkauft – und trotzdem die mit Haus ohne Schuldenberg. Ich bin sehr streng aufgewachsen – aber irgendwie doch nicht. Mutter Hauptschule, Vater Lehrabschluss – und meine Schwester und ich sollten unbedingt ins Gymnasium, obwohl sich doch der Bildungsbackground meist reproduziert. Meine Mutter hat immer behauptet, in Betragen und Religion sei ein Einser wichtig, alle anderen Noten seien wurscht – aber ich hatte nie das Gefühl, alle anderen seien wurscht. Die guten Noten haben gar nicht zu mir gepasst. Ich hatte halt Angst vor dem Liebesentzug meiner Mutter. Nicht dass es den nicht trotzdem gegeben hätte …

Als mein Matheprofessor sagte, ich solle in den naturwissenschaftlichen Zweig wechseln, hat meine Mutter mich das machen lassen, das war cool von ihr. Und ich habe die beste Mathematura geschrieben. Ich dachte, die Lehrer und Lehrerinnen fallen drauf rein, dass die liebe Leni so brav ist, und dass dieses Bild erst dazu führt, dass sie mir gute Noten geben. Ich funktioniere eben gut im System Schule, ich mache, was von mir verlangt wird. Das ist für mich nicht gleichbedeutend mit Intelligenz. Meine Psychotherapeutin sagt natürlich etwas anderes. Aber in Chemie, Physik und Geometrie war ich trotzdem schlecht, halt das Mutter-Schlecht, Zweier und Dreier – ich habe oft in der Klasse geheult. Es ging ja nicht um die Note, es ging darum, meine Mutter nicht zu enttäuschen. Damals hast du mich bloß anstupsen brauchen, bin ich weinend dagelegen. Auch heute würde ich es nur schwer schaffen nicht loszuheulen, wenn eine Autoritätsperson ein harsches Wort sagt. Was ich nicht kann, ist, mir Gefühle nicht anmerken zu lassen – wobei ich nicht finde, dass das etwas ist, das man können müsste.

Früher war ich unglaublich angepasst: Ich durfte nicht rauchen – ich habe nicht geraucht. Ich durfte nur nach Jugendschutzgesetz fortgehen – ich bin nur nach Jugendschutzgesetz fortgegangen. Ich durfte mich nicht betrinken – ich habe mich nicht betrunken. Normalerweise leistet man doch Widerstand, oder? Es war ein langer Prozess, draufzukommen, was ich für wichtig halte, und dann noch, es zulassen zu können. Ich wollte nie Wünsche formulieren. Zum Beispiel wenn meine Taufpatin fragte: Was wollt ihr trinken? Ich habe gesagt: Mir egal! Natürlich habe ich gewusst, ich will lieber einen Saft, aber ich habe gemacht, was dem Gegenüber recht war.

Meine Mutter behauptet, ich hätte alles freiwillig gemacht. *Ich* glaube, ich habe sehr wohl gespürt, dass es bei mir zu Hause gut ist, keinen Stress zu verursachen. Meine Schwester war unangepasster als ich. Zum einen weil sie die Zweitgeborene war, zum anderen weil es da eine Geschichte gab, ab da war meine Mutter auf: Die arme Ursi hat es schon schwer genug gehabt. Dass es mir nicht leicht fällt, Autoritäten zu widersprechen, würde mir nie jemand glauben, wie wir alle wissen, sind Feministinnen ja *so* rebellisch. Diese Obrigkeitsunterwürfigkeit habe ich nach wie vor, und das fängt schon bei Arztbesuchen an: aufgeregt sein, Herzklopfen, Schwierigkeiten haben zu sagen, warum ich da bin. Auch wenn ich mittlerweile manchmal widersprechen kann, ist die Angst vor Situationen, in denen jemand hierarchisch über mir steht, in denen ich von jemandem abhängig bin, in mir drin. Wenn ich was wollte, hat mich meine Mutter mit dem Satz konfrontiert: Du kommst wie immer mit dem falschen Anliegen zum falschen Zeitpunkt, leider kann ich jetzt nur Nein sagen, weil du wissen müsstest, in welcher Situation du mich mit was konfrontieren darfst. Ich weiß nicht, welche Situation das gewesen sein soll, aber meine Schwester kam immer in der richtigen. Erst mit der Psychotherapie habe ich gemerkt, wie furchtbar das ist. Als Kind habe ich das doch nicht reflektiert, nicht so auf: Reiß dich bitte zusammen als erwachsene Person!

Es hat mir nicht gutgetan, dass ich so angepasst war – und obwohl ich so angepasst war, hat meine Mutter getan, als sei ich furchtbar. Manchmal denke ich, ich habe fortgeführt, was sie mit sich selbst macht: sich alles verbieten, aber nicht recht wissen, warum eigentlich. Ich glaube, insgeheim ist sie ganz arg, kann sich das aber nicht eingestehen, arg unter Anführungszeichen: mal saufen gehen, mal Sex haben mit irgendwem … Lustig ist, dass meine Mutter behauptet, sie habe mich aufgeklärt. Ich kann mich zwar nicht erinnern, aber tatsächlich besitze ich dieses Buch: *Mein erstes Buch vom Körper*. Ein nackter Junge und ein nacktes Mädchen, und wahrscheinlich hat meine Mutter gesagt: Das hier gehört in das da rein.

Ich glaube außerdem, in meiner Mutter hat sich fortgeführt, dass sie selbst emotional kalt und extrem streng erzogen wurde. Ihre eigene Mutter ist früh gestorben und sie wuchs bei ihrer Tante auf. In der Öffentlichkeit durfte sie sich nur auf eine ganz bestimmte Art zeigen und der Haushalt musste pedantisch sauber sein. Es gab auch eine Geschichte mit Gewalt in ihrem – ich weiß nicht, wie sagt man in ihrem Fall zu einem Elternhaus? Nach der Heirat hat sie dieses Haus jedenfalls nie wieder betreten.

Mein Elternhaus ist eine Lagerhalle. In unserer Straße war ein Großmarkt, der expandierte. Nach und nach hat der alle benachbarten Häuser aufgekauft. Meine Mutter hat Ursi und mich gefragt, ob es in Ordnung für uns sei. Manchmal rufe ich mir das Haus in Erinnerung: das Stiegenhaus, die Tapeten, die Zimmer, den Flur. Im Garten hatten wir einen Brunnen, in dem meine Schwester und ich im Hochsommer gebadet hatten, daran erinnere ich mich auch noch. Ich mag diese Erinnerung, aber ein Bedürfnis, mir die Lagerhalle anzusehen, hatte ich nie. Erst jetzt, mit Sarah, ist es mir wichtig geworden. Und Sarah hat viel Fantasie gebraucht, um sich in die Halle mein Elternhaus hineinzudenken.

Bevor meine Mutter Sarah kennengelernt hat, sagte sie, sie müsse mich noch mal alleine treffen. Dieses Treffen war süß: Leni, worüber ich mit dir reden wollte, ich habe nichts dagegen, wenn du jetzt ein Mann sein willst, ich will nur nicht, dass du es bereust, wenn du dich – ich glaube, sie sagte sogar: wenn du dich umoperieren lassen willst. Diese Aussage von ihr war – selbst wenn ich bitte kein Mann sein möchte! – sehr cool. Aber plötzlich war mir klar, dass ich immer recht hatte mit meinem Gefühl, dass etwas unausgesprochen ist. Zum Beispiel meine kurzen Haare. Für meine Mutter heißen die also: Die Leni möchte ein Mann sein. Dabei habe ich mich nie anders gefühlt als als Frau. In meinem Freundeskreis verorten sich manche trans*. Beim Ausfüllen eines Fragebogens wurde ich mal gefragt, welches Geschlecht ich ankreuze, oder ob ich etwas anderes hinschreibe. Da dachte ich: Wieso nicht Frau? Ja, ich wurde zwar traditionell weiblich sozialisiert, aber ich habe mich damit nie wohl gefühlt. Es fühlt sich nur richtig an, weil es für mich bedeutet, dass ich kurze Haare haben kann, ich mich für Mathe interessieren und in die Männerabteilung einkaufen gehen kann.

Meine Mutter sagt, Weiblichkeit sei als Frau ganz wichtig. Sie betont mit viel Vehemenz, wie weiblich sie selbst sei, jedes Weiblichkeitsding wird zelebriert: Wie furchtbar, dass ich im Wechsel bin – ich steh so drauf, wenn ich die Regel hab! Für sie bedeutet Weiblichkeit Push-up-BH, Rock und lange Haare. Während meine Haare kürzer werden, wird ihr Weiblichkeitsideal strenger. Sie *leidet* richtig unter meiner Frisur. Direkt nach dem Schneiden ist es ganz schwierig für sie. Sind die Haare ein bisschen nachgewachsen, höre ich: Jetzt gefällst du mir wieder besser! Ich habe kurze Haare: *So what?* Gefällt mir eben besser! Noch etwas bedeutet für meine Mutter Weiblichkeit: Hausfrau sein. Sie wäre heute noch liebend gern Hausfrau, selbst wenn sie wahrnimmt, dass das ein Scheiß ist, weil sie eine lächerliche Pension unter der Mindestsicherung kriegen wird. Aber das lässt sie laufen unter: Ohne Scheidung wäre ich abgesichert gewesen.

In den Augen meiner Mutter war ich die fürs Technische, warum auch immer, meine Schwester die fürs Kreative. Ursi leidet darunter mehr als ich, weil es immer heißt: Leni, erklär du mir, wie der Videorekorder funktioniert. Meine Mutter glaubt, ich könne das einfach so, quasi aus mir heraus – aber ich muss doch auch erst die Gebrauchsanweisung lesen! Es ist anstrengend, dass sie in mir das durch und durch Männliche sieht. Ich kann mich erinnern, als sie uns unser erstes Deo geschenkt hat: Ursi bekam rosa mit lieblichem Duft, ich grün und herb. Ohne das Wort gekannt zu haben, fand ich schon damals, dass das eine seltsame Zuschreibung ist.

Meine Mutter hat manchmal Panikattacken, früher hat sie immer mich angerufen, weil ich in ihren Augen die Rationale, die Ernste bin, die, mit der man reden kann – Ursi ist die Lustige. Aber im Panikzustand kann doch eine Mutter nicht ihre Tochter anrufen, nicht als Person erster Wahl, das geht einfach nicht, das muss sie einer Freundin erzählen oder einer Therapeutin! Diese Rollenumkehr habe ich überhaupt erst in der Therapie gecheckt. Das habe ich dann abgedreht. Gleichzeitig habe ich das starke Bedürfnis, meine Mutter zu beschützen. Was weiß ich, vor allem Möglichen. Eigentlich vor dem, wie ich bin. Ich vermeide es seit Jahren, ihr meinen linken Arm zu zeigen. Wenn es noch so heiß ist, ich trage etwas Langärmliges darüber. Die habe ich mir zugefügt, nachdem ich sehr, sehr grantig war. Ich habe mich auch selbst geschlagen, das kannst du nämlich schön im Stillen machen. Aber darüber habe ich nie nachgedacht, das war einfach da. Und es gab ja noch kein Internet, wo ich hätte erfahren können, dass es dafür ein Wort gibt: Autoaggression. Bescheuert … Eigentlich sollte meine Mutter mich beschützen!

Mir war schon früh wichtig, viele Freundinnen zu haben. Irgendwann habe ich mich ganz gut aufgefangen gefühlt, mit den Jahren ist das immer besser geworden. Freundschaften sind mir das Wichtigste, deshalb könnte ich auch nie woanders hinziehen, das wäre der Tod! Dass es Freundinnen sind, war schon in der Schulzeit das Selbstverständlichste, Burschenfreundschaften als Mädchen galten als komisch. Ich hatte zwar lockere Freundschaften zu Typen, aber die hätten mir immer gefallen. Irgendwann hatte ich auch Freundinnen, wo spürbar war, dass es eine sexuelle Anziehung gibt – da war ich bereits mit Harald zusammen. Moment – ich wollte noch was anderes erzählen.

Ich habe Jus studiert, aber nach vier Semestern aufgehört. Ein wilder Erkenntnismoment: Volksschule lauter Einser, Gymnasium Vorzugsschülerin, immer alles wunderschön, und dann durchgeflogen. Das hat mir bestätigt, dass der Grund für meine guten Noten also doch bloß mein guter Ruf war. Kommt immer wieder raus bei Studien: Allein die Vorannahme, die du über Leute hast, lenkt, *wie* du sie beurteilst. Im anonymen Studium wurde ich damit konfrontiert, wie schlau ich wirklich bin – super intelligent war ich also nicht. Ja, das glaube ich wirklich, davon bin ich überzeugt! Vielleicht muss ich dazusagen, ich habe ununterbrochen gelernt. Aber gute Noten und Leistungsstipendien hatte ich erst wieder bei Anglistik – wobei dieses Studium echt nicht schwer ist. Ich hatte trotzdem meine Sieben-Tage-Woche – wahrscheinlich habe ich das damals gebraucht. Ich hatte nämlich eine recht schwere Zeit mit mir selbst. Ich bin zum Psychiater gegangen. Ein scheiß Psychiater, der hat mich bloß vollgepumpt. Im Oktober bin ich hergezogen, im November hat es angefangen, mir schlecht zu gehen, im Dezember war ich bereits auf Neuroleptika. Das ist mir noch nie aufgefallen: Ich habe während des ganzen Jus-Studiums Medikamente genommen … Es wäre gar keine Zeit gewesen, um langsam gesund zu werden, da war viel zu viel Abhängigkeit. Mein Vater beschloss, dass er nichts für mein Studium zahlen will, meine Mutter, dass die Familienbeihilfe – die eigentlich eine Beihilfe fürs Kind ist – ihr zustehe. Sie könne mir kein Geld fürs Studieren geben, sagte sie, weil sie alles für die Ursi brauche. Später hat sie das abgestritten. Eigentlich wollte ich dir aber von meiner Krise erzählen.

Die Kurzfassung ist: Als Jugendliche habe ich angefangen, auf einen zwanzig Jahre älteren Moderator zu stehen, und an dem, was das psychisch in mir ausgelöst hat, laboriere ich noch heute. Ich habe ihm schon vor dem Studium Briefe geschrieben – und er hat meine Lieder gespielt, jahrelang. Es hat sich zu etwas Wahnhaftem entwickelt, ich habe diesen Typen vergöttert. Der war der wichtigste Mensch in meinem Leben, seit ich fünfzehn war! Nach meinem Umzug waren wir in derselben Stadt, und bei einer Veranstaltung habe ich mich ihm vorgestellt. Insgesamt haben wir uns dreimal getroffen. Gleich am Anfang hat er mich überraschend geküsst und ich dachte: Hat der nicht eine Freundin, oh Gott, er ist also in mich verliebt? Ich war eine Spätzünderin … Dass er viel Sex hat und immer mit deutlich Jüngeren, haben alle gewusst. Er hat auch mir gegenüber oft genug erwähnt, dass er voll arg drauf sei, dass er mit vielen Frauen was habe. Zum Glück war mir schnell klar, dass er nicht mein Freund sein würde, wenn ich mit ihm schlafe. Also habe ich zu ihm gesagt, dass ich diese Art Sex nicht will – ansonsten hätte ich sogar das zugelassen. Zu allem anderen, Oralverkehr zum Beispiel, habe ich Ja gesagt.

Mein schönes Konzept von Sex war damals: Sex ist gleich miteinander schlafen ist gleich Mann penetriert Frau mittels Penis. Was sexuelle Erregung ist, habe ich doch gar nicht gewusst! Aus Zeitschriften wusste ich, *dass* es das gibt, aber es würde mich sehr wundern, wenn mein Körper sexuelle Erregung empfunden hätte. Ich habe halt mitgemacht. Ich habe geglaubt, Herummachen gehöre dazu, und es gebe keinen anderen Weg, um ihm wichtig zu sein. Im November war ein Abend, wo wir uns spät in der Nacht getroffen haben. Ich kann mich nicht erinnern, was er gesagt hat, halt alles Mögliche, was er von mir hält. Jedenfalls bin ich ihm heulend gegenübergesessen. Wir waren in der Nähe meines Wohnheims und er war so: Ich muss ja jetzt sogar ein Taxi nach Hause nehmen … Ich dachte: Der hat mich zwar voll fertiggemacht, aber ich kann ihn doch nicht heimschicken. Danach kann ich mich an nichts mehr erinnern. Dann ist er im Zimmer über mir gekniet und hat gewichst. Am nächsten Tag hat es angefangen – es hat sich alles – ich weiß nicht – irgendwie verschoben angefühlt. Wie durch eine Glasscheibe, als wäre ich nicht bei mir. Auch der Arzt hat gesagt, das sei nicht normal und hat mich zu einem Psychiater überwiesen.

Sechzehn Jahre lang habe ich diese Geschichte erzählt als: Da ist was Arges passiert und am nächsten Tag ist es mir schlecht gegangen. Nie habe ich es erzählt als: Das war ein Übergriff. *Mein* Konzept von Übergriff war: Du sagst Nein, jemand setzt sich darüber hinweg. Ich dachte eben, dass es nicht passiert wäre, wenn ich gesagt hätte, dass ich das nicht will. Vor einer Woche hat mich Sarah gefragt, warum ich mit dem auf Facebook befreundet sei. Auf Facebook ist man ja mit allen Möglichen befreundet – jetzt habe ich ihn gekickt. Nachdem ich ihr die Geschichte erzählt habe, war ihre Reaktion: Es war vollkommen klar, dass du das nicht willst! Jetzt, wo ich dir das erzähle, überlege ich schon wieder, ob ich das Übergriff nennen darf. Ich merke, dass es mir schwerfällt. In mir abgespeichert ist: Er war doch auch lieb zu mir, er war doch *so* wichtig für mich, er ist doch eine halbberühmte Persönlichkeit, ich kann doch *heute* nicht so etwas behaupten, der ist doch mittlerweile verheiratet und hat ein Kind, und wenn ich damals nicht Übergriff gesagt habe, wäre es doch unfair, das jetzt zu tun. Bei jeder anderen Frau, die mir so etwas erzählt, würde ich sagen: Das war doch spürbar, dass du das nicht wolltest, also geht das auch nicht, erst recht nicht bei so einem Altersunterschied!

Bisher war das für mich eine Grauzone, in der sich das bewegt. Ich bin mir zum Beispiel sicher, er hätte es bei einem Nein nicht gemacht, aber dazu wäre ich überhaupt nicht in der Lage gewesen. Ich weiß noch, dass er mich gefragt hat, ob ich mir sicher sei, dass ich das wolle. In mir drin hat es gerufen: Nein, nein, nein, ich will das nicht! Gesagt habe ich: Ja. Warum habe ich das gesagt? Ich möchte das doch wollen, ich will ihm so gern gefallen, treffen will er sich nur bedingt mit mir, aber ich weiß ja, dass er auf Sex abfährt, das hat er mir oft genug mitgeteilt. Ich war bereits mir selbst gegenüber übergriffig! Ich habe gespürt, dass ich das nicht will! Viele Jahre habe ich mir gedacht, wenn ich Ja gesagt habe, konnte er nicht wissen, dass ich nicht will. Ich kannte halt bloß die Vergewaltigungsgeschichten aus den Medien, oder jetzt die #aufschrei-Sache bei Twitter. Ein Mann greift einer Frau an den Arsch, das ist klar übergriffig – wobei ja auch nicht für jeden. Aber sich bereits in einer sexuellen Situation befindend, sich absichtlich hineinbegeben habend … ich hatte eben nicht die Erzählung für mich, dass ich Nein gesagt habe und er sich darüber hinweggesetzt hat.

Derzeit ringe ich mich zur Einsicht durch, dass es abseits von verbalisierter, konsensualer Sexualität noch etwas anderes gibt. Das spürt man doch beim Gegenüber! Erst recht, wenn der Typ zwanzig Jahre älter ist und weiß, dass die, mit der er gerade im Bett ist, keine Erfahrung hat! Und da kann ich noch so sehr sagen, ich würde wollen, rein von der Körpersprache her müsste für den klar sein, dass ich eigentlich nicht will. Der hat das auch gespürt. Das Beste war nämlich, dass – wie er es nannte – sein kleiner Freund Skrupel hatte. Seine Erektion ist flöten gegangen, sonst hätte ich *das* auch noch erlebt, und ich weiß nicht, wie es mir dann gegangen wäre.

Interessanterweise hat er mir am nächsten Tag eine Mail geschrieben. Die habe ich jetzt wieder rausgesucht.

Schreibt der doch nicht tatsächlich, mit so einer Sexualität wie meiner könne er nicht umgehen, ich sei so passiv, mit mir gehe gar nichts, nicht mal die Kommunikationsebene, Sex aber eben auch nicht. Das Geilste finde ich, als er sagt, vielleicht gebe es Männer, die darauf abfahren, Sex mit Frauen zu haben, die nur erdulden und erleiden, er nicht. Spätestens an dieser Stelle denke ich mir: Er hat mitgekriegt, dass ich nicht so scharf drauf war. An dem Punkt hätte er sagen können: Vielleicht bin ich gar nicht der heiße Typ, für den ich mich halte, ich merke nämlich, es gefällt dir gar nicht.

Bei den Psychiatern haben übrigens viele den Beruf verfehlt, ein Vollkoffer nach dem anderen. Der erste – ein schleimiger Typ – hat mich mit Medikamenten vollgepumpt und am Schluss umarmt. Zusätzlich war ich in Therapie, zuerst bei einer, die halbwegs okay war – seltsames Setting halt: Das Telefon läutet und sie nimmt ab? Als das mit dem Schneiden begann, wollte sie nicht mehr für mich zuständig sein. Überhaupt, diese Fingerschnipp-Ratschläge: Dann schneiden Sie sich halt nicht, wenn es Ihnen schlecht geht. Stationär in einer Klinik war ich auch einmal, Abteilung Suizidversuch. Endlich eine positive Erfahrung! Dort habe ich mich aufgehoben gefühlt. Außerdem war ich noch in einer Gruppentherapie – der nächste schleimige Typ. Der wollte, dass wir uns auf seinen Schoß setzen. Ich und zwei andere Frauen haben damals sogar besprochen, was für ein seltsames Gefühl wir bei dem haben, aber mehr so auf: Haha, lustig, dem taugt das wohl! Wie zu Schulzeiten: Haha, diese Lehrer fahren voll auf Röcke ab! Es galt zwar als etwas Komisches, aber als etwas Normales. Ich hatte kein Empören darüber, ich habe nicht begriffen, was das eigentlich bedeutet. Meine Cousine wurde von ihrem Klavierlehrer begrapscht. Sie war zwischen sieben und zehn, ich drei Jahre älter. Als sie es mir erzählte, war meine Reaktion: Das ist normal. Ist das nicht furchtbar? Sie hat es dann ihren Eltern erzählt, die haben dafür gesorgt, dass der Typ suspendiert wurde. Auch hier ist im Endeffekt alles gut ausgegangen, aber ich habe eben gesagt: Das ist normal. Bei der Geschichte mit dem Moderator dachte ich ja auch: Männer sind halt so, der *muss* wichsen, ich gebe ihm ja nichts anderes. Das ist doch gestört! Wir wachsen auf mit der Erzählung: Männer haben eine ungezügelte Sexualität, Frauen haben keine, wir haben außerdem, wie wir wissen, auch keine Orgasmen. Seit ich mit Freundinnen darüber rede, höre ich oft: Ich war auch schon mal in so einer Situation.

Wie kann man Mädchen beibringen, dass sie sehr, sehr gut auf das schauen sollen, was sie wirklich wollen? Erschwerend kommt hinzu, dass sie ja noch gar nicht diese ganzen Erfahrungen haben, dass sie noch gar nicht wissen, wie sich was anfühlen kann und soll und nicht soll. Wie kann man Mädchen davor schützen, dass sie sich denken: Ich lasse das über mich ergehen. Bei guten Ratschlägen musst du auch aufpassen, weil wenn du sagst, sie *muss* sich trauen, Nein zu sagen, fühlt sie sich schuldig, wenn sie nicht Nein sagt. Es geht um Selbstbewusstsein und Körperbewusstsein, und das fängt schon an bei: Du musst nicht dünn sein, du musst dich nicht so herrichten, du musst dein Leben nicht nach diesem Typen ausrichten, mach, was *dir* Spaß macht! Aber das herauszufinden ist schwierig, wenn du dauernd Sachen hörst wie vor kurzem im *Bravo*. Hundert Tipps für Girls, den Boys zu gefallen: *Schau sie von unten an, das finden die Boys cool. Trag Rouge auf, das finden die Boys süß.* Das Beste, Regel Nr. 100: *Sei du selbst!* Auch so eine schöne Ambivalenz. Da gab es dann voll den Shitstorm – wobei Shitstorm das falsche Wort ist. Es wurde schließlich vom Netz genommen.

Dass Sex kein Vehikel sein muss, ist bei mir erst mit Harald gekommen. Verrückt ist, als ich nach Jahren die Pille abgesetzt habe, hatte ich zum ersten Mal im Leben Lust. Was ich kannte, war: zu zweit im Bett liegen, küssen, irgendwann der Gedanke, Sex würde jetzt passen. Zwischen Hormone absetzen und Lust verspüren gab es einen klaren Zusammenhang. Da dachte ich: Wie verrückt ist das! Und wie vielen Frauen geht es wohl wie mir? Und wie verrückt ist das erst! Kein Orgasmus war auch nie so schlimm für mich, ich habe es ja nicht anders gekannt. Aber seitdem ich Lust empfinden kann, weiß ich erst, wie toll Sexualität ist. Ich habe die Vorstellung, alle anderen hatten bereits in ihrer Jugend diesen Sex, den ich jetzt habe, und sei es mit sich allein. Mit Harald war der Sex zwar gut, vor allem nach der Pille, aber der Sex mit Sarah ist viel besser.

Eine Freundin hat mich vor kurzem zitiert mit dem Satz: Ich verstehe das Konzept Mann nicht mehr. Neuerdings mache ich manchmal den Scherz, dass ich jetzt zu diesem Klischee der Männer hassenden lesbischen Frau werde. Und es gibt Tage, wo es stimmt, wo ich richtig wütend werde, zum Beispiel beim alltäglichen Sexismus, und was Männer glauben sich herausnehmen zu können. Wichsende Typen in der Öffentlichkeit sind mir in den letzten Jahren drei Mal passiert. Zum Beispiel saß ich in der U-Bahn, mir gegenüber sitzt ein Typ. Es war Sommer, ich hatte ein Trägerleibchen an, er hatte seine Aktentasche vor dem Bauch. Er fragt mich, was ich im Sternzeichen sei. Ich bin ja der Meinung, man kann mit den Leuten reden, also habe ich geantwortet. Aber dann ist er auf mein Äußeres gegangen, meine blasse Haut sei so schön. Ich habe tiefer in mein Buch geschaut. Plötzlich habe ich gemerkt, dass der hinter seiner Aktentasche wichst. Ich meine, ich habe doch gar nicht gewusst, dass

so etwas passieren kann! Ich habe geschrien: Sie Dreck-
sau! Und bin aus der U-Bahn raus. Danach wollte ich
diesen Typen anzeigen. Ich schrieb den Verkehrsbetrieben einen Brief, ob das von der Überwachungskamera
mitgeschnitten wurde. Wochen später die Mitteilung:
Die Videos seien schon gelöscht, aber man könne jederzeit auf die Notruftaste drücken. An Notfall zu denken,
hätte ich mich doch gar nicht getraut. Das war ja kein
Suizid am Bahnsteig, sondern ein wichsender Typ in der
Öffentlichkeit. Ich schrieb zurück, sie sollen eine Wer-
bekampagne machen, denn neben der Notruftaste steht
Missbrauch wird bestraft. Die traut man sich doch gar
nicht zu drücken.

Die klassischen Sexismen im Beruf sind mir noch
nicht passiert, also dass ich einen Job nicht bekomme,
weil ich eine Frau bin – wobei man das ja meist nicht
erfährt, wenn es so ist. Und seit kurzem bin ich sowieso
meine eigene Chefin. In den nächsten fünf Jahren sollte
ich trotzdem wissen, ob ich ein Kind will, denn dann ist
es vorbei. Es gibt zwar eine neue Regelung, glaube ich –
manchmal vergesse ich, wie die aktuelle rechtliche Situation aussieht, das ändert sich ja oft. Eine lesbische Frau
hat eingeklagt, dass Lesben in Partnerschaft – also ver-
partnert, wie das genannt wird, weil Heiraten ist Homosexuellen ja verboten – ebenfalls zur Samenbank gehen
dürfen. Außerdem wird die Fremdkindadoption kommen, Stiefkindadoption gibt es endlich.

Mit Harald wollte ich nie Kinder, mit Sarah kann ich
es mir plötzlich vorstellen. Als Zeichen unserer Liebe.
Wir würden das Kind gemeinsam aufwachsen lassen,
wir wären liebevoll – denn man mag es nicht glauben,
das könnten Eltern auch sein. Ob ich mich als geliebtes
Kind fühle? Angeblich bin ich ein geliebtes Kind. Derzeit schlägt bei mir wieder mehr durch, dass ich ein Kind

zu anstrengend fände. Aber wenn Kind, dann würde *ich* schwanger werden. Es ist bestimmt *weird*, schwanger zu sein, es wurlt was in dir, du hast deinen Körper nicht unter Kontrolle, auch die Geburt stelle ich mir schmerzhaft vor, plus alles, was da zerrissen und kaputt wird, aber ich glaube, ich würde es hinkriegen. Nur die Brust wäre definitiv etwas, was ich beim Sex aussparen wollen würde, ich fände komisch, wenn da Milch käme. Ich hoffe, dass ich beim Stillen kein großes Ding draus machen werde, es wäre halt recht unkompliziert: Du dockst an – und sparst dir den Lebensmitteleinkauf. Wäre ich mit dem Kind unterwegs und es hätte Hunger, würde ich mir zwar nicht das T-Shirt vom Leib reißen, aber das Kind soll essen, wenn es Hunger hat, klar. Dass das unkompliziert wäre, haben sich aber auch andere feministische Frauen gedacht, und dann: Du siehst Bilder, du hörst ach so schlaue Sätze, und egal, wie du es machst, du machst es falsch. Es ist bestimmt schwierig, da bei sich zu bleiben. Aber egal, ob du stillst oder nicht, solange du dich wohlfühlst, wirst du das auf das Kind übertragen. Automatisch stillen wollen, wenn man schwanger ist, das passiert glaube ich nicht, nein, nein, nochmals nein! Eine Freundin wusste von Anfang an, dass sie nie stillen wird, das hat sie durchgezogen und das finde ich cool.

Mit Harald habe ich fünfzehn Jahre lang eine glückliche Beziehung geführt. Dass ich über meine depressiven Phasen drüber gekommen bin, ist auch sein Verdienst. Er ist ein sehr wertschätzender und sensibler Mensch. Mit jemandem eine Beziehung zu haben, der respektvoll ist, partnerschaftlich, ist hilfreich. Er war der erste Typ in einer Reihe von schrecklichen Typen, der nett zu mir war, und zwar ohne Sex. Und: Unsere Beziehung war bis zum Schluss sehr gut. Deswegen war es auch so schwierig, mich zu trennen. Warum soll man aus einer glücklichen Beziehung rausgehen? Dass ich was mit Frauen haben wollte, war sehr stark da, aber nicht stark genug, um mich zu trennen: Ich hätte doch ein schlechtes Gewissen gehabt, er hat mir doch nichts getan, es ist doch eh schön! Bis mich ein Freund während einer langen Autofahrt fragte, wie es mir gehe – und ich erzählt habe. Er hat sich alles angehört und dann geraten, ich solle ins Lesben- und Schwulenhaus zur Beratung gehen. Dass er mich ernst genommen hat, hat es für mich real gemacht. Einen Monat später habe ich mich getrennt. Die Erkenntnis, dass es richtig ist, war mit einem Schlag da.

Dass ich so spät draufgekommen bin? Nein, für mich tut mir das nicht leid. Mir tut leid, dass ich Harald im Unklaren gelassen habe, dass ich nie explizit angesprochen habe, was ich bei Frauen fühle. Allerdings hatten wir auch nie ein Gespräch hinsichtlich unserer sexuellen Orientierung, in dem ich behauptet hätte: Ja, du, ich bin voll hetero! Ich meine, wenn ich von einer Frau angebraten wurde und es erzählte, habe ich gesagt: Sie war nicht mein Typ. Plus, er war auf Freundinnen von mir eifersüchtig. Ich vermute, wir haben es beide aktiv nicht angesprochen.

Wenn ich früher gedacht habe, ich könnte diese oder jene küssen, war das, ohne einen Begriff dafür zu haben, der Begriff dafür ist mehr und mehr gekommen. Von meinen Freundinnen war niemand überrascht, die haben sich was Ähnliches immer schon gedacht. Die Bezeichnung Coming-out stimmt für mich also nicht. Aber: Ich nehme mich nun selber ernst. Vielleicht schaffe ich es nicht in jeder Situation, trotzdem bemühe ich mich, danach zu leben und es zu sagen – ich habe dann das Glas Saft vor Augen. Ich glaube, deshalb bin ich tendenziell ein sehr glücklicher Mensch. Aber erst seit den letzten Jahren, davor hätte ich das nicht sagen können. Und die

Zeit, seit ich mit Sarah zusammen bin, war überhaupt ein einziger Glücksmoment.

Was ich noch immer nicht gewohnt bin, obwohl ich nun schon länger mit Sarah zusammen bin: mir überlegen zu müssen, wie ich mich in der Öffentlichkeit gebe. Ob Hand in Hand gehen in Ordnung ist zum Beispiel. Mit Harald war das das Normalste der Welt, mit Sarah plötzlich nicht mehr. Wir geraten immer wieder in Situationen, wo sie meine Hand loslässt. Sarah hat diesbezüglich mehr Erfahrung. Sie weiß, dass manchmal Händchenhalten schon *too much* sein kann. Von dämlichen Typen angequatscht werden, passiert oft: Ich finde euch so geil – küsst euch mal, ich steh da drauf …

Ich senke auf der Straße sowieso meinen Blick, aber Sarah sagt, wir würden die Blicke anderer ständig abkriegen. Vor kurzem ging ein Pärchen an uns vorbei, ein heterosexuelles, die Frau starrt und starrt uns an. Als sie vorüber sind, drehe ich mich um und sehe, die Frau sagt was zu dem Typen und der Typ dreht sich zu uns um. Ich wurde so wütend! Ich nur noch so: Mittelfinger! Woraufhin der mir seinen zeigt. Es war trotzdem befriedigend. Aber danach kam mir: Eigentlich nicht ungefährlich. Die Frage bei homophober Gewalt ist nämlich schon: Wer ist die Person, wie viel Aggressionspotenzial strahlt sie aus? Wäre der Typ in einer Typengruppe unterwegs gewesen, hätte ich mich wohl nicht getraut.

Sarah ist mal verprügelt worden, weil sie und eine andere Frau einander geküsst haben, oder Händchen gehalten, ich weiß nicht mehr, jedenfalls einfach so, vor einem Lokal. Es kann immer passieren. Ich bin dabei zu lernen, in welchen Kontexten was okay ist. Zum Beispiel U-Bahn-Verabschiedungen, ganz schwierig. Wenn wir uns küssen und ich früher aussteig, ist den anderen in der U-Bahn klar: die ist lesbisch. Was dann passiert, kannst du nicht wissen. Du musst immer abchecken: Wo bist du und wie kommst du von hier weg, falls du angegriffen wirst? Ab jetzt muss ich Homophobie immerzu mitdenken.

Seit ich als lesbische Frau lebe, sind Pride-Demos noch wichtiger für mich als früher. Weil da muss ich und da will ich auch Stimme zeigen! Zum einen, weil es an dem Tag ein geschützter öffentlicher Raum ist. Zwar mit Gaffern, aber trotzdem. Zum anderen hat es eben was mit *pride* zu tun, mit Stolz. Es geht darum, stolz zu sein trotz allem – das weiß ich heute. Die Prides sind notwendig, um zu demonstrieren: Wir sind, wie wir sind, das ist weder lustig noch abnormal noch gibt es da etwas zum dran Rummäkeln, zehn Ausrufezeichen!

Aber bis auf das habe ich sehr viele Privilegien. Ich wurde in Europa geboren. Ich bin *weiß*. Ich bin Mittelschicht. Ich habe studiert, zweimal sogar. Ich habe keine BeHinderung, außer manchmal eine psychische Einschränkung. Was habe ich vergessen? Ich habe einen Namen, der keine rassistische Diskriminierung evoziert. Viel Grauenhaftes habe ich also nicht erlebt. Natürlich kann ich nicht ausschließen, dass ich nicht wieder eine depressive Phase haben werde irgendwann. Ich weiß ja nicht, was mir in meinem Leben noch alles passieren wird, und ich glaube, ich bin schon vulnerabel. Mir ist nicht die große klassische Vergewaltigung passiert, sondern irgend so ein seltsamer Übergriff, und bereits der hat mich niedergestoßen. Ich weiß, das sind jetzt wieder diese erlernten Kategorien. Nichtsdestotrotz glaube ich, wenn wieder etwas passiert, werde ich mehr bei mir selbst sein als früher.

Als Feministin bezeichne ich mich erst seit Mitte zwanzig. Ich war auch hier eine Spätzünderin. Wobei ich es schön finde, dass ich bereits in einem Schulkalender den 8. März markiert habe. Wenn auch bloß, weil an diesem Tag Rosen verschenkt wurden. Zur Geschlechterforschung bin ich durch Zufall gekommen, über den Konstruktivismus, der in meinem ersten Studium mein großes Thema war, das Hinterfragen von Wirklichkeitskonstruktionen. Dass man Geschlecht ebenfalls hinterfragen muss, war nur logisch, *doing gender*, siehe West/Zimmerman, aber eben auch Judith Butler und so fort. Geschlecht wird wie vieles andere auch konstruiert. In Biologie haben wir zwar über Chromosomensätze geredet, aber nur über die üblichen, XX und XY. Von XXY war da genauso wenig die Rede wie zum Beispiel von Frauen mit XY-Chromosomen. Nur kurz ist das Stichwort Hermaphroditismus gefallen.

Ohne die Gender Studies wäre ich in Geschlechterfragen absolut nicht sensibilisiert. Ich halte sogar für möglich, dass ich noch immer sagen würde, geschlechtergerechte Sprache brauche es nicht. Wahrscheinlich wäre ich trotzdem dafür, dass beide Elternteile in Karenz gehen, aber das sind andere ja auch. Vor vielen Jahren hätte ich noch gesagt: Ich identifiziere mich eher mit Geschlechterforschung als mit Feminismus. Erst sukzessive habe ich verstanden, dass es etwas Kämpferisches braucht, damit etwas passiert. Denn um eines Tages bei Geschlechtergerechtigkeit anzukommen, müssen wir erstmal ordentlich feministisch sein. Und sonst?

Mädchen, Junge, Pusteblume

Frana, 36, wissenschaftlich*aktivistisch

Mein Name ist Frana. Mein Geld verdiene ich mit Denken und verschiedenen anderen Sachen. Wie alt ich bin? Wie alt bin ich eigentlich? Fünfunddreißig, nein, sechsunddreißig. Familienstand? Laut rechtlicher Definition, nach der nichts anderes als die legal anerkannte Familie abgefragt wird, bin ich wohl ledig. Sexuelle Orientierung? Ja, ich habe.

Wie bin ich aufgewachsen? Jetzt muss ich aufpassen, dass ich nichts Falsches erzähle, weil – vielleicht ist das ja interessant für dich: Wenn du Legal Changes anstrebst – Vornamensänderung, Hormonbehandlung, OP – musst du das tausendmal beantworten. Die ganzen Gutachter*innen und Richter*innen wollen aber gar nicht wissen, wer du bist, die wollen eine Erzählung von dir, die in ihr Denken passt. Irgendwann hast du diese Erzählung so internalisiert, dass du sie automatisch abrufst, wenn du gefragt wirst, wie du aufgewachsen bist. Wie bin ich also wirklich aufgewachsen?

Mein Zirkel an wichtigen Menschen waren Mutter, Schwester, Vater, die Großeltern mütterlicherseits, die Schmitts von nebenan und der Chor, in dem ich gesungen habe. Mit den Schmitts hat meine Familie jedes Wochenende verbracht. Von ihrem Kind, das ein paar Jahre älter war, bekamen meine Schwester Regina und ich die Kleidung vermacht. Die absurde Vorstellung, dass Flos Sachen Jungssachen wären, gab es nicht, es war mehr so: Stoff? Okay. Farbe? Okay. Können Kids das tragen? Können'se tragen. In der DDR gingen beide Elternteile arbeiten, nicht so wie in Westdeutschland. Wir Kinder machten in Kita, Schule und Hort unser Ding. Gekocht hat zwar Nele öfter, aber es gab auch Zeug, das nur Heinz machte. Nele und Heinz sind meine Eltern, ja, ich nenne sie beim Vornamen.

Ich bin in einer Plattenbausiedlung aufgewachsen, was gemeinschaftlicher war als heute im Altbau. In den Platten gab es Hauswarte, die eine gemeinschaftsstiftende Funktion hatten. War ja auch die Idee: ein kollektiver Staat – was aber nur funktioniert, solange du reinpasst. Die Hauswartsperson organisierte alles, vom nächsten Grillfest bis zum Subbotnik, das war der Arbeitseinsatz am Wochenende. Warte mal – hießen die überhaupt Hauswart? Kann es sein, dass die Blockwart hießen? Käme zwar von den Nazis, aber wie wir aus der Geschichte wissen, macht das den Deutschen nichts aus. Ich bin mir sogar sehr sicher, dass die Blockwart genannt wurden, und sei es im Scherz. Aus heutiger Sicht würde ich sagen, die meisten Hauswarte hatten, wie die Blockwarte, eine Überwachungsfunktion. Der Beruf der Hauswarte begann sich zwei, drei Jahre nach der Wende aufzulösen. Über das Land, in dem ich geboren wurde, ist mittlerweile viel Gras gewachsen. Kennst du diese Dokus über Tschernobyl? Bin ich ein großer Fan von. Die Natur holt sich alles zurück. In meiner Siedlung sieht es heute auch so aus. Überall brechen die Bäume durch. Man würde sich nicht wundern, wenn plötzlich ein Wolf vorbeigelaufen käme. Von der zwölfgeschossigen Platte, in der ich gewohnt hatte, standen vor ein paar Jahren noch Einzelteile. Als ich kürzlich daran vorbeifuhr, war alles weg – komplett abgetragen.

Nele fand die DDR gut, sofern sich was verändern würde, Heinz den Turbokapitalismus. Hätten die beiden sich im Westen kennengelernt, wären sie wohl nie zusammengekommen. Nele kommt aus einer klassischen Arbeiter*innenfamilie, trotzdem war sie sehr belesen – es gab Bibliotheken, das Buchregal der Nachbar*innen und den Buchclub. Von Nele weiß ich, Lesen ist geil. Wegen dem Krieg hatten ihre Eltern keinen Schulabschluss gemacht. Meine Oma lernte gegen Kriegsende so was wie Krankenschwester, mein Opa war Friseur. Heinz hat – wie Nele auch – als erste Person seiner Familie studiert, aber eben nicht aus dem DDR-Plan einer Arbeiter*innenkindförderung heraus, sondern weil sein Vater bei der Partei war. Für mein Gefühl kam Heinz aus einer bessergestellten Familie. Seine Eltern hatten sogar ein Auto, und zwar keinen Trabi, wie alle, die überhaupt ein Auto bekamen, sondern einen Lada. Im Nachhinein denke ich, das hat der Kontakt zur SED besorgt.

Vor zehn Jahren hätte ich dir eine andere Geschichte erzählt, aber nach aktuelleren Gesprächen mit Nele habe ich meinen Blick auf früher korrigiert. Geahnt hat sie es immer, wissen tut sie es bis heute nicht – und auch ich habe bisher keine Akten angefordert –, aber mit großer Wahrscheinlichkeit war Heinz bei der Stasi. Die DDR hat viel Scheiß gebaut – Staaten bauen allgemein viel Scheiß –, dennoch glaube ich daran, dass ein sozialistischer oder kommunistischer Staat besser wäre als ein kapitalistischer.

In vielen Kindheitserzählungen ist die Wende *der* Bruch, weil es nicht selten auch ein Familienbruch war. Viele Elternpaare aus meiner Gymnasialzeit ließen sich damals scheiden, auch Nele und Heinz. Heinz meinte, er zahle selbstverständlich Unterhalt, bla, aber er entpuppte sich als Arschloch. Nele verdiente echt wenig – ostdeutsche Löhne entsprachen 70 % der West-Löhne, als Frau bekam sie noch mal 20 % weniger. Bis ich volljährig war, hatten die beiden krasse Auseinandersetzungen wegen dem Geld. Für die gemeinsame Wohnung hatten sie nämlich Schulden aufgenommen – zu einer Zeit, als Heinz bereits mit seiner Sekretärin am Rummachen war. Nele hatte schon früher ein Emo-Gedöns mit mir am Laufen, wenn es ihr scheiße ging, so auf die Art: Nimmst du mich in den Arm, und kannste mir auch gleich meine Sorgen abnehmen? Nach der Scheidung hat das so richtig gegriffen. Ab da – ich war neun – war meine Kindheit zu Ende. Ich begann mich abzugrenzen, eine verfrühte Pubertät kam auch dazu. Das war meine, in ihrer Weiblichkeit vollkommen überzogene, Girlie-Phase: Plateauschuhe, Minirock, bauchfrei. Als Nele, Regina und ich mal wo ein Tretboot mieten wollten, hat der Verleiher mir ständig Komplimente gemacht – ich war vielleicht zwölf. Weil er mich so geil fand, bekamen wir das Tretboot schließlich kostenlos. Dass ich sexistisch angemacht wurde, fand Nele nicht gerade super, aber am Ende sind wir Tretboot gefahren. Diese sexualisierten Reaktionen von erwachsenen Männern fand ich damals lustig, die haben mich ja bestätigt. Erst Jahre später konnte ich die richtig deuten.

Wenn du über mich und Regina in der Vergangenheit als Mädchen sprichst, ist es genauso falsch, wie wenn du über uns als Jungs sprichst – Kinder würde es treffen. Wir wurden, würde ich sagen, weiblich sozialisiert, oder *auch* weiblich sozialisiert. Aber wie ich mich damals verstand, weiß ich nicht, und wie Regina sich verstand, weiß ich auch nicht. Ich schätze schon, dass es von den Großeltern, aber auch von anderen, irgendwelche Sätze gab: Das gehört sich nicht für ein Mädchen, Mädchen müssen stiller, ordentlicher, sauberer sein als Jungs, bla. Jemanden einen Junge oder ein Mädchen zu nennen, ist ja klassische Anrufungstheorie. Regina ruft ihre Kinder gern mit: Jungs, kommt essen! Wenn ich das höre, rufe ich hinterher: Kinder, kommt essen! Die gendernormative Anrufung zu vermeiden, ist anfangs ein Aufwand, aber nach ein bisschen Üben ist man's gewöhnt.

Dass ich die normativen Vorstellungen von Gender nicht im erwarteten Sinne erfüllen können werde, habe ich früh gemerkt. Eine Zeit lang habe ich mich als lesbisch verortet, aber eigentlich existierte das gar nicht, weil wir als Jugendliche über so was nie redeten. Um uns herum waren ausschließlich CisHetero-Strukturen sichtbar. Auch beim Chor. Allein schon die Chorkleidung: Hemd und Hose für die einen, Bluse und Rock für die anderen. Trotzdem war der Chor der Raum, wo ich zum ersten Mal eine trans*Person wahrnahm. Es war auch der Chor, der mir genug Freiraum ließ, um freaky zu sein. Hätte ich bloß die Schule gehabt, wäre ich untergegangen – Schule ist einfach ein krass normativer Ort.

Wie ich zum ersten Mal meine Tage hatte? Wow! Also ich verstehe, dass diese Frage wichtig für dich ist, aber wenn ich dir einen Tipp geben darf: Du solltest genau kucken, wann du's fragst und wie du's fragst, um niemanden in diesem normativen Weiblichkeitsdiskurs festzuschreiben. An meinem elften Geburtstag bin ich aufgewacht, war voller Blut und hatte Schmerzen. Über Binden und Tampons wusste ich von meinen älteren Chorfreund*innen Bescheid, aber nervig fand ich das alles trotzdem. Außerdem brachte Mens Gender über den Körper rein. Mens … Menstruation. Dass manche Körper Mens kriegen, finde ich ja nicht seltsam, aber diese Begriffe sind an CisWeiblich gegenderte Körper gekoppelt: Menstruation, Periode, Tage, Regel, Blutung, Regelblutung. Dabei ist es ja so: Manche Körper bluten, manche nicht. Manche sind weiblich gegendert, manche sind *nongendered*, manche sind whatever. Meine Biolehrerin hat Mens an Dreck und Ekel gekoppelt, und zwar über die Schiene der guten Mutter, die ihrer Tochter beisteht. Sie hat der ganzen Klasse erzählt – was bereits übergriffig gegenüber ihrem Kind war –, dass sie später mit ihrer Tochter Unterhosen für ausschließlich diese Tage kaufen gehe, das sei ja doch hygienischer. Stell dir mal vor, Bartwuchs wäre so negativ besetzt. Oh Gott, Kind, du kriegst diese ekligen Flecken im Gesicht, du musst dich von nun an gut rasieren, und sprich mit niemandem darüber, denn darüber spricht man nicht!

Schlimmer als den nervigen Mensscheiß fand ich den Stimmbruch. Vielen ist ja gar nicht klar, dass jedes Kind in den Stimmbruch kommt, nicht nur als männlich gelesene Kinder. Ich war acht und sang gerade eine Solorolle in einer Kinderoper, was a) eine kleine Einkommensquelle war und b) Anerkennung. Und genau jetzt rutschte meine Stimme vom ersten Sopran in den zweiten Alt. Ich musste mit der Rolle aufhören, was einen mittleren Weltuntergang für mich bedeutete. Auch wegen meiner Stimme habe ich später überlegt, keine Hormone zu nehmen. Denn es ist ja so: Mit den Hormonen, also mit Testosteron, wächst – und zwar nicht so gemütlich mit dem restlichen Körper wie in der Pubertät – der Stimmmuskel. Viele lernen nie richtig, den zu benützen. Das werden dann so trans*Typenstimmen, die sich dünn und staksig anhören, noch nicht in einer Wohlfühlresonanz angekommen. In einem Internetforum las ich von Leuten mit Chorerfahrung, der Gesang funktioniere bei ihnen auch mit Hormonen. Das war für mich schließlich ausschlaggebend.

Von Anfang an wichtig war mir *top surgery*. Alle um mich herum, die meine weiblich konnotierte Brust nackt kannten, waren überzeugt, diese Brüste seien nahezu perfekt, weswegen sie meine Entscheidung zuerst nicht verstehen konnten. Gar nicht wichtig für mich fand ich,

Organe zu entnehmen. Und eher aus so einer Angst heraus, was noch alles passieren könnte in der Zukunft, las ich in den Foren die verschiedenen Phasen von Penoidaufbau nach. Ich hab echt Schiss davor, irgendwann, in einer Pflegesituation zum Beispiel, längere Zeit ins Krankenhaus zu müssen. Damit meine ich nicht, auf der falschen Station zu liegen, sondern transdiskriminierende Erniedrigungen in einer Situation, in der ich abhängig sein werde.

Ich glaube, dass keine trans*Person, ob *binary* oder *nonbinary*, und keine inter*Person an dieser Angst vor dem medizinisch pathologisierenden Scheiß vorbeikommt. Schau dir nur mal die Krimis an. Wenn trans* überhaupt vorkommt, liegt eine Person in Frauenkleidern auf dem Seziertisch und es heißt: Oh, diese junge tote Frau! Sobald die Person ausgezogen wird, heißt es: Oha, das ist ja ein Mann! Und schon wird es übergriffig. Viele Ärzt*innen sind super neugierig: Ich müsste mal wegen Ihrem HP-Viren-Status unter Ihr T-Shirt kucken. Äh … nein, ich wüsste nicht, was meine Mastektomie mit HPV zu tun hätte? Oder die Gutachterin vom Medizinischen Dienst der Krankenkasse: Außerdem müsste ich Sie jetzt noch körperlich untersuchen. Äh … nein, zufällig kenne ich mich mit den Richtlinien des MDK aus und Sie müssen nicht, Sie dürfen noch nicht mal! Diese Exotisierung von trans*Personen geht hin bis zu kucken wollen, wie durch Hormonbehandlung deine Genitalien wachsen oder schrumpfen.

Mittels Gesundheitskarte, auf der deine Krankenakten vermerkt sind, wissen in Deutschland alle, die Zugang haben, dass du trans* bist. Die Begründung lautet: Frauen- und Männerkörper müssen anders behandelt werden. Irgendwann haben sich irgendwelche Ärzt*innen ausgedacht, es gäbe *den* Frauenkörper und *den* Män-

nerkörper. In Wahrheit können fünf zufällig aufeinan-
dertreffende und als Frauen konnotierte Personen fünf
unterschiedliche Hormonspiegel oder Chromosomensätze, sprich Körper haben. Als ich beim Endo war, also
bei der Person für Endokrinologie, wurde mir gesagt:
Ham'Se Pech gehabt, wäre Ihr Hormonstatus drei Prozent höher, müssten'Se diesen ganzen Gutachtensprozess
gar nicht durchlaufen, dann würden'Se als inter* eingestuft werden und könnten sich für eine Eintragung als
männlich entscheiden. Es ging darum, dass mein Körper so viel Testosteron produziert hat, dass mein Wert
kurz unter jenem Wert war, den sogenannte Frauenkörper produzieren können müssen, dass er als inter*Wert
eingeordnet wird. Wäre der Wert nur ein wenig höher
gewesen, wäre ich nicht unter die Skala von Cis gefallen,
sondern in eine Grenzzone von inter*. Was für absurde
Kategorien, oder?

Neben meinen Veränderungen hin zu einem gender-
neutralen Körper, der mir besser passt, war mir wichtig,
mich mit Körperteilbenennungen auseinanderzusetzen.
Warum Gebärmutter sagen und nicht Hormon produ-
zierendes Organ? Und nicht nur Körperteile, auch Begriffe, die beim Ficken verwendet werden: Zum Beispiel
sage ich mittlerweile nur noch lecken. Es geht mir darum,
keine Unterscheidung zu machen – es gibt eben verschiedene Variationen von Schwänzen und Klits. Oder
nimm mal die Brüste her: Viele sind der Meinung, nur
als Frauen gelesene Körper hätten Brüste. Dabei können
alle Körper, die bestimmte Drüsen haben, Brustkrebs
bekommen. Dazu gehören mitunter auch cismännliche
und viele andere Körper, die eben nicht als weiblich gelesen werden. Das Patriarchat wird von Körperpolitiken
getragen, und die Kritik daran muss im Handeln *und*
Sprechen sichtbar werden. Den Ärzt*innen, zu denen

du gehen musst, um dir deine »Krankheit« begutachten zu lassen – mittlerweile nennen sie's Störung –, wird die Macht gegeben, über dein Leben zu entscheiden. Sie nennen das natürlich nicht Macht, sie nennen das – weil sie denken, du könntest nicht alleine entscheiden – helfen. Sobald du psychopathologisiert wirst, egal weswegen, hast du die Arschkarte gezogen – du wirst unmündig gemacht. Ich hatte eine Psychotherapeutin, die hundertmal pro Sitzung zu mir sagte: Ich will Sie doch nur schützen, wie wollen Sie denn sicher sein? Irgendwann begriff ich: Die hat Sterilisationsangst! Die fühlt sich von mir in der eigenen Weiblichkeit so sehr angegriffen, dass ich von ihr nie eine Diagnose kriegen werde.

Mir ist es wichtig, nicht ausschließlich als Typ gelesen zu werden, vor allem wegen diesen normativen Vorstellungen von trans*Männlichkeit. Klar war ich beim anfänglichen Reintasten in trans*-Möglichkeiten auch in *Female-to-Male*-Foren unterwegs, wo trans*Männlichkeit eine große Rolle spielt – aber eben trans*männlich, nicht männlich. Das ist ein großer Unterschied. Wenn mich Leute beim Kennenlernen ausschließlich als Typ lesen, mache ich klar, dass ich trans* bin. Wahrscheinlich werde ich in vielen Momenten meines Lebens anders gelesen, als ich womöglich wollen würde. Heute werde ich oft wieder als Frau gelesen, auch als trans*Frau, vor allem, wenn ich mich schminke. *Das* reicht den Leuten aus, um ihre Lesart von mir zu verändern? Ganz am Anfang, während der Gutachtensphase, hätte ich mit deiner Interviewanfrage sowieso nicht umgehen können, wegen diesem dominanten Transmännlichkeitsnarrativ: War vorher 'ne Frau, kann jetzt also nur Frau-zu-Mann sein. Nein! Ich bin fluid und niemals von-zu.

Wegen diesem Geburtsdiskurs werden trans*Personen oft nicht ernst genommen: In Wirklichkeit, weil von

Geburt an, ist die oder der doch eigentlich ein Er, eine Sie, bla. Was heißt »ist«? Wir werden bei der Geburt diesen erfundenen, unzureichenden Kategorien zugewiesen, *that's it*. Ich will als Person gelesen werden, nicht als Geschlecht: Ich bin ich, ich bin Frana! Die Leute mit Namen ansprechen, kann sowieso mehr. Wenn ich eine Mail schreibe mit »Lieb* Vorname Nachname« anstatt »Liebe Frau Nachname«, mache ich das, weil ich a) nicht weiß, ob diese Person überhaupt als Frau angesprochen werden wollen würde, und b) hoffe, dass ich eine Mail ohne Anrufung zurückkriege. Wann gerätst du schon in eine Situation, in der Leute fragen, wie du genannt werden willst?

Meine Kolleg*innen an der Uni wissen, dass ich 'ne trans*Person bin, aber sie denken, es sei super *polite* nicht nachzufragen, ob »er« als Pronomen okay für mich wäre. Die gehen automatisch davon aus, dass es das ist. Mein Unizeugnis ließ ich nachträglich ändern, auf ohne Anrede. Aber bei jeder elektronischen Eingabemaske – sei es Jobsuche oder Wohnungssuche – musst du Frau oder Herr ankreuzen, sonst kommst du nicht weiter. All das ist die Reproduktion von Normativität, männlich und weiblich werden wiederholt, wiederholt, wiederholt – und mit jeder Wiederholung verfestigt. Zu behaupten, ich würde da nicht mitreproduzieren, wäre falsch. Auch ich bin total »Norm-al«. Auch ich habe diese Schubladen im Kopf, wenn ich eine Person sehe und »dieser Typ« denke, obwohl ich auch »diese Person« denken könnte.

Mir ist mal passiert, dass ich eine Person auf einer TCSD-Demo sehe – das ist die alternative Pride-Demo am Christopher Street Day. Diese Person hat bei mir studiert. Sie war mit Baby unterwegs – und ich frage *seriously*: Na, was is' es denn? Äh ... wow ... *what happened*? Ich habe mich sofort entschuldigt und gefragt: Geht's dem Kind gut? Wie krass man diesen Scheiß gefressen hat, oder? Ist dein Kind ein Mann oder eine Frau ... Wie krass man da mit drinne hängt, ne? Und was ich schon für Diskussionen hatte ... Was ist denn so schlimm daran zu fragen, ob es ein Junge oder Mädchen ist? Mein Kind ist aber kein trans*Kind! Entschuldigung? A) Ich will deinem Kind nicht absprechen, Mädchen, Junge, Pusteblume sein zu dürfen, aber dein Kind ist zwei Jahre alt. Du kannst noch gar nicht wissen, was dein Kind ist. Vielleicht ist es – abgesehen von den primären Geschlechtsmerkmalen – vom Chromosomensatz oder whatever her ein inter*Kind, was aber erst in der Pubertät festgestellt wird. B) Du weißt nicht, was deinem Kind noch alles passieren oder wen es aller treffen wird, weswegen es super wäre, dass es später nicht scheiße auf diese Person reagiert. Sag mir fünf gute Gründe, warum ich einem Kind Gendernormativität beibringen soll? Außer: das Patriarchat aufrechterhalten ...

Der deutsche Ethikrat hat ja geschlechtsangleichende OPs bei inter*Kindern als Menschenrechtsverletzung definiert und die EU-Mitgliedsländer zum Handeln aufgerufen. Was von der CDU-geführten Regierung 2013 eingeführt wurde, hat aber die gegenteilige Auswirkung als das, was von den Aktivist*innen intendiert war – durch diesen Pseudokompromiss ist die deutsche Regierung die nächsten zehn Jahre trotzdem fein raus. Deutschland hat nämlich ein Gesetz erlassen, das als inter* eingestuften Kindern einen Eintrag im Personenstandsregister vorenthält. Und das sorgt für Panik bei den Eltern: Wie sollen wir das Kind in der Kita anmelden? Oder bei der Krankenversicherung? Wie sollen wir ohne diesen Eintrag auch nur irgendetwas machen für unser Kind? Die Folge: Es werden noch mehr OPs angepeilt als ohnehin bereits. Hinzu kommt, dass in ganz Deutschland vielleicht drei Ärzt*innen progressiv in Richtung inter* forschen.

Was das TSG betrifft, das Transsexuellengesetz, passiert zwar immer wieder was, aber progressiv genug ist auch das nicht. Das ist oft dieser etablierte Aktivismus, wo sich manche – meist *weiß*, akademisch, ableisiert – erst wieder in die Dominanzgesellschaft einschreiben, anstatt sie grundlegend zu kritisieren und Aktivismus vom Rand aus zu denken. Wie bei so vielem anderen ist die Begründung, dass man zuerst Wichtigeres angehen müsse. Äh ... nein, weil wenn du's von Anfang an verkackst, kannst du danach auch nicht mehr das Ruder rumreißen?

Aus Cis-Perspektive – und das höre ich auch aus deiner Frage heraus – wird oft angenommen, trans*Personen hätten einen Wissensvorsprung oder Vorteil, weil sie angeblich eine weibliche und eine männliche Seite kennen. Ja, ich kenne ein Passing als Mann, aber deshalb kenne ich keine CisMännlichkeit, und das kann ich auch nicht nachlernen. Ich finde es spannend, mit meiner Performance zu spielen. Sobald meine Haare etwas länger sind, passiert was anderes, als wenn ich 'nen Kurzhaarschnitt trage. Trage ich einen Pullover mit Glitzer, passiert was anderes als mit Poloshirt. Das betrifft auch Performances im Jobkontext: Ich bin mir nicht ganz sicher – wir könnten – vielleicht ... Werde ich als weiblich gelesen, hört mir nach so einem Einstieg niemand mehr zu. Werde ich als männlich gelesen, kriege ich *credit*, weil ich kein besserwisserischer Macker bin. Vielleicht also doch, ja, vielleicht habe ich den Vorteil eines kleinen Wissensvorsprungs. Mein trans*Sein bringt einen anderen Erfahrungshorizont in Sachen Geschlecht mit.

Aber es gibt auch Tage, wo vieles genau deswegen ein Nachteil für mich ist: Wo ich deswegen Gewalt erlebe und deswegen Ängste habe, die mich behindern. Zum Beispiel will ich mich nicht, wenn ich mal schnell aufs Klo will, wappnen müssen. Aber meine krass internalisierte Angst vor öffentlichen Pisssituationen wurde durch eine sexualisierte Gewalterfahrung in der Vergangenheit noch vergrößert.

Die Reaktion der Leute bei gegenderten Toiletten ist unterschiedlich. Auf dem Männerklo fragen sie mich oft, ob ich falsch sei, oder sie schauen mich irritiert bis gefährlich an. Auf dem Frauenklo heißt es öfter: Raus hier! Womit sie a) Transmisogynie reproduzieren und b) *nonbinary* diskriminieren. Für Tage, wo mich so was aus den Latschen hauen könnte, bleibt mir, um auf einen für mich sichereren Ort auszuweichen, das Rolliklo. Weil Rollifahrer*innen bekanntlich das Geschlecht abgesprochen wird, sind hier nichtgegenderte Toiletten möglich. Das sollte uns zu denken geben, oder?

In meiner Auseinandersetzung mit sexualisierter Gewalt hatte ich unterschiedliche Phasen, auch in der Benennung. Irgendwann habe ich mich für Übergriff entschieden. Meine erste Erfahrung mit nicht konsensualem Sex – also mit Vergewaltigung –, hatte ich mit sechzehn in Irgendwo. Das war mein erstes Mal. Danach dachte ich, dass ich irgendwas nicht checke, dass ich irgendwie nicht begreife, wie ich Sex haben oder wie ich Nein sagen kann. Mich richtig damit auseinanderzusetzen begonnen habe ich nach einer *Trans-Corrective-Rape*-Erfahrung, von wegen: Du musst nur mal ordentlich durchgefickt werden. Das war für mich noch mal 'ne ganz neue Form von sexualisierter Gewalt, denn diese Vergewaltigung war nicht gegen Weiblichkeit gerichtet, sondern gegen Nichtbinarität, gegen weder weiblich noch männlich sein. Auf so etwas ist man aber nicht vorbereitet, wenn man gerade erst die sexistischen Strukturen in der Gesellschaft zu reflektieren beginnt und wie man da selbst mit drinne hängt. Natürlich weiß ich, dass ich nicht selbst schuld war, dass niemand selbst schuld ist, ich will kein Victim Blaming, keine Täter-Opfer-Umkehr betreiben, aber damals habe ich mir vorgeworfen, nicht weiter zu sein in meinem Lernprozess des Grenzen-Setzens. Erst nachdem ich die Schuld bei mir gesucht hatte, fing ich an, in der Erinnerung zu kramen, wo bereits andere Leute meine Grenzen überschritten hatten. Grenzen zu setzen, habe ich lange nicht gelernt. Und ich hatte lange ein gestörtes Verhältnis zu meinem Körper und zu Sexualität.

Alles, was bei sexualpädagogischer Aufklärung über CisHetero-Normativität hinausgeht – behaupte ich einfach mal – muss man sich selbst erarbeiten. Jedenfalls war das bei mir so. Ob ich nicht überhaupt von der *Bravo* aufgeklärt wurde? Diese Jugendzeitschriften waren ja krass sexistisch, heteronormativ sowieso, und gewaltverherrlichend, von wegen: Das erste Mal tue dem Mädchen eben weh … Während meiner ersten sexuellen Beziehungen dachte ich immer, Sex sei, man lässt etwas an sich machen und hofft, dass es nicht allzu scheiße wird. Irgendwann hat mir eine Person ein anderes Gefühl vermittelt, sie hat mich gefragt: Gibt es irgendwas, was *du* magst, wo *du* angefasst werden willst? Äh … weiß ich gar nicht? Dass es Strukturen gibt, die machen, dass du kein Gefühl für deinen Körper und deine Lust entwickelst, dass du denkst, du müsstest alles aushalten und über dich ergehen lassen, ist ebenfalls sexualisierte Gewalt. Sexualisierte Gewalt beginnt ja nicht bei Vergewaltigung. Mit der Zeit habe ich gemerkt, dass sich diese Strukturen nicht von selber verändern werden. Es muss sich jede*r Einzelne dagegenstellen, also auch ich.

Und wie in Bio immer geredet wurde … Allein schon bei dem Wort »Geschlechtsverkehr« denkst du: Kann ich jetzt bitte nach Hause gehen, weil *das* werde ich sicher nie machen. Im selben Atemzug wird Fortpflanzung erwähnt und dass die Frau verhüten muss, um nicht schwanger zu werden. Nie heißt es: Der Mann muss verhüten, um nicht hundert Babys zu machen. Von HIV ist noch am Rande die Rede, aber von HPV gar nicht, jedenfalls zu meiner Zeit. Über Petting heißt es, das sei Streicheln. Und du denkst: Äh … streicheln kann ich meine Katze auch? Es fehlen vollkommen die Bilder dazu. Aber auch wie Petting vom sogenannten richtigen Sex abgekoppelt wird, wertet die ganze Sache total ab. Was übrigens auch bei als lesbisch gelesenem Sex funktioniert. Ich habe lange gebraucht, um lesbischen Sex als Sex akzeptieren zu können, weil's immer unter dieser Pettingschiene lief. Dabei kannst du dabei die geilsten Orgasmen haben! Aber der richtige Sex, Kinder, ist halt schon Mann penetriert Frau, gell? Und übrigens: Frauen können leider nicht kommen. Wo ja das Aushalten-Sollen bereits mit drinne ist.

Außerdem dürfen sich Typen am Sack kratzen, aber als weiblich gelesene Person darfst du dir nicht mal eben zwischen die Beine fassen, wenn's juckt. Ich glaube sogar mich zu erinnern, dass wir in Bio männliche Masturbation gelernt haben, aber weibliche oder whatever nicht. Was sicher auch damit zu tun hat, dass manche Körperteile, weil über sie nicht gesprochen wird, nicht als existent gelten. Und wann habe ich erfahren, dass nicht nur als männlich gelese Körper abspritzen können – mit achtundzwanzig? Und erinnerst du dich an die Körperdarstellungen im Biologiebuch? Wie da *der* männliche und *der* weibliche Körper – in dem meist noch 'n Baby mit drinne ist – abgebildet waren? Man schaut sich diese zwei Körper mit einem großen Fragezeichen an und denkt sich: Also meiner sieht anders aus … Man blättert weiter und denkt: Wo bin ich?

Wenn zwei trans*Körper miteinander Sex haben, kannste sowieso auf nichts mehr zurückgreifen, was du gelernt hast. In dem Moment denkst du nur noch: Äh … Fußsohle? Es existiert sogar das Narrativ, dass man nach geschlechtsangleichenden OPs keine Sexualität mehr habe. Es gibt trans*Personen, die das so stark im Kopf haben, dass sie nach OPs – fast – nie wieder Sex haben. Patriarchale Körperpolitiken verunmöglichen Sexualität für *so* viele Leute – scary, oder?

Welche Sicherheit könnte mir ermöglichen, dass es mir gut geht? Unabhängig von einer anders strukturierten Gesellschaft … Was soll ich darauf antworten? Es klingt *too big*, aber es ist die einzig realistische Antwort: eine anders strukturierte Gesellschaft. Weil wir die aber nicht hinkriegen, bauen wir Klos um. Kompromisse wie genderneutrale Toiletten sind hilfreich, aber sie bleiben Kompromisse. Ein anderes Denken über Geschlecht müsste bereits in der Kita anfangen, oder noch früher. Nur dann könnte eine Generation aufwachsen, die weniger homosexualitäts- und transdiskriminierende Gewalt, weniger Hetero- und Gendernormativität reproduziert. Nur das wäre langfristig relevant für eine Person wie mich, die erlebt, dass in der Supermarktschlange ein Kind auf sie zeigt und zur Mutter sagt: Mama, was is' *das* denn? Und die Mama mich ansieht und sagt: Pscht, det fragt man nich, und ick weeß es och nich. Ist nichts Riesiges, kann mir aber den Tag versauen.

Trotzdem hast du als *weiße* trans*Person in Berlin ein relativ entspanntes Leben. Irgendwas kann immer passieren, aber jeden Tag um dein Leben fürchten, das musst du hier nicht. Es geht mehr um das Aushalten dieser ständigen Blicke. Ich denke täglich darüber nach, mit welcher Performance ich wie sicher sein kann. Manche CisFrauen überlegen sich ja auch, was sie anziehen, um weniger Vorurteile abzubekommen oder, geschätzt, sicherer zu sein. Was Räume auf jeden Fall *safer* macht, ist, wenn Leute dich mitschützen. Genauso wie *weiße* Leute bei Rassismen rassismuskritisch einwirken können, oder sollten, geht es auch beim Angriff auf trans*Personen darum, nicht den Mund zu halten. Ob trans*Personen eine höhere Sensibilität für Rassismus haben? Simple Rückfrage: Bist du sensibler für Rassismus, weil du eine diskriminierte *weiße* Frau bist? Diese »EU-ropäische« Politik mit dem Narrativ des entwickelten Westens, der dem Rest der Welt erklärt, wie man mit LGBT-Rechten umgeht, ist 'ne krass rassistische *Pinkwashing*-Strategie. Zuerst wird gleichgeschlechtliche Sexualität in *Native*-Kontexten durch Kolonialherrschaften verboten und kriminalisiert, um sie zweihundert Jahre später zu entkriminalisieren und feierlich zu verkünden: *Wir* sind zivilisiert, *die* nicht!

Was Glück für mich ist? Du entschuldigst dich ja gerade selber für diese Frage, weil nee, so was beantworte ich nicht. Ich kann dir sagen, was meine Privilegien sind, gut? *Weiß* in dieser Gesellschaft zu leben. Einen deutschen Pass zu besitzen. Eine krass gute Bildung genossen zu haben. Dass meine Mutter mir als Kind gelassen hat, an dieser Welt zu verzweifeln und mir so mein kritisches Denken erhalten hat. Ein ambivalentes Privileg ist, dass ich in einem untergehenden Land geboren wurde – weswegen ich noch weniger als vielleicht andere mit Neoliberalismus klarkommen kann. Ich habe ein Sprachprivileg. Ja, dass ich mehrere Sprachen spreche, meine ich damit auch, vor allem meine ich aber, dass ich im System der Dominanz global anerkannte Sprachen spreche. Ich habe das Privileg, als ableisierte Person gelesen zu werden, und keine sichtbare BeHinderung zu haben, was dazu führt, ernster genommen zu werden. Ich habe das Privileg, nicht super viel Gewalt erlebt zu haben und nicht in einem Kriegsgebiet zu leben. Viele Traumata, die Leben und Beziehungen verunmöglichen, kenne ich dadurch nicht. Seit kurzem bin ich chronisch krank und merke, dass über *disability* viele Sachen nicht mehr so funktionieren wie zuvor. Aber ich habe das Privileg, Communitys zu haben, ohne die ich vieles nicht überlebt hätte. Was ich natürlich nicht habe: Cis-Privilegien. Du hast keine Batterien mehr? Na, dann hilf mir mal suchen, irgendwo hab ich welche.

Welche Frage ich noch vermisse? ... Weiß ich jetzt gar nicht. Manchmal hätten deine Fragen etwas personalisierter sein können, habe ich das Gefühl, aber der Rest war voll fein. Morgen würde ich wahrscheinlich sowieso alles anders erzählen. Und die eine Wahrheit und die korrekte Erinnerung gibt es ohnehin nicht. Allein dass wir hier auf meinem Sofa sitzen und damit eine bestimmte Situation schaffen, dass du deine Wortmeldungen nicht in das Porträt reinnehmen wirst, dass du Fragen stellst und mit welchen Begriffen du sie stellst, und erst recht die Übersetzung von Wort in Schrift, whatever. – Ich hab die Batterien! Wechsle du mal, ich geh auf Toilette und wenn ich zurück bin, können wir zur Kinderfrage gehen.

In Deutschland ist es so: Homosexuelle Paare dürfen sich um Pflegekinder kümmern, aber adoptieren dürfen sie nicht. Bei trans*Paaren mit geändertem Personenstand wäre es rechtlich schwierig, ihnen Adoption zu verweigern, sofern sie ein super Passing aufweisen und als binär hetero gelesen werden – aber das ist bei mir nicht der Fall. Außerdem müsstest du für jede Kontrolle diese *nuclear family* aus dem Hut zaubern, während ich eher in Richtung Kollektiv denke. Aber wenn dein Kind jeden Tag von jemand anderem zur Kita gebracht wird, kannst du sicher sein, dass das Jugendamt das erfährt. Und internationale Adoption ist sowieso keine Frage, das wäre bloß die Weiterführung kolonialistischer Denkmuster. Kurz: Fürs Adoptieren müsste ich genau jenes System, das ich kritisiere, mittragen.

Bis ich zwanzig war, wollte ich sowieso keine eigenen Kinder. Anstatt eigene zu kriegen, sollte man, dachte ich, die Welt für jene besser machen, die's schon gibt. Außerdem dachte ich, die patriarchale Funktion des Vaters tut Kindern nicht gut. Als ich noch Mens hatte, waren die Schmerzen immer so krass, dass ich mal zur Gyn-Person ging. Nebenbei fragte ich, warum ich nie schwanger werde, obwohl ich super viel Sex mit Sperma produzierenden Personen habe, ohne zu verhüten. Die Antwort: zu wenig Östrogenproduktion. Plötzlich war ein Kind nicht mehr nur nicht *gewollt*, sondern auch nicht mehr so easy *erreichbar*. Heute finde ich es manchmal schade, aber größtenteils habe ich mich damit abgefunden.

Wenn man nicht ganz gaga werden will, sollte man Kids kollektiv erziehen. Auch für ein Kind kann es nicht gesund sein, nur auf eine Person fixiert zu sein. Was in der Regel die Mutterperson ist. Bis ich selber – ja, was eigentlich war? Tante? Nein. Onkel? Nö. Fürs Protokoll: Wir brauchen neue Wörter! Bis zu den Kindern meiner Schwester also – für deren Verwandtschaftsverhältnis zu mir ich noch keinen Begriff habe – war ich der Meinung, Kids im Kollektiv zu erziehen könnte funktionieren. Regina wohnt mittlerweile nur zehn Minuten entfernt, aber die Kids sehe ich trotzdem nur einmal im Monat. Wenn ich vorschlage, mich um sie zu kümmern, heißt es meist: Du, wir haben ohnehin schon so wenig Zeit miteinander – aber du bist immer bei uns eingeladen! Äh … ja, damit ich bei drei weiteren *weißen* akademischen Cis-Hetero-Paaren mit zwei Kindern dabeisitze?

Beim ersten Kind hat Regina noch einen Satz gebracht, wo ich echt dachte: Mensch, habt ihr eigentlich mal nachgedacht? Mein Mann und ich haben uns überlegt, wenn du Pate* unseres Kindes wärst, wäre das doch cool für dich, weil eigene Kinder wirste ja nie haben. Richtig, richtig *pity*. Es ist ja so: Lauter Leute, die vorher cool drauf waren, ziehen sich mit Kindern voll in ihren Nukleus zurück. Nur weil ich mal in dieser Kleinfamilienblase mit drinne hocke, will ich mich nicht durchgehend über Kinder und Kitaplätze unterhalten müssen, und darüber, wie schwer ihr bekindeten Leute es habt. Ich habe nämlich selbst viel Scheiß überlebt diese Woche. Aber wann hast du mich zuletzt gefragt, ob ich noch atmen kann?

Meine wundervolle Fähigkeit zur Wut

Reem, 46, Designerin

Ich kann zaubern. Ich glaube wirklich daran. Als Mädchen habe ich mir graue Haare gewünscht, mit dreißig habe ich sie bekommen. Damals wurde ich gefragt: Sind die gefärbt? Heute sieht man von weitem: Die hat graue Haare, die ist wahrscheinlich auch sonst alt. Eigentlich finde ich meine Haare schön, aber ich will nicht die einzige Ergraute sein, nur weil alle anderen sie färben. Jetzt, wo ich verlassen worden bin, kann ich sowieso nicht umfallen, oder? Meine Therapeutin hat gesagt: Dann machen Sie es halt deswegen, na und? Brechen Sie Ihr Muster, probieren Sie es aus!

Dass *mir* so etwas passieren könnte, hätte ich nie gedacht. Ich dachte immer: Wer mich kennt, verlässt mich nicht. Das dachte ich trotz all meiner Unsicherheiten. Sie ist Mitte zwanzig. Ich weiß, voll das Klischee … Meine Freundin Michaela sagt: Das ist nicht bloß eine emotionale Entscheidung von ihm, sondern auch eine politische. Gabriel sagt, diese Frau falle überhaupt nicht in sein Beuteschema. Ja, er hat Beuteschema gesagt, und ich habe geantwortet: Das letzte Mal, als du ein Beuteschema hattest, war ich so alt wie sie. Was wäre, wenn *ich* mit einem zwanzig Jahre Jüngeren daherkäme? Ein schwuler Freund meinte: Du musst dich bloß dafür entscheiden, dann kannst du dir jeden Typen holen, völlig wurscht, wie alt der ist. Ich habe geantwortet: Die Entwicklung, das denken zu können, habe ich nicht durch-

gemacht, ich bin kein Typ. Nicht in die Opferrolle zu ver-
fallen, fällt mir schwer – ich fühle mich tatsächlich wie
eins. Dabei wird mir diese Rolle stark von außen aufge-
zwungen. Dass Gabriel mich in diese Situation gebracht
hat, werde ich ihm nie verzeihen.

Eine große Angst von mir war, Samih und Sebastian
könnten sich für ihn entscheiden. Vor kurzem kamen sie
von einem Wochenende bei ihm zurück und Seb meinte:
Daheim ist es schon gemütlicher als beim Papa. Dabei
vergöttern die zwei ihren Vater, aber Gabriels Wohn-
situation ist derzeit nicht so *cosy*. Trotz der Trennung
trifft der Begriff Alleinerzieherin auf mich nicht zu. Michaela ist eine Alleinerzieherin, Stanleys Vater ist tatsächlich nie da. Wie eine Alleinerzieherin gefühlt habe
ich mich nur, wenn Gabriel mich allein in Situationen
mit anderen Eltern gehen lassen hat. Kindergeburtstage
zum Beispiel. Im Grunde ist Gabriel ein super Typ, Kinder stehen total auf ihn, nur wird ihm schnell mal was zu
viel. Als ich noch keine Kinder hatte, haben mich Kinder
auch gestresst. Seit Samih und Seb – zumindest seit diese
Depression hinter mir liegt – tu ich mir leicht. Klar, es
gibt schon Kinder, die ich unsympathisch finde, aber die
meisten finde ich super.

Vielleicht spüre ich die Verantwortung unseren Kindern gegenüber mehr als Gabriel, weil die zwei aus meinem Körper gekommen sind. Das ist so etwas Brachia-
les. Danach weißt du einfach: Jetzt ist alles anders – ich
werde nie wieder dieselbe sein! Väter versuchen lange
festzuhalten an dem, wie es ohne Kinder war, und Kinder
sollen das möglichst gut mitmachen. Am Anfang war es
bei uns anders. Gabriel ist schon früh mit Samih und Seb
alleine verreist, was sich oft nicht mal Väter mit *einem*
Kind zutrauen. Und ich hatte das, was man sonst über
Männer erzählt: Ich konnte mit diesem Babytum nicht

so viel anfangen. Im ersten Jahr hatten Samih und Seb eine Phase, wo sie mich total abgelehnt haben. Sie haben so lange geschrien, bis ihr Papa gekommen ist, um sie ins Bett zu bringen. Die Mütter, die ich kannte, hatten keine freie Minute, weil die Kinder so auf ihnen gepickt sind – nur bei mir musste es natürlich wieder umgekehrt sein! Ja sicher schämt man sich für so etwas. Aber meine Therapeutin hat mir dann die Angst genommen, sie hat gesagt: Sie glauben doch nicht wirklich, dass ihre Kinder wollen, dass Sie weggehen, wenn sie sagen: Geh weg!

Manchmal ertappe ich mich dabei, wie ich vor anderen Müttern absichtlich nicht erwähne, dass ich bald wieder für einen Auftrag ins Ausland muss. Mein Modell ist eben nicht die Norm. Denken die sich dann: Diese Mutter ist ja die ganze Zeit weg?! Das würde ich nicht wollen. Tatsächlich bin ich immer nur für ein paar Tage weg. In der restlichen Zeit bin ich mehr vorhanden als viele andere. Ich hatte irrsinnige Angst, dass Samih und Seb sein könnten wie ich: Ich war ein Kind, das wahnsinnig an seiner Mama hing. Im Kindergarten und in der Vorschule habe ich in einer Ecke gewartet, bis meine Mama mich wieder abholen kam. Samih und Seb packen das viel besser, eigentlich sogar super. Das Problem ist eher, dass ich gluckig bin. Das Wegfahren fällt mir oft richtig schwer. Aber auch wenn ich es mitunter als Belastung erlebe, mein Beruf und die Zeit für mich tun mir gut. Ich bin nicht stolz darauf, aber so ist es halt: Ich bin mir selber nicht genug, ich will mehr. Nur finde ich es gar nicht so leicht, daran zu glauben, dass ich das darf.

Kurz nach der Trennung war ich für einen Monat in São Paulo – eine *der* Modestädte, eine Riesenchance. Im Vorhinein war das aber dermaßen ein Theater, dass mir fast die Lust vergangen wäre. Gabriel meinte, dann könne ich die Kinder das ganze restliche Jahr nehmen.

Ich habe zu mir gesagt: Du nimmst dir das, du kannst dir das nehmen, du brauchst das jetzt für dich. Einen Tag vor dem Flug war ich mit Samih und Seb bei einem Kindergeburtstag und eine Mutter ist hergekommen und hat gefragt: Kommst aber schon wieder zurück, oder? Lässt deine Kinder eh nicht allein? Insgesamt gesehen war *ich* öfter mit Samih und Seb allein als Gabriel. Bei Gabriel ging es, als die beiden noch kein Jahr alt waren, beruflich total gut los. Er war viel unterwegs, Österreich, Deutschland, Schweiz, oft eine ganze Woche. Ich saß dann zu Hause und dachte: Hey, ausgemacht war das aber nicht! Wir hatten nämlich einen Deal: Er übernimmt 70 % und alles, was mit Schule zu tun hat, ich übernehme 30 %.

Es ist krass, wie viele Leute der Meinung sind, ein Kind gebe einem Leben Bedeutung. Diese Meinung teile ich nicht, null Komma null. Mein Leben ist nicht erfüllter als vorher. Ich wollte nie Kinder haben, Zwillinge schon gar nicht, aber ich fand gut, dass ich mit einem war, der unbedingt welche wollte. Ich glaube aber sogar, dass ich in jedem Fall ein Kind bekommen hätte. Eine freie Entscheidung für oder gegen Kinder gibt es nicht in unserer Gesellschaft, nicht für Frauen. Wenn man keine zwanzig mehr ist und noch kein Kind hat, wird man mit Fragen gelöchert: Und, wann ist es bei dir so weit? Sag, was funktioniert bei euch eigentlich nicht? Meine kinderlosen Freundinnen bekamen einen enormen sozialen Druck zu spüren. Für die war das richtig hart. Ab vierzig bleiben die Fragen dann aus – da traut sich niemand mehr.

Was ich schon oft gehört habe: Echt, *du* hast ein Kind? Ich habe noch nie jemanden gesehen, zu dem ein Kind so überhaupt nicht passt! Wie jetzt? Auf der einen Seite wird man gestresst, andererseits wird man kritisiert? Während der Schwangerschaft hat mich sogar ein Türsteher aus der Disco gezerrt und mich belehrt: Den verrauchten Club kannst du dem Kind nicht antun! So ist es bei uns ... Niemand schafft es, sich mit Fremden zu unterhalten, aber sobald jemand schwanger ist oder ein Kind dabeihat, haben die Leute das Gefühl, sie dürften alles Mögliche.

Vor Samih und Seb war ich schon einmal schwanger, aber damals hätte ich das absolut nicht gepackt. In der zwölften Woche ist es abgegangen, ich habe dieses Kind körperlich verweigert – ich habe gezaubert. Danach bekam ich eine Kürettage. Das ist eine Ausschabung, genau. Klingt grausig, war aber nicht schlimm. Ich habe zu mir gesagt: Hey, du hast dieses Kind so sehr nicht gewollt, *you better be okay with it.* Das nächste Mal lag ich dann bei der Geburt der Zwillinge im Krankenhaus. Insgesamt hat alles einen sehr ehrgeizigen Eindruck gemacht. Sie haben mir ein Wehenmittel gegeben. Es ging absurd schnell zu den Presswehen, weswegen die dann ganze zweieinhalb Stunden gedauert haben. Ich habe gesagt: Ich kann nimmer, ich brauche ein Schmerzmittel. Für Schmerzmittel sei es zu spät, ich müsse ohne auskommen. Ich hatte null Ahnung von Geburt! Mich hat das nicht groß interessiert. Ich konnte bereits mit den Ultraschallbildern nichts anfangen. Die fand ich eher wäh und hätte ich nie jemandem gezeigt.

Als die Babys endlich heraußen waren und sie mir die beiden geben wollten, konnte ich einfach nicht mehr – ich habe abgewinkt. Ich habe hyperventiliert, ich war die halbe Nacht wie im Delirium. Erst in der Früh habe ich die beiden gesehen. Samih hatte Zitteranfälle – und ich saß heulend am Gang. Bereits in der ersten Woche mussten Gabriel und ich mit Samih auf die Kinderneurologie, wo dann dieses Baby lag, total verkabelt. Ich war kurz vorm Zusammenbruch.

Der nächste Horror war das Stillen. Schon wenn ich die beiden aufwachen gehört habe, sind mir die Tränen über die Wangen gerollt. Ich hatte entzündete Brustwarzen. Aber weil ständig gesagt wird, wir alle hätten so viele Allergien, weil unsere Mütter nicht gestillt haben – in den Siebzigern war das nicht so wie heute –, dachte ich, ich *müsse* stillen. Ich weiß noch, wie ich ins Reformhaus gegangen bin, um Aufsätze für Fläschchen zu kaufen, fürs Abpumpen. Ich habe gefragt, was für Aufsätze man da nehme. Die Verkäuferin wusste es auch nicht. Zufällig war eine Kundin im Geschäft, die drei Kinder hatte. Sie ist also zu der Frau hin und hat sie für mich um Rat gefragt. Was? Ich? Ich habe nie die Flasche gegeben! Ich habe immer gestillt!

Als Samih und Seb ein Jahr alt waren, saß ich bei einer Kinderpsychologin im Wartezimmer. Überall stapelten sich die Broschüren, und es gab eine über postnatale Depression. Ich habe reingelesen und gewusst: *Das* habe ich. Nach der Geburt hatte ich kinderlose Frauen wahnsinnig zu beneiden begonnen – Männer habe ich sowieso gehasst. Auf der einen Seite habe ich mich Samih und Seb gegenüber schuldig gefühlt, andererseits total von den anderen Müttern betrogen. Niemand, wirklich fast niemand, redet negativ über Mutterschaft! Gott sei Dank hatte Michaela nur wenige Monate vor mir Stan bekommen und war genauso drauf wie ich. Beide hatten wir das Gefühl, dass irgendwas in den Erzählungen der anderen Mütter nicht stimmt …

Eine kinderlose Freundin hat einmal gesagt: Du bist die einzige Frau, die ich kenne, die sich traut, *so* darüber zu reden. In den ersten Monaten konnte ich sogar diese Zeitungsartikel über Leute verstehen, die ihre Kinder zu Tode schütteln. Ich möchte aber nicht die Einzige sein, die so etwas zugibt. Manchmal hat man als Eltern irrsinnige

Aggressionen. Dass das bei anderen anders ist, kann ich mir nicht vorstellen. Die Leute sagen dann immer, dass man selbst nie im Leben so etwas machen würde – aber ich glaube das nicht. Natürlich ist es schwierig, Aggressionen dem eigenen Kind gegenüber zuzugeben. Man redet ja über einen Menschen, der da ist. Und das, denke ich, ist auch der Grund, warum so viele lügen. Kennst du diese Mütter, die angeblich nie mit ihren Kindern schimpfen? Ich kann mir das einfach nicht vorstellen. Das ist doch unmenschlich. Mit deinem Kind pickst du die ganze Zeit zusammen, da *muss* es Konflikte geben! Mich beruhigt und amüsiert, was meine Therapeutin manchmal zu mir sagt: Wut ist doch etwas Wundervolles, etwas ganz Wundervolles! Sie kann sich total über meine wundervolle Fähigkeit zur Wut freuen.

Lange habe ich wegen meiner Mutter keine Therapie angefangen. Sie hätte das als die totale Schuldzuweisung empfunden. Als ich doch begonnen habe, behielt ich das erstmal für mich. Heute fände ich es super, wenn auch sie mit einer Therapie beginnen würde. Ich habe das Gefühl, dass irgendetwas in der Kindheit und Jugend meiner Mutter geschehen sein muss. Sie wollte ganz früh schon von zu Hause weg. Direkt nach der Hauptschule ist sie gegangen. Das muss schräg gewesen sein in dieser Zeit. Angefangen hat sie als Au-pair-Mädchen bei einer aristokratischen Familie in England, knausrig, voll das Klischee. Sie musste in der Küche schlafen, hatte noch nicht mal Strümpfe, und bekam nach mehreren Monaten eine schwere Lungenentzündung. Als sie wieder gesund war, hat sie sich als Stewardess beworben. Das war in den Sechzigern wie ein Modeljob, wöchentliche Haut- und Gewichtskontrolle. Meine Mutter wurde nicht genommen, weil sie keine so gute Haut hatte. Schließlich landete sie als Botschaftssekretärin im Libanon – und lernte meinen Vater kennen.

Die gute Zeit in meinem Leben, so nennt meine Mutter ihre zwanzig Jahre dort. In den Sechzigern und Siebzigern wurde der Libanon die »Schweiz des Ostens« genannt. Für die arabischen Umländer war es jenes arabische Land, in dem alles möglich war, das Orientalisches mit Westlichem vereinte. Diese Radikalisierung, die in den arabischen Ländern derzeit stattfindet, ist eigentlich nicht natürlich für dort.

Meine libanesische Oma war bei allen Geburten meiner Mutter dabei. Das muss horrormäßig gewesen sein! Ein bissl draufsitzen auf einem tut die Familie dort schon. Zusätzlich problematisch war, dass mein Vater als ältester Sohn nach dem Tod meines libanesischen Opas zum Familienoberhaupt wurde. Auch für seine Schwester und deren Kinder, meine Cousinen, deren Vater früh gestorben ist. Mein Vater sagte sehr oft: Die Kinder meiner Schwester müssen dieses und jenes kriegen, weil ich bin für sie verantwortlich. Das war sowohl für meinen Vater eine irrsinnige Belastung als auch für meine Mutter. Sie hatte das Gefühl, dass seine eigene Familie, sie und wir Kinder, erst hinter seiner Ursprungsfamilie kommt.

In meiner Schule war jeden Tag Ausnahmezustand. Die meiste Zeit verbrachten wir im Keller. Dramatische Noten gab es nicht. Ich glaube sogar, wir haben gar nichts gelernt. Wir Kinder sind in diesen Krieg hineingewachsen. Es war klar geregelt, was man machen kann und was nicht. Draußen spielen hat es nicht gegeben. Zu Freunden nach Hause wurde man gebracht. Es gab ein vollkommen zerbombtes Viertel. Die Geisterstadt. So haben meine Geschwister und ich es genannt. Wenn wir durch die Geisterstadt gefahren sind, haben wir die eigens für die Geisterstadt erfundene Geistersprache gesprochen. Meine Mutter hatte, das weiß ich noch, einen kleinen beigen Honda. Zwei, drei Mal gab es brenzlige Situationen, wo in der Nähe eine Autobombe hochging und unser Auto von der Detonation in die Höhe gelupft wurde. So, dass wir jeden Tag tote Leute gesehen hätten, war es nicht, aber verstümmelte Leute waren normal. Einem Typen in der Hamra, dem Geschäftsviertel in Beirut, brachte meine Mutter jeden Tag irgendwelche Sachen vorbei. Der rollte auf einem Brett, weil er keinen Unterkörper hatte.

Schon vor der Flucht hatten wir mehrmals aus der Stadt rausmüssen, vorbei an Grenzkontrollen, man hat nie gewusst, wie die reagieren. Als wir dann ganz weg sind, Mitte der Achtziger, hierher, hatte ich meinen Fotoapparat dabei – ich habe ein Muli auf einer Wiese fotografiert, dieses Foto habe ich noch. Zuerst sind wir mit dem Bus von Beirut nach Syrien. Es wurden ständig Leute rausgeholt. Für meine Mutter muss das die Hölle gewesen sein. Sie war mit drei Kindern unterwegs, vierzehn, zwölf und vier Jahre alt. Von Damaskus aus sind wir zu einem Schiff, das nach Zypern ging. Von Zypern aus konnten wir fliegen. Als wir hier waren, konnten wir mit dem Papa bloß noch telefonieren. Oft kam man gar nicht durch. Wenn wir nun in den Nachrichten gesehen haben, dass in der Nähe unserer Wohnung eine Bombe hochgegangen war und wir ihn anzurufen versuchten, aber er nicht abnahm – es war schwer ... Irgendwann habe ich alles verweigert: Nachrichten, Politik, mein ganzes früheres Leben im Libanon. Ambivalent daran war: Wir wären gerne geblieben, wir wären nicht gegangen, aber mein Vater konnte nicht länger die Verantwortung für uns tragen.

Wäre ich im Libanon geblieben, wäre ich heute, glaube ich, ein anderer Mensch. So ein Bruch macht was mit einem, der prägt. Und das Aufwachsen in zwei Kulturen bringt sowieso einen Haufen Schwierigkeiten mit sich. Hier hat man ein schlechtes Gewissen, weil man in einem Moment, in dem nicht alle fliehen konnten, die restliche Familie verlassen hat. Dort kriegt man vermittelt, man würde hier, im mondänen Europa, gut leben. Was einfach nicht stimmt. Nur hat man das dort niemandem erzählt. Dann noch die Sprache. Hier muss ich ständig erklären, warum ich so viele Sprachen spreche. Im Libanon ist das völlig normal. Dort verwendet man oft mehrere Sprachen in einem einzigen Satz. Das sprachliche Ankommen hier war nicht schwierig für uns. Bereits im Libanon hat meine Mutter mit uns Deutsch gesprochen. Auf Arabisch haben meine Geschwister und ich zwar noch eine Zeit lang geredet, aber irgendwann habe ich auch das verweigert.

Das letzte Mal war ich 2008 im Libanon, gemeinsam mit Gabriel, Samih und Seb, die beiden waren vier. Bereits bei unserer Ankunft war richtig miese Stimmung. Am nächsten Nachmittag wollten wir meine Oma besuchen. Niemand, wirklich niemand war auf den Straßen unterwegs. Um Punkt vier war plötzlich aus allen Häusern die Rede von Hisbollah-Chef Nasrallah zu hören – wir haben sofort umgedreht. In der Zwischenzeit hatten sich schon Grüppchen von schrägen Leuten mit großen Waffen gebildet. Zehn Minuten nachdem wir zu Hause waren, übernahm die Hisbollah die Stadt. Es ging mit dem Anschlag auf die Fernsehanstalt Future TV los. Unsere Wohnung lag direkt gegenüber. Nachts mussten wir im Vorraum schlafen, weil da keine Fenster waren. In dieser Nacht hatte ich die totalen Flashbacks. Ich konnte mich plötzlich wieder erinnern, dass wir das auch damals gemacht haben, im Vorraum schlafen. Und ich habe mich daran erinnert, wie Metall durch die Luft fliegt und es in der Sonne glänzt. Bei so einem Bild im

Kopf denkt man sich: Absurd … muss mir jemand erzählt haben. Aber diese Erinnerung war auf einmal ganz klar da. Wobei man ja oft das Gefühl hat, man könne sich haargenau erinnern …

Wenn ich heute daran denke, dass wir damals über Syrien rausgekommen sind, während überall sonst zu war, macht mich das richtig fertig. Ich lerne mit einem syrischen Jugendlichen Deutsch seit ein paar Monaten. Ob es ihm irgendetwas bringt, weiß ich nicht. Ich kann ihm fast nichts erklären, ich habe die deutsche Grammatik selber nie gelernt. Ich frage Zeki dann, ob wir uns auf Arabisch unterhalten können, dann reden wir arabisch und haben es nett miteinander. Deutsch ist eine verrückte Sprache, so kompliziert, und vollkommen anders als Arabisch. Nicht nur vom Alphabet her, es ist auch eine ganz andere Welt. Und Zeki tut sich ein wenig schwer. Das Letzte, was ich wollte, war noch jemand, der sich beim Lernen schwer tut. Dieses Problem habe ich schon mit Samih und Seb. Dabei hab ich echt null Bock auf Schule, ich hab ein Trauma!

Schule war Horror. Ich hatte einen Lehrer, der Kinder zerstört hat. Ein paar wenige hat er schatzimäßig behandelt, aber die anderen hat er zerstört. Er hat bloß die Unterschrift meines Vaters gelten lassen, obwohl er wusste, dass mein Vater nicht hier war. Er hat zu mir gesagt, für mich kämen nur zwei Berufe in Frage: Straßen kehren und früh heiraten. Er hatte so einen Spruch, den ich aber nicht mehr ganz weiß, irgendwas mit: Frauen sind wie schmutzige Türklinken … Er hat kontrolliert, ob wir Lederschuhe tragen und keine Hosen mit Gummibund. Er hat zu uns gesagt: Wenn ihr Liebesbriefe verschicken wollt, könnt ihr mir die vorher zeigen. Er hat in der Vorstellung von sich als gutem Hirten geschwelgt: Ich gehe mit meinen Schafen durch die Wälder und über die Berge. Wir waren seine Schafe. Wenn ich dir davon erzähle, komme ich mir vor, als würde ich dich anlügen – das alles ist so irreal! Eine Schülerin damals wurde von allen gemobbt, ich hatte immerhin Freunde. Sie fällt mir in letzter Zeit oft ein. Wenn ich denke, wie sehr mich das alles bis heute verfolgt. Hoffentlich ist die okay …

Wir waren eine Bande von vier Leuten, zwei Freundinnen, ein Freund und ich. Wir waren überzeugt, wir wären asexuell. Schmusen und Herummachen hat uns nicht interessiert, wir hatten eher Angst davor. Aber ich war generell spät dran in der Entwicklung. Vielleicht war das wieder so eine Verweigerung. Vielleicht wollte ich nicht erwachsen werden, oder nicht weiblich. Mit fünfzehn hatte ich die Regel, ein Mal, und das hat mir so einen Schock versetzt, dass ich sie bis zwanzig nicht mehr bekam. Ich bekam dann sogar die Pille verschrieben, damit sie wieder kommt.

Mode war damals schon mein Ding. Mit Mode konnte ich sagen: Wenn ich schon anders bin, dann zeige ich euch das eben auch, und zwar dadurch, wie ich mich kleide. Das ist etwas, was Mode kann: Identitäten schaffen und damit spielen. Mit Mode kann man prüfen, wie offen eine Gesellschaft ist. Wenn man Mode in diesem Spirit und in dieser Kreativität auslebt, finde ich das toll. An der Modeschule hatte ich eine Lehrende – mittlerweile eine achtzigjährige Frau –, die sehr besonders war, eine toughe Lady. Sie hat mich als Erste in meiner ganzen Schulzeit verstanden und unterstützt. Nur habe ich bei den Praktika bemerkt, dass mir das Soziale null liegt. In dieser Branche bist du ständig unter Leuten, viele sind hysterisch oder oberflächlich oder einfach Idioten. Ich arbeite lieber allein.

Das größere Problem war: Du wirst in Kleidern bezahlt. Jedenfalls meistens. Das schafft nur, wer steinreich ist, denn Jobs mit wirklicher Bezahlung sind rar. Meine Eltern haben bereits meine Schule bezahlt, obwohl sie selbst nicht viel hatten. Irgendwann konnte ich mir nicht länger leisten, unter solchen Bedingungen zu arbeiten. Ich habe alle möglichen Jobs gemacht. Styling für Fotoshootings zum Beispiel. Ich musste in den Läden Kleidung erbetteln und dafür haften, dass ich sie unbeschädigt zurückbringe. Am Set habe ich natürlich darauf hingewiesen. Aber? Der Fotograf schickte das Model mit dem Versace-Kleid in ein Rapsfeld hinein. Irgendwann befürchtete ich bei jedem Telefonklingeln einen neuen Auftrag, sodass ich lieber kellnern ging. Eine andere krasse Erfahrung war ein Castingjob. Stell dir vor, du musst zwanzig Jugendliche casten. Wer wird sofort heimgeschickt? Die Schwarzen Jugendlichen. Das Casten habe ich also auch wieder bleiben lassen.

In der Mode wird es schnell politisch. Beim Unterrichten sage ich immer: Macht eure Kollektionen nicht in Kleidergröße 36, vielleicht sieht das Model mit den richtigen Maßen langweilig aus. Es geht nämlich um mehr als um ein hübsches Gesicht und einen perfekten Körper. Macht was, in das die meisten Leute auf der Straße passen. Eine meiner Lieblingskollektionen war mit Models in Größe 42. Das war eine großartige Kollektion! Aber? Sie wurde unter »sonder« gehandelt. Headhunter und Zentraleinkäufer haben sich null dafür interessiert.

Jetzt, nach der Trennung, habe ich gemerkt, wie schnell man in einer Essstörung landen könnte. Essen ist das Einzige, was du noch kontrollieren kannst, wenn du in einer schwierigen Phase bist, in der dir alles entgleitet. Ich hatte zwar immer einen Bauch, aber ansonsten habe ich theoretisch Modelmaße, da darf ich mich nicht beschweren. Mein Busen war immer schon klein. Auf einer Party hat ein Junge mal gesagt: Von hinten schaut's aus wia a Madl, aber von vorn wia a Bua. Ich glaube, ich hätte ein Problem damit, wenn ich generell jemand mit großem Busen wäre. Im Libanon haben die meisten Frauen einen Riesenbusen. Wenn ich im Libanon bin, wollen mich meine Cousinen immer zur Maniküre und was weiß ich wohin schleppen. Sie sind komplett anders drauf als ich, aber ich habe alle total gern. Nur kann ich mich auftakeln, wie ich will, mit den Frauen dort kann ich nicht mithalten. Im Einkaufszentrum laufen lauter Leute mit Nasenpflaster herum, auch Männer – der Druck auf Männer wächst ja allgemein. Auf der Straße denkst du dir: Boah, schauen diese Menschen alle gut aus … Wenn du ein zweites Mal hinschaust, merkst du: Wie Zombies, total operiert. In den arabischen Ländern sind Schönheitsoperationen vollkommen normal, das machen dort fast alle. Dass die Frauen es bloß für die Männer machen, glaube ich allerdings gar nicht. Das will uns unser westlicher Blick weismachen, und der stimmt natürlich nicht.

Was sehr befreiend für mich ist im Libanon: Alle haben meine Haare. Zwar tragen die meisten Frauen ihre Haare geglättet, aber meine Haare sind für sie eben trotzdem nichts Sonderbares. Zu meiner Familie kommt seit vierzig Jahren derselbe Friseur nach Hause. Er schneidet über Kopf. Die Frisur passt immer. Wenn ich hier zum Friseur gehe, weiß niemand mit meinen Haaren umzugehen. Vor kurzem ist im Bus jemand mit den Fingern durch meine Haare gefahren, einfach so, ein älterer Mann. Er ist selbst erschrocken und hat sich sofort bei mir entschuldigt. Samih hat Gabriels dunkelblonde, glatte Haare, aber Seb hat meine Krause. Das ist sowieso lustig: Sie sind Zwillinge und sehen nicht mal wie Brüder aus. Seb bekommt oft Komplimente für seine Haare. Dann kommt er heim und fragt: Was ist mit meinen

Haaren los? Warum sagen die Leute immer, ich hätte tolle Haare? Warum ist das so? Unsere Haare sind für die Leute Thema, positiv und negativ. Wenn wir gemeinsam unterwegs sind, kann es passieren, dass mit dem Finger auf uns gezeigt wird: Haha, schau mal die Haare! Stan, Michaelas Sohn, dessen Vater Schwarz ist, passiert das auch oft. Vergangenen Sommer waren wir am Wörthersee. Wir holten gerade unsere Schwimmsachen aus dem Kofferraum, als eine Frau ans uns vorbeiging. Und zwar so … wirklich. Michaela, die sicher die Freundlichere von uns beiden ist, hat gefragt: Gibt's irgendwas? Die Frau: Naaa, eh ned, naaa … Und hat uns weiter angestarrt. Ich habe auf unsere Haare gedeutet, auf Stans, Sebs und meine, und habe gesagt: Des san Perücken! Lustig war, dass genau in dem Moment drei Teenager vorbeikamen, eine davon Schwarz. Sie hat laut zu lachen begonnen. Die fand das mit den Perücken super. Aber die Frau war ganz baff: A Perück'n, echt? Eingefallen ist mir das bloß, weil Tage zuvor Leute in einem Lokal diskutiert hatten, ob das auf meinem Kopf wohl eine Perücke sei. Damals habe ich nichts gesagt.

Aber die Haare braucht es gar nicht, Rassismus erlebe ich allein schon wegen meinem Namen. Während meiner Studienzeit bin ich mit meinem jüngeren Bruder in eine Wohnung in einem bürgerlichen Viertel gezogen. Die Leute im Haus kannten uns noch nicht mal, der Name auf dem Klingelschild reichte ihnen aus, um uns rausekeln zu wollen. Was die abgezogen haben! Das fing bereits beim Übersiedeln an. Wir hatten die letzte Wohnung, im obersten Stock. Niemand sonst musste an unserer Tür vorbeigehen. Über Nacht haben wir einen Karton vor der Tür stehen lassen, weil die Wohnung bereits vollgerammelt war. Am nächsten Tag sagte jemand zu uns: Das hier ist kein Haus wie bei den Tschuschen.

Ein anderes Mal war es nachts total laut, ständig Musik, ständig Haustürklingeln, mein Bruder und ich konnten kaum schlafen. Als wir morgens aus der Wohnung gehen wollten, lagen Girlanden vor unserer Tür. Die Hausbesorgerin und eine Mieterin haben sich zusammengetan und gegenüber der Hausverwaltung behauptet, bei uns sei eine Party gewesen. Die hatten eine richtige Story drumherum aufgebaut. Mit eigenen Augen hätten sie gesehen, wie stundenlang Leute ein und aus gegangen seien. Früher, während meiner Schulzeit, habe ich mehrheitlich Positivrassismus erlebt, den gibt es ja auch. Der Musiklehrer hat oft zur Klasse gesagt, dass wir jetzt extra für mich *Sum Gali Gali* singen würden, denn ich käme ja aus Afrika. Damals war mir das egal. Damals war ich froh, wenn andere Lehrer nicht solche Psychopathen waren wie der Hirte.

Aber als Frau erlebt man auch krasse Sachen. Da gäbe es Millionen Beispiele. Hast du noch kurz Zeit? Ich fahre schnell den Computer hoch und zeige dir ein paar interessante PDFs. Was heißt interessant – deprimierend, irrsinnig, unglaublich eigentlich, aber das texten echte Menschen! Diesen Frühling habe ich nämlich einen Auftrag ablehnen müssen, obwohl der für den geringen Aufwand echt gut bezahlt gewesen wäre: eine Kindermodenschau mit Kollektionen mehrerer Modeketten organisieren. Ich konnte es nicht mit meinem Gewissen vereinbaren. Hast du dir schon mal diese Oberteile mit Aufdruck gegeben? In der Kindermodenabteilung checkt man das ja gar nicht auf den ersten Blick, aber wenn man das so geballt vor sich sieht …

Free your mind. Player. Do what you know to be right. Make my own rules. Born to be free. Be free and stronger than yesterday. Be strong and free as a superhero. Built for training. Get ready for a new great challenge. Play your

game. Never give up. Try harder. Great job. Spiderman.
Ironman. Captain America. American football. Legendary
league. Expert service. No hugs please. I am naughty. Hey
bro. Wild boys. On the wolf team. Riding my motorcycle.
I'm in your biking gang. Free to travel. Leave the city. Get
away from it all. What drives you to go further? Und jetzt
kommt's …

Hello? You fly with me? Will you be my friend? Taking
care of me. I'm so funny. Life is fun. Make me happy and
have fun. Feel so nice and happy. Let the smile come to
your lips. A perfect smile. Choose to shine. It's time to glit-
ter. Be pretty. Perfect style. The style issue. Chic. Sporty
chic. Sporting our fashion. Fashion blog. Selfie. I'm not per-
fect. Everything will be okay. Meow like a kitten. Look at
the stars. Star is magic. Magic sisters. Dream club. Dream
street. True love. Love you. Love is always the answer. I
love friends and jewels. Addicted to my smartphone. My
sweet everything. Be the lucky one. Number one girl. Pick
me up. It's me you are looking for. My best is just for you.
A gift for you. Free hugs today. Rebel – freu dich nicht zu
früh – *flower.* Aber es kommt doch noch eine schöne
böse Überraschung, allerdings die einzige. Immerhin ist
sogar der Pullover schwarz. Und schau mal, was drauf
steht: *Bad girl.*

Sagt dir Captain Phasma etwas, die erste Bösewichtin
in *Star Wars*? Als wir letztes Jahr aus dem Kino raus sind,
waren Samih, Seb und ich total euphorisch. Gell, Mama,
hat Samih zu mir gesagt, dass Captain Phasma jetzt ein
Mädchen ist, das ist cool?

Man müsste über alles reden können.

(Maxie Wander)

Danke, Michael, für (und für noch viel mehr): »Ich weiß halt nicht, ob ich interviewen kann.« »Wenn du nicht damit beginnst, wirst du es nie wissen.« Ohne dich gäbe es dieses Buch vielleicht nicht.

Danke, liebe Interviewpartner*innen, für eure Zeit, euren Mut und euer Vertrauen. Ohne euch gäbe es dieses Buch jedenfalls nicht.

Danke an alle Leser*innen und Rezensent*innen für Ihren respektvollen Umgang mit den Porträtierten. Ohne Sie gäbe es dieses Buch natürlich trotzdem.

Danke, Marlene Streeruwitz, für Ihre analytischen Gedanken zu einer neuen Geschichtsschreibung.

Danke, Yasmina Haddad und Priska Morger, für die Cover-Verwendung eurer Fotografie, die täuscht und offenbart.

Danke, Tanja Raich, dass du so standhaft aus Text Buch machen wolltest.

Danke, Martin Scheriau, fürs Trotzdem und Jetzt-erst-recht.

Danke, Jenny Dünser, fürs aufmerksame Frisieren bis zur allerletzten Minute.

Danke, Paul Maercker, und danke, Cornelia Renoldner.

Danke an das Team von Kremayr & Scheriau, das dieses Buch erst mit auf Kurs gebracht hat.

Danke, Ormo, für dein Einspringen, obwohl du sehr viel Besseres zu tun hattest.

Jemanden vergessen? Danke!
Nadine Kegele

Literatur bei
Kremayr & Scheriau

Iris Blauensteiner
Kopfzecke

Ein berührender Roman über den
Abschied einer Tochter von ihrer
demenzkranken Mutter

176 Seiten | ISBN 978-3-218-01044-3 | 19,90€

Andrea Stift-Laube
Die Stierin

Ein düsteres Kammerspiel
zwischen Freiheit, Mord und
Selbstbestimmung

176 Seiten | ISBN 978-3-218-01068-9 | 19,90€

Marianne Jungmaier
Sommernomaden

Magische Geschichten über Helden
und Freigeister – aus Brasilien,
Island, Indien u. v. m.

192 Seiten mit Fotografien
ISBN 978-3-218-01046-7 | 19,90€

Simone Hirth
Lied über die geeignete Stelle für eine Notunterkunft

Regel Nr. 1: Dieser Roman ist ein literarisches Erlebnis. Regel Nr. 2: Ein Leben in Trümmern ist nicht das Ende. Regel Nr. 3: Es gibt einen Gegenentwurf

192 Seiten | 978-3-218-01045-0 | 19,90€

Ianina Ilitcheva
183 Tage

183 Tage in Isolation: Notizen, Fotografien, Tagebucheinträge und Selbstporträts erzählen persönlich, ungebremst und ungeschönt von diesen Tagen des Rückzugs.

256 Seiten, durchgehend vierfarbig, mit Transparentseiten
ISBN 978-3-218-00995-9 | 29,90€

Irmgard Fuchs
Wir zerschneiden die Schwerkraft

Poetische und schräge Geschichten vom Zweifel an der Welt und an der eigenen Daseinsberechtigung

208 Seiten | ISBN 978-3-218-00990-4 | 19,90€

Die Autorin dankt dem Bundeskanzleramt Österreich, der Stadt Wien sowie der Vorarlberger Landesregierung für die Unterstützung ihrer literarischen Arbeit.

www.kremayr-scheriau.at

ISBN 978-3-218-01066-5

Copyright © 2017 by Verlag Kremayr & Scheriau GmbH & Co. KG, Wien
Alle Rechte vorbehalten

Schutzumschlaggestaltung: Christine Fischer
Unter Verwendung eines Fotos von Yasmina Haddad und Priska Morger aus der Serie »uncanny neighbours 2012«
Lektorat: Jenny Dünser
Satz und typografische Gestaltung: Ekke Wolf, www.typic.at
Druck und Bindung: Christian Theiss GmbH, St. Stefan i. Lavanttal

Gedruckt mit freundlicher Unterstützung durch die Kulturabteilung der Stadt Wien und das Land Vorarlberg.

damit
alle
mich
hören
können